번 포이트레스는 기독교의 올바른 섭리 교리가 신자가 인간 역사를 이해하는 데 어떻게 영향을 미쳐야 하는지(그리고 어떻게 영향을 미쳐서는 안 되는지)에 관해 신중하게 글을 썼다. 포이트레스의 이 책은 '역사'가 넓은 범위의 가능성을 포함한다는 것을 보여 준다는 점에서, 또 그러한 가능성이 대부분 (서로 다른 면에서이기는 해도) 과거에 대한 기독교의 연구에 이바지할 수 있음을 보여 준다는 점에서 특히 반갑다.

마크 놀(Mark Noll), 『그리스도와 지성』 저자

우리는 역사에 관해 '과거의 사건'이자 '그 사건에 대한 기록'이라는 두 가지 의미에서 그리스도인답게 생각할 수 있는가? 번 포이트레스는 우리가 그렇게 할 수 있다고 단언하고, 신자가 과거를 어떻게 이해해야 하는지, 또 기독교 역사학자가 자신의 소명을 어떻게 감당해야 하는지 그 지침을 성경에서 모색한다. 포이트레스는 이 두 가지의 중심에 하나님을 놓는다.

데이비드 베빙턴(David Bebbington), 스털링 대학교 역사학 명예교수

『역사를 구속하다』에서 번 포이트레스는 다양한 분야의 인간의 지적 노력에 대한 자신의 통찰력 있는 분석을 이어 간다. 이전 저작과의 논리적 연속선상에서, 포이트레스는 역사가 왜 중요한지, 성경 역사든 세속 역사든 역사를 하나님에게 영광을 돌리는 태도로 읽는 데 무엇이 가장 좋은 방법인지를 다룬다. 저자는 매우 높은 수준의 사고와 의사소통 능력을 갖추고 있지만, 이 몹시 마음에 드는 책에서는 그저 독자의 손을 잡고서 역사 분석의 무수한 문제와 쟁점으로 이끌어 간 뒤, 그 방대하고 복잡한 주제를 차근차근 풀어 나간다. 이러한 접근법에서 포이트레스는 수십 년 동안 성경을 살피고 해석한 결과를 활용해 독자가 따라야 할 길을 아주 명확하게 제시한다. 그러한 통찰이 실용적 원칙과 어우러져서 우리가 각자 삶에서 일어난 사건을 이해하도록 도와준다. 적극 추천한다.

리처드 갬블(Richard Gamble), 개혁장로회신학교 조직신학 교수

포이트레스는 역사에 관한 우리의 사고를 새롭게 하는 것을 논의하면서 광범위한 관련 주제를 칼뱅이 부러워할 정도로 간단명료하게 다룬다. 저자는 일반 은혜를 의미, 사건, 사람들에게 적용할 때 일반 은혜와 그 정반대 개념 사이에서 적절한 균형을 딱 유지하면서, (마르크스주의와 논리 실증주의 같은) 환원주의적 접근법 일체에 대해 반대 주장을 펼치고 성경의 통일성과 다양성과 유일성, 섭리, 우리 이해력의 한계와 같은 문제를 넓게 다룬다. 또한 역사 집필에서 종교적 입장을 피할 수 없음을 보여 주고 역사를 진정 성경적 관점으로 집필하라고 강권하면서, 가장 다채롭고 짜임새가 좋은 역사 기록이 나올 다각적 접근법을 주장한다. 그러한 접근법은 하나님의 섭리를 인정하는 동시에 우리는 피조물이므로 하나님이 주관하시는 역사의 의미를 파악하는 데 한계가 있음을 기억하게 한다.

앨런 스트레인지(Alan Strange), 미드아메리카 개혁신학교 교회사 교수,
The Doctrine of the Spirituality of the Church in the Ecclesiology of Charles Hodge **저자**

역사를 구속하다

Redeeming Our Thinking about History: A God-Centered Approach
by Vern S. Poythress

Copyright © 2022 by Vern S. Poythress
Published by Crossway, a publishing ministry of Good News Publishers
Wheaton, Illinois 60187, U.S.A.

This Korean edition copyright © 2025 by Word of Life Press, Seoul, Republic of Korea
Published by arrangement with Crossway through rMaeng2, Seoul, Republic of Korea.
All rights reserved.

이 한국어판의 저작권은 알맹2를 통하여 Crossway와 독점 계약한 생명의말씀사에 있습니다.
신저작권법에 의하여 한국 내에서 보호받는 저작물이므로 무단 전재와 무단 복제를 금합니다.

역사를 구속하다

© 생명의말씀사 2025

2025년 1월 24일 1판 1쇄 발행

펴낸이 | 김창영
펴낸곳 | 생명의말씀사

등록 | 1962. 1. 10. No.300-1962-1
주소 | 서울시 종로구 경희궁1길 6 (03176)
전화 | 02)738-6555(본사) · 02)3159-7979(영업)
팩스 | 02)739-3824(본사) · 080-022-8585(영업)

기획편집 | 박경순
디자인 | 최종혜
인쇄 | 영진문원
제본 | 보경문화사

ISBN 978-89-04-04062-9 (03230)

저작권자의 허락 없이 이 책의 일부 또는 전체를
무단 복제, 전재, 발췌하면 저작권법에 의해 처벌을 받습니다.

번 S. 포이트레스 지음
이여진 옮김

역사를 구속하다

하나님 중심으로 역사 이해하기

생명의말씀사

차례

1 역사의 중요성 11

PART 1
역사 분석에 필요한 것
하나님이 제공하시는 필수 자료

2 역사 경험 29
3 역사 분석의 기초 41
4 영적 대립: 흑암과 빛 59
5 환원주의 역사 분석 69
6 사람들 이해하기 85
7 역사의 원인 이해하기 93
8 기적 101

PART 2
성경에 있는 역사
성경은 역사 집필을 어떻게 시작하는가

9 성경 역사에 있는 통일성 111
10 성경 역사에 있는 다양성 121
11 성경의 유일성 129

PART 3 **역사 속 하나님의 목적 이해**
역사 연구 속 하나님의 목적과 우리의 한계

12 성경 역사 속 하나님 139
13 하나님의 목적을 이해할 때 주의 사항 163
14 신적 목적 인식의 가치 173
15 역사 이해를 이끌어 가는 성경의 원칙 193
16 학문적 역사 분석 203
17 종교적 '중립'에 대한 압박 217
18 요한계시록에 나오는 원칙 적용하기 227

PART 4 **역사 저술은 어떤 모습인가?**
특정 시기에 관한 글쓰기의 과제

19 로마제국의 기독교 237
20 종교개혁과 그 이후를 해석하기 245
21 다른 문명의 역사 251

PART 5 **역사를 생각하는 방법에 관한 대안적 견해**
그리스도인 사이에 경쟁하는 역사 연구 방법

22 역사 기술의 다섯 가지 형태 257
23 섭리주의 평가 271
24 기독교 역사 기술의 그 외 형태 283
25 역사 기술에 관한 관점 293
26 섭리주의에 대한 추가 고찰 305

부록: 마크 놀이 말하는 섭리 310
참고 문헌 314

역사를 구속하다

Redeeming Our Thinking about History

1

역사의 중요성

역사가 중요한가? 그리스도인은 역사를 중요시해야 하는가? 기독교 역사관은 무엇인가? 그리스도인은 역사를 어떻게 공부하고 글을 써야 하는가? 이 책에서는 이런 질문을 탐구하고자 한다.

역사에 대한 거부 반응

현대 서구 문화 중에는 역사를 망각하기를 원하는 줄기가 있다. 그 문화의 한 줄기에서는 새것이 언제나 더 좋다고 말한다. 그러니 과거에서는 배울 것이 하나도 없다는 것이다. 맞는 말인가?

새로운 기술과 기기가 예전 기술과 기기보다 더 좋을 수는 있다. 그러나 그것이 인간의 본성이 더 나아진다는 의미는 아니다. 우리 마음이 앞 세대의 마음보다 조금이라도 더 깨끗한가? 로마제국에서 살던 사람들보다 우리가 더 의로운가? 우리에게는 탐욕, 이기주의, 정욕, 시기, 자만이 없는가? 우리가 과거에 살던 사람들보다 어느 모로 보든 **더 낫다**고 생각한다면 오만하다는 표시다.

새로운 기기나 유행도 인간 마음 가장 깊숙이 있는 열망을 만족시키지 않는다. 성경이 분명히 말하듯이 인간의 가장 깊은 욕구가 하나님과 사귀는 것이라면, 인간이 이 세상에서 가장 새로운 것을 갈망해도 궁극적 만족을 얻지 못하기 마련이다.

서구 문화의 둘째 줄기에서는 우리에게 순간의 만족을 얻을 자격이 있으니 과거는 잊으라고 충동질한다. 우리는 배우는 과정에서 조급해진다. 참을성이 없어서 역사에 관심을 기울이거나 역사를 공부하는 것을 거부한다. 그 순간 우리가 열망하는 것만 따르면 충분히 결정을 내릴 수 있다고 생각한다. 그러나 순간의 만족을 얻으려는 이런 충동은 미성숙하다는 표시다. 이는 유치한 충동이고, 죄가 되는 충동이다. 우리도 전에 살았던 사람들처럼 죄인이기 때문에 이런 충동이 있다. 이 충동이 강력한 까닭은 많은 사람이 몸은 성숙했을지 몰라도 마음과 열망에는 여전히 철이 들지 않았기 때문이다. 이들은 부모에게 한 번도 제대로 훈육받지 못했거나 그런 훈육을 거부했다.

아이들은 **지금 당장** 얻고 싶어 한다. 그러나 아이들이 성숙하지 못한 채로 남으면 그 아이 같은 어리석음은 결국 불행으로 이어진다.

지혜로운 자는 두려워하여 악을 떠나나
어리석은 자는 방자하여 스스로 믿느니라(잠 14:16)

지식 없는 소원은 선하지 못하고
발이 급한 사람은 잘못 가느니라(잠 19:2)

우리는 현대 서구 문화의 이런 충동을 신뢰할 수 없다. 그러면 도대체 누구를 신뢰할 수 있는가? 우리는 성경이 역사에 대해 무엇을 말하는지 살펴보아야 한다. 성경은 하나님의 말씀이고, 그래서 믿음직한 판단을 늘 우리에게 제시해 준다.[1] 그러면 성경은 과거에 대한 지식과 역사에 관해서 무엇을 말하는가?

과거와 관련한 하나님의 명령: 구약

하나님이 역사가 중요하다고 말씀하시니, 역사는 분명 우리에게 중요할 것이다. 하나님은 자기 백성에게 과거에 일어난 일에 유념하라고 명령하신다. 우리에게 과거를 기억하고, 과거에서 배우고, 다음 세대에게 과거에 관해 이야기해 주라고 하신다.

---

1 다음 두 책을 보라. John M. Frame, *The Doctrine of the Word of God* (Phillipsburg, NJ: P&R, 2010). 『성경론』(개혁주의신학사, 2014); Benjamin B. Warfield, *The Inspiration and Authority of the Bible* (Philadelphia: Presbyterian and Reformed, 1948).

오직 너는 스스로 삼가며 네 마음을 힘써 지키라 그리하여 네가 눈으로 본 그 일을 **잊어버리지 말라** 네가 생존하는 날 동안에 그 일들이 네 마음에서 **떠나지 않도록** 조심하라 너는 그 일들을 **네 아들들과 네 손자들에게 알게 하라** 네가 호렙산에서 네 하나님 여호와 앞에 섰던 날에 여호와께서 내게 이르시기를 나에게 백성을 모으라 내가 그들에게 내 말을 들려주어 그들이 세상에 사는 날 동안 나를 경외함을 배우게 하며 **그 자녀**에게 가르치게 하리라 하시매 너희가 가까이 나아와서 산 아래에 서니(신 4:9-11)

네가 그 땅에서 **아들**을 낳고 **손자**를 얻으며 오래 살 때에 만일 스스로 부패하여 무슨 형상의 우상이든지 조각하여 네 하나님 여호와 앞에 악을 행함으로 그의 노를 일으키면 내가 오늘 천지를 불러 증거를 삼노니 너희가 요단을 건너가서 얻는 땅에서 속히 망할 것이라 너희가 거기서 너희의 날이 길지 못하고 전멸될 것이니라(신 4:25-26)

이것을 네게 나타내심은 여호와는 하나님이시요 그 외에는 다른 신이 없음을 네게 **알게** 하려 하심이니라(신 4:35)

신명기 1-5장의 더 넓은 문맥을 보면, 하나님이 과거에 이스라엘 백성을 지금 있는 곳으로 데려오기 위해 행하신 일을 거듭 강조하여 위에서 인용한 구절을 보강한다. 1-5장에는 상당히 긴 역사에 대한 요약이 담겨 있으며, 특히 5장에서는 하나님이 십계명을 주시던 당시를 회상한다.

신명기 6장은 하나님의 백성에게 기억하라고, 특히 자녀들에게 가르치라고 명령한다.

> 오늘 내가 네게 명하는 이 말씀을 너는 마음에 새기고 **네 자녀에게 부지런히 가르치며**(신 6:6-7)

> 너는 조심하여 너를 애굽 땅 종 되었던 집에서 **인도하여 내신** 여호와를 잊지 말고(신 6:12)

> 너희가 맛사에서 **시험한 것 같이** 너희의 하나님 여호와를 시험하지 말고(신 6:16)

> 후일에 **네 아들이** 네게 묻기를 우리 하나님 여호와께서 명령하신 증거와 규례와 법도가 무슨 뜻이냐 하거든 **너는 네 아들에게 이르기를** 우리가 옛적에 애굽에서 바로의 종이 되었더니 여호와께서 권능의 손으로 우리를 애굽에서 인도하여 내셨나니 곧 여호와께서 우리의 목전에서 크고 두려운 이적과 기사를 애굽과 바로와 그의 온 집에 베푸시고 우리 조상들에게 맹세하신 땅을 우리에게 주어 들어가게 하시려고 우리를 거기서 인도하여 내시고 여호와께서 우리에게 이 모든 규례를 지키라 명령하셨으니 이는 우리가 우리 하나님 여호와를 경외하여 항상 복을 누리게 하기 위하심이며 또 여호와께서 우리를 오늘과 같이 살게

하려 하심이라 우리가 그 명령하신 대로 이 모든 명령을 우리 하나님 여호와 앞에서 삼가 지키면 그것이 곧 우리의 의로움이니라 할지니라 (신 6:20-25)

이 주제는 신명기 7장 이후에서도 이어진다.

그들을 두려워하지 말고 네 하나님 여호와께서 바로와 온 애굽에 행하신 것을 잘 **기억하되**(신 7:18)

네 하나님 여호와께서 이 사십 년 동안에 네게 광야 길을 걷게 하신 것을 **기억하라**(시 8:2)

시편 78편 역시 (다른 회상 시편들과 마찬가지로) 백성에게 과거를 기억하고 과거에서 배우라고 명령한다.

우리가 이를 **그들의 자손에게** 숨기지 아니하고 여호와의 영예와 그의 능력과 그가 행하신 기이한 사적을 **후대에** 전하리로다 여호와께서 증거를 야곱에게 세우시며 법도를 이스라엘에게 정하시고 우리 조상들에게 명령하사 그들의 **자손에게 알리라** 하셨으니 이는 그들로 후대 곧 태어날 자손에게 이를 알게 하고 그들은 일어나 그들의 자손에게 일러서(시 78:4-6)

과거와 관련한 하나님의 명령: 신약

과거에 대한 이런 관심은 신약에서도 이어진다. 신약은 우리가 앞선 시대에 구약에서 하나님이 하신 일을 이미 알고 있다는 것을 전제한 경우가 많다. 그래서 신약은 하나님이 더 근래에 그리스도의 삶과 죽음과 부활을 통해 행하신 일을 들려주는 데 집중한다. 그리스도에 대한 좋은 소식이자 신약의 핵심에 있는 복음은 역사와 관련이 있다. 복음을 결정적으로 요약하면 다음과 같다.

> 형제들아 내가 너희에게 전한 복음을 너희에게 알게 하노니 이는 너희가 받은 것이요 또 그 가운데 선 것이라 너희가 만일 내가 전한 그 말을 굳게 지키고 헛되이 믿지 아니하였으면 그로 말미암아 구원을 받으리라 내가 받은 것을 먼저 너희에게 전하였노니 이는 성경대로 그리스도께서 우리 죄를 위하여 죽으시고 장사 지낸 바 되셨다가 성경대로 사흘 만에 다시 살아나사 게바에게 보이시고 후에 열두 제자에게와 그 후에 오백여 형제에게 일시에 보이셨나니 그 중에 지금까지 대다수는 살아 있고 어떤 사람은 잠들었으며 그 후에 야고보에게 보이셨으며 그 후에 모든 사도에게와 맨 나중에 만삭되지 못하여 난 자 같은 내게도 보이셨느니라(고전 15:1-8)

복음은 개인 심리학(우리를 기분 좋게 해 주는 말이나 기법)에 주력하지 않는다. 복음이라고 하면 우리는 주로 살림살이 설명서나 자신을 더 잘 이해하게 해 주는 일련의 질문 형태를 떠올리지 않는다. 복음은 종교 의례에 초점을 두지 않는다. 하나님과 화목하게 된 사람들에게는 갖가지 유익이 정말로 생각날 것이다. 하지만 좋은 소식인 복음은 과거에 그리스도의 죽으심과 부활에서 일어난 사건을 선포한다. 복음은 사건, 그것도 **역사**에서 일어난 사건에 관한 것이다. 복음을 믿는다면 역사에서 일어난 사건에 관해서 듣고 그 사건에 관한 일을 믿는다는 의미다. 특히 우리는 하나님이 그리스도를 죽은 자들 가운데서 다시 살리셨음을 믿어야 한다. 하나님은 우리에게 그리스도가 이루신 일 때문에 그리스도를 믿으라고 하신다. 하나님은 우리에게 회개하고 복음을 믿으라고 명령하신다(막 1:15; 행 17:30-31). 우리에게 역사에 주의를 기울이라고 은연중에 명령하시는 것이다. 역사는 성경과 기독교 신앙에 없어서는 안 된다.

신약은 구약의 신적 권위를 단언한다(마 5:17-20; 요 10:35; 딤후 3:16-17; 벧후 1:21). 그런데 신약은 우리가 구약을 마치 '케케묵은 과거'에 불과하다고 무시해도 된다고 말하기보다는, 구약이 여전히 **관련성이 있다**고 단언한다. 이런 관련성은 신약에서 구약을 광범위하게 인용하는 데서, 특별히 구약의 계속적 관련성을 단언하는 데서 나타난다(롬 15:4; 딤후 3:15-17; 벧후 1:19). 사도 바울은 출애굽 역사에 호소하면서 구약에는 우리에게 필요한 본보기가 들어 있음을 지적한다.

이제 **이러한 일은** 우리의 본보기로서 우리가 그들이 악을 바랐듯이 우리가 악을 바라지 않기 위해서 **일어났습니다**(고전 10:6, ESV).

그들에게 일어난 이런 일은 본보기가 되고 또한 말세를 만난 우리를 깨우치기 위하여 기록되었느니라(고전 10:11)

히브리서 11장은 구약 역사 기록의 일부인 믿음의 영웅들을 호소하면서 우리를 가르친다. 히브리서 3-4장은 우리가 이스라엘 백성이 광야에 있을 때 일어난 사건에서 교훈을 얻어야 함을 보여 준다. 바울은 디모데에게 공적으로 구약을 읽고(딤전 4:13) 구약 연구에 전념하라고 권고한다(딤후 3:15). 전체적으로 구약에 관한 이런 단언에는 구약에 나오는 역사 기록도 분명 포함된다.

역사 속 가르침

구약과 마찬가지로 신약도 자녀에게 기독교 신앙을 가르치는 것이 중요하다고 단언한다. "또 아버지 된 이 여러분, 여러분의 자녀를 노엽게 하지 말고, 주님의 훈련과 **훈계**로 기르십시오."(엡 6:4, 새번역) 이런 신앙 교육에는 구약에 나오는 가르침이 포함된다. 구약에서 하나님이 부모들에게 하신 명령은 구속 역사에서 신약 시대를 살아가는 우리에게도 계속 이어지는 명령이다.

우리가 믿음으로 그리스도에게 연합되었다면 하나님 백성의 역사라는 물줄기에 합류한 것이다. 우리는 하나님이 구약에서 하신 약속의 상속자가 된다(고후 1:20). 그리스도는 이스라엘 사람이시고 다윗의 계보에 속하신다(마 1:1-16). 그리스도 안에 있으면 우리는 하나님의 영적 백성의 일원이 된다. 고린도전서는 유대인뿐 아니라 이방인도 있는 교회가 받은 편지인데, 고린도전서 10장 1절은 이스라엘 백성을 "우리 조상들"이라고 말한다. 영적으로 말하자면 이스라엘 백성이 우리의 조상이 되었고, 구약의 족장은 **우리의** 족장, 즉 우리의 영적 조상이다. 우리는 역사의 연속선상에 그들과 함께 서 있다. 그들의 역사는 **우리** 역사의 한 부분이다.

요약하자면, 우리는 하나님이 역사에서 하신 일에 반드시 주의를 기울여야 한다. 또 자녀들에게도 그 일에 주의를 기울이라고 가르쳐야 한다. 하나님이 우리에게 명하셨기 때문에 우리는 그분이 하신 일에 주의를 기울인다. 성령님이 우리를 조명하시면 성령님이 주시는 내적 동기 때문에도 우리는 주의를 기울인다. 우리는 하나님이 하신 일에 대한 기록이 우리 영혼에 유익함을 안다.

그 기록이 우리 영혼에 왜 유익한가? 그 이유를 우리가 속속들이 알 수는 없을 것이다. 하나님은 우리가 보는 것보다 더 깊은 방식으로 성령님을 통해 우리를 변화시키신다. 성령님은 이렇게 변화시키는 사역에 성경을 사용하신다(요 17:17).

성령님의 사역에는 신비가 있지만, 우리는 하나님이 하신 일의 역사가 어떤 면에서 우리가 영적으로 자라도록 힘을 실어 주는지 **조금**이나마 논평할 수 있다.

역사는 어떤 식으로 기독교 성장에 이바지하는가

첫째, 성경에 나오는 역사를 읽으면 하나님에 대한 시야가 넓어진다. 그분은 역사의 현장에 어제 등장한 하나님이 아니다. 하나님은 아주 오랜 시간 내내 일해 오셨다. 그분은 영원하신 하나님이다(시 90:1-2). 하나님은 우리보다 앞서 살아간 개개인과 각 세대에 신실하셨던 하나님이다(시 105, 106, 107, 145편). 그분에게는 상상을 초월하는 지혜가 있으시다. 창조 세계가 하나님의 능력을 드러내고 그분이 행하신 기적도 그러하다. 하나님이 대대로 변함없이 역사하신 구속 계획이 그분의 지혜와 신실하심을 보여 준다.

둘째, 성경에 나오는 역사를 읽으면 그리스도와 그리스도의 구속에 대한 시야가 넓어진다. 구약에서 하나님은 우리에게 구속의 그림들을 보여 주신다. 이런 그림은 그리스도 안에서 절정에 다다르는 구속에 대한 예측이자 복선이다. 하나님은 노아와 그 가족을 홍수에서 구원하셨다(창 6-8장). 요셉을 통해서 자기 백성을 기근에서 구원하셨다(창 50:20). 모세를 통해서 그 백성을 이집트에서 데리고 나오셨다. 역사에 나오는 하나님의 이런 행동은 그리스도를 세상에 보내셨을 그때 하나님이 행하신 큰일의 복선이 되었다. 그리스도는 우리를 죄와 사망과 마귀의 권세에서 구속하셨다. 구약의 기록 덕분에 우리는 그리스도가 누구이신지 더 깊이 이해하게 되고, 그분이 행하신 일이 우리에게 더 의미심장해진다.

셋째, 성경을 읽으면 인간에 대한 시야가 넓어진다. 성경의 기록을 보면 인간에게는 의로운 행동과 악한 행동, 진실과 죄, 용기와 비겁함, 지혜와 어리석음, 충성과 배신, 정결과 불결, 친절함과 잔인함, 도움과 압제, 생명과 사망이 다 있다. 성경에서 역사는 인간 공통의 현실과 결부되어서 다양한 성격과 문화를 보여 준다. 우리는 누구든 다 하나님의 형상으로 지으심을 받았지만, 누구든 다 타락해서 구속이 필요하기도 하다.

우리 각 사람은 유일무이하지만, 우리는 다들 자기 인생과 다른 이들의 행실에 대한 기록이 서로 닮은 구석이 있음을 볼 수 있다. 우리는 자신에 대해서 알 수 있고 다른 사람에 대해서도 알 수 있다. 지혜를 얻을 수 있는 것이다.

잠언은 지혜가 여호와에 대한 경외에서 시작된다고 말한다(잠 1:7; 9:10; 시 110:10). 먼저는 하나님이 친히 하신 가르침에 귀를 기울이고, 그다음으로는 우리 앞에 살았던 지혜로운 사람들의 가르침에 귀를 기울일 때 우리의 지혜가 자란다. 그런데 지혜는 인생에 주의를 기울임을 통해서도 자랄 수 있다. 잠언은 직접 우리에게 인생의 본보기를 살펴보라고 권유한다(이를테면, 잠 7:6-27을 보라).

역사는 우리에게 연구할 만한 사례를 무수히 제공하며, 우리는 그런 사례 연구를 통해 인간의 본성을 탐구할 수 있다. 우리는 인간의 본성에 대해, 그리고 인간인 우리 자신에 대해 알게 된다. 우리는 "인간이 전쟁을 할지 아니면 항복할지, 이동할지 아니면 한곳에 머무를지, 앞날을 위해 자산을 비축할지 아니면 다 써 버리거나 기부할지 같은 중요한 결정을 내리려고 한다면 무슨 일이 벌어지겠는가?" 하고 궁금해할 수도 있다. 우리는 이런저런 결정의 결과로 무슨 일이 일어났는지 성경의 역사 기록을 보면서 배운다. 하나님에게 순종하거나 불순종하는 것, 자신의 의무를 다하거나 소홀히 하는 것, 진실하게 행동하거나 이기적으로 행동하는 것, 지혜롭게 살거나 어리석게 사는 것이 어떤 것인지 배운다.

마지막으로, 성경에 나오는 역사를 읽으면 하나님을 찬양하고 영화롭게 하게 된다. 하나님을 찬양하는 것이 인간 존재의 목적이다. 역사에 대한 지식이 도움이 되는 까닭은, 이 지식이 건전하면 우리가 하나님을 점점 더 사랑하고 찬양하게 되기 때문이다. 우리는 하나님이 일하시는 것을 본다. 그분의 지혜, 능력, 친절, 정의, 긍휼, 자비, 즉 그분의 모든 속성을 본다. 하나님을 바르게 이해하면 우리는 그분을 더욱 사랑하게 된다. 하나님이 역사상 사건에서 구체적으로 어떤 방식으로 일하셨는지 알 때 우리는 그분을 구체적으로 찬양하게 된다.

그렇다면 역사는 중요하고 반드시 필요하다. 역사가 반드시 필요한 까닭은 하나님이 그렇다고 말씀하시기 때문이다. 또 역사 공부의 유익을 어느 정도 이해하면 우리는 역사의 필요성을 **이해할** 수 있다.

성경 밖의 역사

지금까지 우리는 성경에 기록된 역사에 초점을 맞추었다. 하나님이 우리에게 그분이 하신 일을 기억하고 자녀들에게 가르치라고 명령하실 때는 바로 이 역사를 말씀하시는 것이다. 하나님은 지혜로우시게도 우리에게 성경이 이야기해 주는 다수의 사건 모음집을 주셨다. 성경이 많은 사건을 이야기하더라도 세계사 전체를 세세히, 명확하게 언급하지는 않는다. 성경에서 하나님은 우리에게 필요한 것을 알려 주시지, 우리가 궁금해할 수도 있는 것을 빠짐없이 알려 주지는 않으신다.

그러면 성경에 기록되지 않은 다른 사건들은 어떤가? 그것도 공부해야 하는가? 하나님의 가르침에서 그런 사건들은 성경 자체가 차지하는 것과 똑같은 정도로 중요한 자리를 차지하지 않는다. 그래도 우리는 성경 기록에 적용하는 원칙 일부가 성경 밖의 사건에도 유추해 적용된다는 것을 볼 수 있다.

우선 하나님은 성경에 기록된 사건만 다스리시는 것이 아니라 역사 **전체**를, 즉 모든 사건을 다스리신다. 그래서 일어난 모든 일 속에 그분의 지혜, 능력, 선하심, 그 외 다른 속성이 나타난다. 우리는 가장 먼 곳에 있는 은하계가 20세기에 발견되고 나서야 비로소 그 은하계를 알게 되었지만 그 은하계를 만드신 일에 대해 하나님을 찬양할 수 있다. 마찬가지로 프랑스 역사, 에콰도르 역사, 그 외 우리가 현대 역사서에서 발견할 수 있는 모든 일을 주관하신 것에 대해 하나님을 찬양할 수 있다.

성경 **밖** 역사는 위에서 논평한 것과 비슷한 방식으로 우리에게 도움이 될 수 있다. 우리는 역사를 다스리시는 하나님을 더 잘 알아 갈 수 있다. 그리스도의 구속이 얼마나 깊고 넓은지 더 올바르게 인식할 수 있다. 인간에 대한 시야를 넓힐 수 있다. 자신을 과거의 사람들과 비교하면서 자기 이해가 더 넓어질 수 있다. 찬양의 폭을 넓힐 수 있다.

그러나 성경 밖의 역사를 다룰 때 주의할 사항도 있다. 성경 밖의 역사를 연구하고 글을 쓰는 역사학자들은 오류를 범하기 쉽다. 그러므로 우리는 그들의 글을 읽을 때 걸러서 읽어야 한다.

이제 역사를 연구하고 집필하는 과제를 더욱 철저히 고찰해 보자. 이 난제를 특히 죄라는 정황에서 살펴보자. 아담의 타락 이래로 죄는 인간이 하는 일을 오염시켜 왔다. 이런 오염은 역사 연구 작업을 포함해 학문 작업에까지 확대된다. 우리가 역사를 연구하려면 무엇이 필요하며 죄 때문에 어떤 면에서 조심해야 하는가?

PART 1

역사 분석에 필요한 것

하나님이 제공하시는 필수 자료

2

역사 경험

역사는 무엇인가? 역사에 관해 어떻게 써야 하는가? 역사를 어떻게 읽어 내고 어떻게 경험해야 하는가? 이는 아주 중요한 질문이다. 우리는 어떻게 답을 해야 하는가?

하나님의 도전과 주님이신 그리스도의 도전

그리스도는 모든 생명의 주님이시다.[1] 여기에는 우리가 역사를 생각하고 다루는 방식도 포함된다. 역사학자는 어디에서나 그리스도의 보

---

[1] Vern S. Poythress, *The Lordship of Christ: Serving Our Savior All of the Time, in All of Life, with All of Our Heart* (Wheaton, IL: Crossway, 2016).

편 규범을 따라야 한다(엡 1:20-22; 행 17:30-31도 보라). 그러므로 역사에 대한 기독교의 관점과 그 관점을 글로 쓰는 방법은 생각해 볼 만한 가치가 있다.[2]

무엇보다도 기독교의 관점은 하나님이 어떤 분인지를 고려한다. 하나님은 고려해야 하는 가장 중요한 단 한 분이다. 하나님이 역사를 다스리신다. 더욱이 하나님은 역사에 대한 계획을 갖고 계시며, 그 계획은 역사의 전체 양상을 세세히 아우른다(사 46:9-11). 성경에서 하나님은 역사 전체에 대한 자신의 계획이 실행되는 것을 우리에게 보여 주신다. 최초 실행은 하나님이 세상을 창조하실 때 일어났다(창 1장). 하나님은 인류를 창조하시지만(창 1:26-30), 인류는 죄에 빠진다(창 3장). 성경의 나머지 부분은 주로 우리를 죄에서 건져 내시는 하나님의 구속 역사에 초점을 맞춘다. 하나님은 우리에게 장래에 대한 약속을 주셨다. 우리가 고대하는 시간은 하나님이 사람들을 다시 살리시고 새 하늘과 새 땅을 창조하실 그때다(계 2:11).

요약하면, 하나님은 우리에게 역사 전체의 윤곽을 보여 주신다. 역사가 무엇에 관한 것인지 말씀해 주신다. 현대 서구에서는 문화 면에서 엘리트 계층인 사람들 대부분이 성경에 나오는 하나님의 가르침에 주의를 기울이지 않는다. 이것은 심각한 문제다. 하나님은 성경에 있는 그분의 가르침이 모든 생명의 토대와 지침이 되게 하고자 하셨다

---

[2] Diane M. Poythress, "Historiography: Redeeming History," in *Redeeming the Life of the Mind: Essays in Honor of Vern Poythress*, ed. John M. Frame, Wayne Grudem, and John J. Hughes (Wheaton, IL: Crossway, 2017), 312-328. Poythress 박사는 "책 한 권 분량의 논의"가 필요하리라 예상했고(p. 321), 나는 그런 논의를 이 책에서 제공하고자 한다.

(시 119:105). 역사에 대한 우리의 생각도 마찬가지다. 우리가 주의를 기울이지 않는다면 우리는 하나님을 거슬러 죄를 짓는 것이다.

성경은 역사를 전반적으로 이해하는 데 주요 출발점 역할을 한다. 1장에서 말했듯이 성경은 우리에게 역사적 사건에 관해 많은 것을 가르쳐 준다. 그런데 우리가 성경이 분명하게 기록하지 않는 사건을 연구하기 시작할 때는 무엇을 해야 하는가?

역사의 작은 조각

예시를 들기 위해, 더 작고 사적인 차원에서 시작해 보자. 우리는 각기 역사 발전이라는 흐름 속에 들어 있다. 여기에서 내 개인적 역사의 한 조각을 말해 보겠다.

수년 전인 1976-1981년에 나는 적어도 내 눈에는 한층 더 의미심장한 사건을 겪었다. 노먼 쉐퍼드(Norman Shepherd) 교수가 주장한 칭의에 대한 견해를 둘러싸고서 웨스트민스터 신학교에서 벌어진 주요 논쟁이 그 역사가 되었다.

교수진은 내부에서 일 년 넘게 논의했다. 의도는 아주 좋았지만 결국 교수진이 양분되었다. 1981년에 신학교 이사회는 쉐퍼드 박사를 해임했다. 그 모든 일을 겪으면서 다들 고통스러워했다.

세계사 전체와 비교하면 역사의 아주 작은 단편일 뿐이다. 그렇지만 이 역사의 단편은 그 사건을 설명하는 글이 여럿 나올 정도로 흥미를 끝났다.³ 이런 사건의 역사를 집필한다는 것은 무슨 의미인가? 개중에는 쉐퍼드의 견해에 들어 있는 문제를 발견한 글도 있었고, 쉐퍼드를 비판하는 이들의 견해에 들어 있는 문제를 발견한 글도 있었다. 어느 논평 기사든지 어찌 보면 일련의 복잡한 논의나 사건을 요약해 놓은 것에 불과했다. **명확한** 설명이 과연 존재할 수 있는가?

그 시절을 돌아보면, 역사학자 한 사람이 그 논쟁의 온갖 측면을 완벽하게 이해하기란 불가능했을 것이다. 또한 이해하지 못했으니 어느 역사학자도 완벽하고 깊이 있게 글을 쓰지 못했을 것이다. 하나님만이 역사의 이러한 조각을 완전하게 이해하신다.

그 논쟁에 대한 인간 연구가 특히 힘든 이유는 사람들(다수의 사람들)과 관련 있는 문제들의 상호작용 때문이다. 나는 교수 회의에 참석할 때마다 교수진 한 사람 한 사람의 말을 모두 들었다. 그러나 각자가 그 회의에 가지고 오는 개인적인 동기나 복잡한 배경은 철저히 이해하지는 못했다. 자세히 들여다보면 저마다 개인적인 사연이 있었으나, 추후 역사 연구에서는 그런 사연을 완전히 복원할 수가 없다. 게다가 내가 참석하지 않은 하위 분과(subgroup) 공식 회의도 여러 번 열렸다. 사사로이 대화하는 자리도 있었다.

---

3   이를테면 책이나 논문으로는 Ian Hewitson, *Trust and Obey: Norman Shepherd and the Justification Controversy at Westminster Theological Seminary* (Minneapolis: NextStep Resources, 2011); O. Palmer Robertson, *The Current Justification Controversy*, ed. John W. Robbins (Unicoi, TN: Trinity Foundation, 2003); Guy Prentiss Waters, "The Theology of Norman Shepherd: A Study in Development, 1963-2006," in *The Hope Fulfilled: Essays in Honor of O. Palmer Robertson*, ed. Robert L. Penny (Phillipsburg, NJ: P&R, 2008), 207-231이 있다. 자세한 참고문헌 목록은 "The Justification Controversy: An Index of Documents," Historic Documents in American Presbyterian History, PCA Historical Center, https://www.pca history.org/를 보라.

나는 "역사학자라면 이 문제를 어떻게 연구할 수 있을까?"라고 자문해 본다. 그 논쟁을 하면서 다수의 문서가 기록되었고, 그중 일부가 현재 공개되었다.⁴ 쉐퍼드의 출판물을 비롯한 이런 기록 문서를 보면 교수진이 논의한 쟁점과 견해를 어느 정도 맛볼 수 있다. 그러나 그런 기록도 사건이 전개된 과정 전체의 진실과 비교하면 빈약하기 짝이 없다. 그 과정이 얼마나 다채로웠으며, 그 사건에 휘말린 사람들이 얼마나 각양각색이었는지는 복원할 수 없다. 설명할 수도 없다.

어쩌면 그 시절에 교수진 중 상세하게 일기를 기록한 사람이 한 명은 넘을 것이다. 누군가 우수하고 하나님과 같은 지식을 지녔다면 모든 관점을 처음부터 철두철미하게 이해할 수 있었겠지만, 우리 중에는 누구에게도 그와 같은 지식이 없었다. 그래서 우리는 일단 논의부터 해야 했다.

나는 일기를 쓰지 않았다. 설령 써 두었더라도, 내가 직접 참여했으면서도 그 복잡성과 불가사의한 깊이를 발견하여 표현할 수 없었을 것이다. 그렇게 표현한 일기가 존재한다면 당연히 역사학자에게 아주 귀중할 것이다. 하지만 일기를 제대로 인식한다면, 일기가 사건 자체의 엄청난 복잡다단함을 해결하기보다는 강조한다는 것을 알게 된다.

요점은, 역사에서 비교적 작은 부분조차도 하나님 외에는 아무도 완

---

4   Norman Shepherd, "Thirty-four Theses on Justification in Relation to Faith, Repentance, and Good Works," Nov. 18, 1978, *Theologia* blog, http://hornes.org/theologia/; and Edmund P. Clowney, "Report to the Visitation Committee of the Board of Trustees (Revised for submission, November 11, 1981)," as set forth by Wes White, "Edmund Clowney on Norman Shepherd's Controversial, Distinctive Theology," *The Aquila Report*, March 9, 2011, https://www.theaquilareport.com/.

전하게 이해하지 못한다는 것이다. 나 역시 이해하지 못한다. 쉐퍼드 논쟁과 관련한 주요 쟁점을 어느 정도 요약할 수는 있었다. 하지만 내가 아는 것이 거의 없다는 느낌이 강렬하게 다가온다. 성실하게 참석했는데도 내가 설명할 수 없는 부분이 너무나 많다. 다방면으로 참여한 결과 나는 사람들 사이의 상호작용의 복잡성은 물론이고, 단 한 사람에게도 있는 복잡성과 불가사의한 깊이를 **더 많이** 인식하게 되었다.

역사의 더 큰 조각

그러면 역사의 더 큰 조각을 글로 쓰는 것은 어떤가? 예를 들어, 미국 대선 유세의 역사만 다루는 글을 쓴다면? 최근 대선에서 1억 명이 넘는 미국인이 투표했다. 유권자는 저마다 동기와 관점이 있다. 감당하기 힘들 정도로 복잡하다. 역사학자가 지침으로 삼을 만한 기록물이 많이 있다. 그러나 어떤 의미에서는 기록물이 너무 많다. 역사학자가 기록물을 죄다 읽는다든지 관련 녹음이나 영상을 빠짐없이 검토한다든지 할 수 없기 때문이다. 어떻게 해야 누구나 충분한 설명을 담아 글을 쓸 수 있는가?[5] 마찬가지로 제2차 세계대전의 역사를 글로 쓰는 것은 어떤가?

---

5 "빅토리아 시대 역사를 결코 쓸 수 없을 것이다. 우리가 너무나 많이 알고 있기 때문이다." Lytton Strachey, *Eminent Victorians: Cardinal Manning-Florence Nightingale-Dr. Arnold-General Gordon* (New York/London: G. P. Putnam's Sons, 1918), v를 Richard J. Evans가 *In Defense of History* (New York/London: W. W. Norton, 1997), 18에 인용. 『역사학을 위한 변론』(소나무, 1999).

우리가 알 수 있는 것과 실제 일어난 일의 완전한 복잡성의 간극을 언급한 작가가 많다. C. S. 루이스(Lewis)가 이를 적절히 요약해 준다.

그[어느 사람이든 다]에게는 신경 쓸 수 없을 정도로 너무나 많은 느낌, 감정, 생각이 순간순간 쏟아지는데, 그중 10분의 9는 그냥 무시해야 한다. 살아간 시간 단 1초 동안에도 기록할 수 있는 것보다 더 많은 것이 담겨 있다. … 과거는 … 그 본질상, 그와 같은 순간이 굉음을 수십억 번 내며 쏟아져 내리는 폭포다. 그중 어느 한순간도 너무나 복잡해서 전체를 파악할 수 없으며 다 합치면 도무지 상상할 수가 없다.[6]

미국 대선 유세나 제2차 세계대전 같은 역사의 큰 조각들에 대해서 논평 기사를 쓴다면 우리가 '외부적'이라고 일컬을 수 있는 널리 알려진 큰 지표, 즉 주요 사건에 치중하리라 예상할 것이다. 대선 유세라면 주요 토론, 주요 입장, 주요 전략, 주요 홍보, 투표 준비를 위해 선택한 주요 방법 등에 관한 글을 기대할 것이다. 그러고 나면 예비 선거와 본 선거의 득표수 자체에 관심이 있을 것이다. 제2차 세계대전이라면 우리는 전투, 정부 결정, 군수 보급, 동맹과 관련된 주요 날짜가 있으리라 기대할 것이다. 그러나 이런 커다란 움직임은 다수의 개개인이 움직여야 일어나며, 이런 개개인에는 모든 군인, 모든 무전병,

---

[6] C. S. Lewis, "Historicism," in *Christian Reflections*, ed. Walter Hooper (Grand Rapids, MI: Eerdmans, 1967), 107을 Robert Tracy McKenzie가 *A Little Book for New Historians* (Downers Grove, IL: InterVarsity Press, 2019), 12에 일부 인용.

모든 비서관, 특히 전쟁 물자를 생산하는 모든 공장 노동자 같은 '보잘것없는' 사람들이 포함된다.

그러나 역사의 '외부적' 측면 외에도, 사람은 저마다 한 명의 온전한 사람으로서 역사에 휘말린다. 누구에게나 내면의 생활, 내면의 깊이가 있다. 제2차 세계대전은 국가 수장의 개인적 결정, 군인 개개인의 동기, (예를 들면, 항복하지 않겠다는 영국인의 공동 결의 같은) 국민 전체의 의지에 좌우되었다.

그래서 누구든 역사학자라면 선택을 해야 한다. 역사학자는 연구 조사를 언제 중단할지를 결정해야 하는데, 이는 연구 조사할 거리가 언제나 더 있기 때문이다. 그리고 나서는 무엇이 책이나 논문에 넣을 정도로 중요한지 결정해야 하는데, 그런 글에는 자기에게 있는 방대한 정보를 축약해서만 넣을 수 있다. 무엇이 중요한지는 초점에 따라 달라진다. 우리는 제2차 세계대전사(史)를 군사 작전에 초점을 맞추어 머릿속에 그릴 수도 있고, 아니면 정치적 결정이나 외교, 경제, 전쟁에 대한 보고, 여러 국가의 국민들에게서 나타난 태도 등에 초점을 맞추어 그릴 수도 있다. 또는 아돌프 히틀러나 이오시프 스탈린, 베니토 무솔리니, 윈스턴 처칠, 프랭클린 D. 루스벨트, 드와이트 D. 아이젠하워 같은 주요 관계자의 전기에 초점을 맞출 수도 있다. 우리는 제2차 세계대전 기간 제3세계 국가들을 비롯해 다양한 시골 지역과 도시와 국가의 경제적, 사회적, 문화적, 기술적 발전 같은 주제에 치중한 역사 기술을 고려해 볼 수도 있다.

도전

이런 역사의 조각들은 역사에 관한 글쓰기의 어려움을 얼마간 잘 보여 준다. 가장 기본적인 난제는 과거의 조각을 이해하는 데 있다. 어느 누구도 모든 측면이나 깊이를 속속들이 이해하지 못한다. 우리가 마주하는 현실은, 하나님에게는 모든 사건에서 실행되고 있는 계획이 있으시다는 것이다. 그런데 하나님은 그분이 세밀하게 하시는 그 일을 왜 하시는가? 불가사의가 여전히 많다.

게다가 역사에 관한 글쓰기 과정에는 선택이 따른다. 가장 기본적인 선택은 과거의 어느 조각을 글로 쓸지 정하는 것이다. 조각은 수백만 개가 있다. 이 특정 조각을 선택한 이유는 무엇인가?[7] 일단 그 선택을 하고 나면, 작가는 세부 내용으로 무엇이 들어갈지 무수히 선택해야 한다. 적절한 양의 정보를 이용할 수 있더라도 아주 적은 분량만 들어갈 수 있다. 제2차 세계대전에 관해서라면, 그 글은 전쟁사가 되겠는가, 아니면 외교사나 정치사나 경제사가 되겠는가, 아니면 몇 가지를 조합한 역사가 되겠는가? 그리고 나서 작가는 어떤 식으로 전체 논의의 체계를 잡아서 독자가 전체 내용을 일관성 있게 이해하게 하겠는가? 역사의 조각이 사건을 차례대로 나열하는 단순한 연대기보다 흥미로우려면 전체에 대한 감이 있어야 한다.

---

7   James E. Bradley와 Richard A. Muller가 공저한 *Church History*의 "Selecting and Narrowing a Topic"이라는 제목을 붙인 단락에서 그 과정을 맛볼 수 있다. James E. Bradley and Richard A. Muller, *Church History: An Introduction to Research, Reference Works, and Methods* (Grand Rapids, MI: Eerdmans, 1995), 63–73.

우리는 역사에서 의미를 찾고자 갈망한다. 그런데 하나님만이 전체를 아시는 분이라면, 이 의미는 무엇인가?

역사란 무엇인가?

이 지점에서 우리는 **역사**라는 단어를 두 가지 뜻으로 사용한다. 첫째로, 역사는 과거의 시공간에서 전개된 사건들을 의미할 수 있다. 둘째로, 역사는 과거 사건에 대한 인간의 연구와 진술을 의미할 수 있다. 이 책에서는 두 가지를 모두 사용한다. 이 두 가지 뜻은 서로 관련이 있고 서로에게 의존한다.

과거는 인간 기억의 범위를 넘어서므로 우리가 연구해야만 과거에 다가갈 수 있다. 반대로 우리가 과거를 연구하거나 진술하는 것은 과거에 발생해서 지금 초점이 되는 사건이 있기 때문이다. 그렇지 않다면 소설을 쓰는 편이 나을 것이다.

사람들이 '태양계의 역사'나 '동물 생태의 역사'에 대해 이야기할 수는 있다. 그러나 우리가 '역사학자'라고 부르는 사람들은 대개 인간의 의도와 행동이 상호 작용하는 배경을 포함해 **인간**의 역사에 초점을 맞춘다. 역사는 유명하고 권력 있는 사람들에게 주목할 수도 있지만, 사뭇 평범한 사람들에게도 주목할 수 있다.

역사의 세 측면

역사를 이해하고자 한다면 필연적으로 ① 사건, ② 사람들, ③ 의미라는 세 측면을 한데 모아야 한다.

사건 첫째로, 사건이 있어야 한다. 사건이 없다면 이야기할 거리가 없다. 다시 말해 의미를 밝히거나 사람들을 알아 가는 데 사용할 공적인 기반이 없는 것이다.

사람들 둘째로, 사람들이 있어야 한다. 사람들이 없다면 역사는 물리학과 화학으로 바뀔 것이다. 현대의 세계관 중 하나가 철학적 유물론인데, 이는 세상을 물질 입자의 운동으로 환원할 수 있다고 말하는 세계관이다. 평범한 사람들이 신경 쓰는 복잡한 문제들은 하나같이 그런 입자의 구성이 복잡할 뿐이라는 것이다. 이 세계관에 따르면 입자들이 인과적 순서로 서로 부딪쳐 튄다. 입자 더미 중에 우리가 인간이라고 부르는 것들은 아주 복잡하다. 하지만 인간의 의미는 사실 허상에 불과한데, 실재는 이러한 입자에 속할 뿐이기 때문이다. 이 접근법은 극단적인 견해이지만, 인간의 의미를 설명하는 능력의 중요성을 잘 보여 준다.

우리에게는 역사에서 역할을 하는 인간 행위자는 물론이고 역사 **연구**에 관심이 있는 인간 행위자도 있어야 한다. 우리가 사건에 대한 서술을 찾는 중이라면 그 연구를 하고 글을 쓴 사람이 최소한 한 명은 있어야 한다. 다시 말해 우리에게는 역사학자인 사람이 있어야 한다.

의미 셋째로, 의미가 있어야 한다. 의미가 없다면 우리에게 있는 것은 사건 목록에 불과하다. 아니, 극단적으로 말하자면, 의미가 없다면 목록조차도 없이 사건만 있는 셈인데, 목록에도 최소한으로 해석을 제공하는 언어 표현이 들어가며, 그래서 의미가 개입되기 때문이다.

역사를 집필하는 사람은 세 측면을 모두 다룬다. 그런데 이들에게 이미 세 측면 전체에 대한 개념이 어느 정도 직관적으로 있지 않다면 어떻게 한 측면이라도 고려할 수 있는가? 이들은 역사적 사건의 의미를 발견하거나 그 사건에 의미를 부여하는 것이 무슨 의미인지를 사전에 어느 정도 감이 있는 채로 연구 조사하고 고찰해야 한다. 사건과 그 사건의 인과관계를 개인적으로 경험해 보아야 하고, 인간 행위자로서 복합적 특징을 지닌 다른 사람들을 경험해 보았어야 한다.

역사를 집필하는 사람들은 백지상태가 아니며, 사실을 흡수하는 스펀지에 불과하지도 않다. 그들은 사람이다. 그들은 저마다 사전 역사가 있다. 사람이기 때문에 개인의 삶, 즉 개인의 역사를 내적으로 경험한다. 이 경험을 통해 역사의 더 넓은 풍경을 이해하는 기반이 형성된다. 그들은 다른 사람들을 겪어 보았기에 다른 사람들이 자기들과 어느 면에서 같으며 어느 면에서 다른지를 알게 되었다. 이들은 또 정규 과정을 통해서나 역사책을 통해 다른 이들에게 역사에 관해 배웠을 수도 있다. 각 사람에게는 하나님과의 관계도 있다. 사람들은 하나님과 화해했거나 소원한 상태다. 역사에서 의미를 살펴볼 때 우리는 이런 점도 감안해야 한다.

3

역사 분석의 기초

역사의 중요한 세 측면인 사건, 사람들, 의미를 계속해서 고찰해 보자. 이 세 측면은 그저 나란히 있지만은 않다. 오히려 서로에게 의존한다. 앞으로 살펴보겠지만 이 세 측면은 궁극적으로는 하나님에게 의존한다.

우선 인간의 관점으로 시작하자.

의존 관계

의미는 그 의미가 이야기하는 원래 사건을 전제로 한다. 또 의미를 이해하고 그 의미를 전달할 수 있어서 과거에 대한 논의가 일어나게 하는 사람들도 전제로 한다. 거기에 더해, 사건은 어느 정도 의미를 전제로 한다. 의미가 없는 사건은 논의할 수 없고 본질상 공백이다. 사건이 인간이 이해할 수 있는 역사가 되려면 해당 사건을 관찰하여 올바르게 인식할 수 있는 사람들이 있다는 것도 전제로 한다. 그러한 사람들이 없다면 사건을 이해할 수 없다.

게다가 사람들이 역사를 다룰 때면 사건과 의미를 두 가지 측면에서 전제로 한다. 첫째 측면은 과거에 일어난 일련의 사건에서 행동한 사람들을 고려한다. 그 사람은 일정한 배경에서 행동했다. 그는 자기 외부의 사건과 의미를 경험했다. 그의 행동은 배경과 관련지어야 이해가 될 것이다.

둘째 측면은 과거에 대해 생각하는 사람을 고려한다. 개인적 행동에 몰두하지 않으면 아무도 역사에 관해 생각을 하거나 글을 쓸 수 없다. 제2차 세계대전 당시 노르망디 상륙작전에는 많은 사람이 주체적으로 참여하였다. 그러나 노르망디 상륙작전에 관해 **생각하는 것**도 인간 행동의 한 형태이며 그 자체로 일종의 사건이다. 그리고 그와 같은 사건에는 의미가 있으며 특히 과거를 반추하는 중인 그 사람의 의도를 수반하는 의미가 있다.

결국 핵심은 우리가 역사를 대상으로 연구할 때 이런 의존 관계에 의지한다는 것이다. 그 의존 관계는 사건과 사람들과 의미가 서로 밀착되어 있음을 시사한다.

원천이신 하나님

무엇으로 이 세 측면이 서로 조화를 이룰까? 그 조화는 하나님에게서 온다. 사건과 사람들과 의미라는 이 세 측면을 모두 하나님이 다스리시기 때문이다.

사건 첫째, 하나님이 사건을 다스리신다. 역사 전체와 역사에서 일어난 개별 사건을 모두 하나님이 통치하신다.[1]

여호와께서 그의 보좌를 하늘에 세우시고
   그의 왕권으로 만유를 다스리시도다(시 103:19)

주의 명령이 아니면 누가 이것을 능히 말하여 이루게 할 수 있으랴
화와 복이 지존자의 입으로부터 나오지 아니하느냐(애 3:37-38)

땅의 모든 사람들을 없는 것 같이 여기시며
   하늘의 군대에게든지
   땅의 사람에게든지 그는 자기 뜻대로 행하시나니
그의 손을 금하든지
   혹시 이르기를 네가 무엇을 하느냐고 할 자가 아무도 없도다(단 4:35)

---

1 John M. Frame, *The Doctrine of God* (Phillipsburg, NJ: P&R, 2002), 47-79, 119-182. 『신론』(CLC, 2014). Vern S. Poythress, *Chance and the Sovereignty of God: A God-Centered Approach to Probability and Random Events* (Wheaton, IL: Crossway, 2014), Part. 1.

회의적인 역사관은 즉 과거라는 것은 없으며 현재에 대한 인간의 해석만 존재한다고 보지만, 하나님이 사건을 다스리시고 사건에 관해 다 아시므로, 우리는 순전히 회의적인 역사관을 선택할 수 없다.

사람들 둘째, 하나님은 땅에 있는 사람들을 다스리신다. 사람은 하나님의 형상으로 지음받았다(창 1:26-27). 사람은 하나님의 피조물이고, 하나님 아래 있다. 하지만 피조물의 차원에서 보면, 사람에게는 하나님을 따라 하나님의 생각을 할 능력이 있다. 또한 역사에서 하나님이 하신 일을 이해할 능력이 동물들보다 훨씬 더 우수하다. 아담과 하와가 창조되었을 때 이들의 사고방식이 하나님의 사고방식과 자연스레 일치했던 까닭은 하나님의 형상으로 지음받았기 때문이었다. 따라서 이들의 사고방식은 하나님이 다스리시는 사건들에도 자연스레 잘 들어맞았고, 하나님이 자신의 보좌 가운데 계획하신 의미에도 잘 들어맞았다. 하나님의 계획 안에서 하나님의 뜻은 개별 사건을 구체적으로 명시할 뿐 아니라 각 사건이 다른 모든 사건과 하나님의 포괄적 계획과 어떻게 연결되는지도 구체적으로 명시한다.

불행히도 아담과 하와는 하나님과 교제를 이어 가지 않았고 하나님을 향한 순종도 이어 가지 않았다. 그들은 죄를 범했고 반역을 저질렀다. 그 후로 우리의 사고방식은 하나님의 사고방식과 내내 **어긋났다**. 하나님은 우리를 되돌아오게 하셔야 했다. 그것이 구속의 메시지다.

우리가 하나님의 계획이 포괄적이라고 말한다면, 그 말은 인간의 자유로운 결정과 죄악의 사례까지도 하나님의 다스리심에 포함되느냐 하는 의문으로 이어진다. 성경은 이를 긍정한다. 그리스도의 십자가

형과 관련된 사건이 가장 좋은 예다. 헤롯과 본디오 빌라도와 유대교 지도자들이 인간의 악한 계획을 실행했지만, 그와 동시에 바로 그 사건들 속에서 하나님은 세상의 구원을 성취하고 계셨다.

> 이 예수께서 버림을 받으신 것은 하나님이 **정하신 계획**을 따라 미리 알고 계신 대로 된 일이지만, 여러분은 그를 **무법자들**의 손을 빌어서 십자가에 못박아 죽였습니다(행 2:23, 새번역, 베드로가 오순절에 사람들에게 설교하는 중에 한 말).

> 과연 헤롯과 본디오 빌라도는 이방인과 이스라엘 백성과 합세하여 하나님께서 기름 부으신 거룩한 종 예수를 거슬러 하나님의 권능과 **뜻**대로 **이루려고 예정하신** 그것을 **행하려고** 이 성에 모였나이다(행 4:27-28, 신자들이 하나님에게 기도 중에 아뢴 말)

헤롯과 본디오 빌라도의 악행은 하나님의 도덕 기준과 상극이었다. 하나님은 헤롯과 빌라도의 죄를 찬성하지 않으셨다. 그와 동시에 하나님은 바로 그 사건들을 이용해 자신의 목적을 이루셨다. 그리스도를 통한 구원을 이루신 것이다. 헤롯과 빌라도는 자기들이 한 짓에 대해, 또 그 행동 이면에 있는 동기에 대해 책임을 져야 했다. 인간 행위자가 행동을 취하던 바로 그때 하나님이 그 사건 속에서 행동을 취하셨다. 하나님은 하고자 하신 바로 그 일을, 즉 "하나님의 권능과 뜻대로 이루려고 예정하신 그것"을 이루셨다(행 4:28).

3. 역사 분석의 기초   45

성경에 나오는 다른 많은 사례에서 확인되는 일반 원칙은 하나님이 악한 사건까지도 자신의 선하신 목적에 맞게 다스리신다는 것이다.[2]

인간의 선택이 실제라는 것도 눈여겨볼 만하다. 인간은 하나님의 형상으로 지음을 받았다. 그래서 동물과 달리 인간의 행동에는 복잡성과 고의성과 윤리적 책임이 있다.

우리는 어떻게 의사결정에서 하나님의 포괄적인 계획과 인간의 진정한 관여가 서로 잘 맞물리게 하는가? 하나님의 빈틈없는 다스리심이 인간의 책임과 어떻게 맞물리는가? 말하기 쉽지 않은 사항이다. 하나님은 하나님이시기 때문에, 세상에는 우리가 하나님의 본성과 하나님의 세상 통치의 본질을 훤히 알 수 있게 하는 간단한 모형이 하나도 존재하지 않는다. 이쯤에서 우리가 할 수 있는 최선은, 성경의 가르침에 부합하면서 하나님의 주권과 인간의 순전한 책임을 동시에 긍정하는 논의를 더 폭넓게 하는 책을 독자가 참조하게 하는 것이다.[3]

게다가 우리는 성경에서 많은 사례를 볼 수 있다. 그리스도의 십자가형 사건은 이미 언급했다(행 2:23; 4:25-28). 우리는 욥에게 닥친 재앙을 살펴볼 수도 있다(욥 1-2장). 욥이 겪은 재앙은 여러 원인이 분명하게 겹쳐 있다. 욥은 하나님이 그런 재앙을 가져오셨다고 단언하며, 욥기 본문은 그의 말이 옳음을 확인해 준다(욥 1:21; 2:10). 그런데 욥기 본문은 또한 사탄이 '욥을 쳤다'고도 단언한다(욥 2:7). 그다음으로 욥기 본

---

2 Poythress, *Chance and the Sovereignty of God*, chaps. 4–5.
3 Frame, *The Doctrine of God*, chaps. 8–9; Poythress, *Chance and the Sovereignty of God*, chaps. 4–5.

문은 급습한 스바 사람과 갈대아 사람의 무리가 맡은 역할도 확인해 준다(욥 1:15, 17). 즉, 욥의 재앙에는 순전히 인간의 고의성과 책임이 있다. 스바 사람과 갈대아 사람이 그날 습격을 감행하기로 **선택했다**. 그것은 순전히 선택의 문제였다. 마지막으로 욥기 본문에서는 칼과 불과 바람 같은 물리적 원인이 그 재앙에서 담당한 역할도 확언한다(욥 1:15-19). 이들 네 가지 원인은 각기 다른 차원에 있으므로 서로 맞서 경쟁하지 않는다. 우리의 난제 중 하나는, 이런 여러 원인이 서로 어떻게 영향을 미치는지 묘사하는 모델을 고안해서 난제를 '해결'하려고 하면 이들 원인 전체를 마치 물리적인 원인인 양 그리기 쉽다는 점이다. 그러면 각 원인이 **실제로** 경쟁하는 것처럼 보인다. 사실은 하나님의 뜻 안에서 모든 차원의 원인이 조화를 이룬다.

의미 셋째, 하나님은 사건의 의미를 다스리신다. 역사에 대한 하나님의 계획, 즉 하나님의 '뜻'(counsel)은 역사 전체보다 선행하며 역사의 의미를 사전에 해석한다.

> 처음부터 내가 장차 일어날 일들을 예고하였고,
>   내가, 이미 오래 전에, 아직 이루어지지 않은 일들을 미리 알렸다.
> "나의 **뜻**이 반드시 성취될 것이며,
>   내가 **하고자 하는 것**은 내가 반드시 이룬다"고 말하였다(사 46:10, 새번역).

하나님은 역사의 사건을 세밀하게 만드시고 그 사건에 의미를 부여하신다. 그러므로 의미는 실제로 **존재한다**. 인간 분석가가 사건에서 발견했다고 주장하는 의미가 항상 주관적인 것은 아니며, 항상 분석가의 독자적 고안에 불과한 것도 아니다. 분석가가 명료하게 표현해 낸 의미는 하나님이 사건과 각 사건의 관계에 부여하신 의미의 일정 측면을 다시 표현한 것일 수 있다.

역사에 관한 여러 관점

사건과 사람들과 의미는 사실상 떼려야 뗄 수 없는 관계다. 우리가 잠시 그 셋 중 하나에 초점을 맞출 수는 있다. 그러나 그 배경을 보면, 초점을 맞추지 않은 나머지 둘이 존재한다. 우리가 사건에 초점을 맞춘다고 해 보자. 그 사건에 의미가 있음을 우리는 마음속으로 안다. 우리는 그 사건에 사람들이 연루되어 있으며 나중에 사람들이 과거를 되돌아보며 그 사건을 해석했다는 것을 안다. 그래서 사건에 대한 초점은 역사를 다루는 **세 가지 관점** 중 하나다. 사건과 관련된 관점은 사건에 주로 초점을 맞추기 때문에 독특하다. 그렇지만 이 관점은 사람들에게 초점을 맞추는 제2의 관점과 의미에 초점을 맞추는 제3의 관점과 밀착된다. 이 세 관점은 서로 **맞물리고 밀착하는데**, 이는 의미가 동일한 사건을 서술하기 때문이기도 하고, 하나님이 이 셋 전체의 궁극적인 원천이신 까닭에 세 관점에 내적 일관성이 있기 때문이기도 하다.

이 세 관점은 존 프레임(John Frame)이 특징적으로 이용한 세 가지 관점인 상황적 관점, 실존적 관점, 규범적 관점과 밀접한 관련이 있다.[4] 프레임은 원래 기독교 윤리와 삶의 쟁점에 대한 세 가지 접근법을 서술하고자 자신의 세 관점을 전개했다. 그러나 프레임의 세 관점은 역사 분석에 다시 적용할 수 있다.

프레임의 세 관점을 윤리학 분야에서 이용되는 대로 요약하는 것부터 해 보자. 윤리에 관한 **상황적 관점**은 윤리적 의사결정이 일어나는 상황에 초점을 맞춘다. 이 관점에서는 그 상황에서 무엇이 하나님을 가장 영화롭게 하는지 묻는다. 윤리에 관한 **실존적 관점**은 개인적 관점이라고도 불리는데, 의사결정에 연루된 사람들에게 초점을 맞춘다. 이 관점에서는 그 사람들의 태도와 동기가 무엇인지를 묻는다. 윤리에 관한 **규범적 관점**은 규범에 초점을 맞춘다. 규범은 옳은 것을 행하고 인간과 태도를 평가하는 데 쓰이는 잣대와 지침이다. 십계명은 이런 규범을 요약한 것이다.

이 세 관점은 서로 맞물리며 서로 의존한다. 관점 하나가 있으면 다른 관점 두 개가 있다는 의미다. 규범은 사람들에게 일제히 적용되고,

---

[4] 존 프레임은 다수의 저작에서 이 세 관점을 논한다. 예를 들어, Frame, "A Primer on Perspectivalism," 2008, http://frame-poythress.org/; Vern S. Poythress, "Multiperspectivalism and the Reformed Faith," in *Speaking the Truth in Love: The Theology of John M. Frame*, ed. John J. Hughes (Phillipsburg, NJ: P&R, 2009), 173-200, http://www.frame-poythress.org/; Vern S. Poythress, *Knowing and the Trinity: How Perspectives in Human Knowledge Imitate the Trinity* (Phillipsburg, NJ: P&R, 2018), 13장을 보라. 더 포괄적으로 다룬 저작으로는 John M. Frame, *Perspectives on the Word of God: An Introduction to Christian Ethics* (Eugene, OR: Wipf & Stock, 1999); John M. Frame, *The Doctrine of the Christian Life* (Phillipsburg, NJ: P&R, 2008), 『기독교 윤리학』(개혁주의신학사, 2015)를 보라. 이 세 관점 중에서는 대개 규범적 관점이 가장 먼저 나온다. 내가 이 세 관점을 적을 때는 우리가 과거에 대해 생각할 때 사람에게 더 자연스러운 순서인 사건, 사람들, 의미와 짝을 맞췄다.

사람들에게는 각자의 상황에 맞는 동기가 있다.

우리가 프레임의 상황적 관점을 역사에 적용할 때는 사건에 초점을 맞춘다. 사건은 의미가 말하는 '상황'이며 인간 해석자는 그 상황을 이해해 보려고 한다.

실존적 관점을 역사에 적용할 때는 역사 속에서 행동을 취하는 사람들에게 초점을 맞춘다. 우리는 그 사람들의 태도와 동기를 이해하려고 하는데, 여기에는 의식적으로 계산된 태도와 동기뿐 아니라 전제가 되는 태도와 동기도 포함된다. 행위자들에게는 무슨 목적이 있는가? 이들이 성취하고자 하는 것은 무엇인가? 이들은 무슨 난관을 예상하는가? 이들이 실행한 그 과정을 선택한 이유는 무엇인가?

마지막으로, 규범적 관점을 역사에 적용할 때는 역사적 사건의 의미에 초점을 맞춘다. 이 의미는 궁극적으로 하나님과 그분의 계획으로 돌아간다. 이런 의미에는 평가적 의미가 수반되는데, 이는 인간 행위자를 도덕적으로, 영적으로 평가하는 것에 관한 것이다.

상황적, 실존적, 규범적 관점이 서로 맞물린다는 말로 요약할 수 있다. 우리가 이 세 관점을 제대로 다룬다면, 각 관점에는 다른 두 관점이 암묵적으로 포함된다는 것과 이 세 관점이 함께 조화를 이룬다는 것을 발견하게 된다. 마찬가지로 역사학적 숙고에서는 사건과 사람들과 의미가 서로 맞물린다. 또 우리는 상황적, 실존적, 규범적 관점이 역사에 적용될 때 서로 맞물린다고 말할 수도 있다. 이 세 관점이 서로 맞물리는 까닭은 하나님이 이 세 관점의 근원이시기 때문이다. 하나님의 윤리적 평가는 물론 세상을 향한 하나님의 계획은 조화로우며, 그 계획은 사건과 사람들과 의미를 포함한다.

삼위일체에 뿌리를 두다

역사적 사건에 관한 이 세 관점은 통일성과 다양성이 서로 맞물리는 모습을 잘 보여 준다. 세 관점은 동일한 역사와 관계가 있으며 심오한 통일성을 누린다. 그와 동시에 초점이나 강조의 차이로 구별할 수 있고 **뚜렷이 다른** 세 가지 관점이 있다. 통일성과 다양성이 이렇게 맞물리는 것은 궁극적으로 삼위일체에 뿌리를 둔다. 하나님은 세 위격 안에서 한 분 하나님이다. 하나님의 통일성은 한 분 하나님의 통일성이다. 하나님 안에 있는 다양성은 구별되는 세 위격인 성부와 성자와 성령의 다양성이다.

사실상 우리는 삼위일체의 세 위격과 세 관점 사이에서 미세한 상관관계를 볼 수 있다.[5] 삼위일체의 세 위격은 각기 완전한 하나님이시다. 각 위격은 세상에서 하나님이 하시는 모든 일에 참여하지만 어느 정도 차이가 있다. 성부 하나님은 권능이 탁월하신데, 역사에 대한 계획을 만드셨기 때문이다(엡 1:4, 11). 이런 탁월함은 규범적 관점에 부합한다. 성자 하나님은 역사에서 하나님의 일을 실행하시는 데 탁월하시다(요 10:37). 따라서 사건과 상황은 그분이 하신 일의 산물이다. 성자

---

5 Frame, "A Primer on Perspectivalism"; Poythress, *Knowing and the Trinity*, chap. 13.

하나님의 탁월함은 상황적 관점에 부합한다. 마지막으로, 성령님은 하나님의 임재를 표현하는 데 탁월하신데, 이는 성령님이 각 기독교 신자 안에 거하신다는 가르침을 생각해 보면 이해할 수 있다(롬 8:9, 11). 그래서 성령님은 그분의 사역에서 사람들에게 초점을 맞추는 존재론적 관점에 해당한다. 삼위일체의 세 위격이 상호 내재하신다는 사실이 관점의 구조에 반영된다. 세 관점은 내재에서 파생한 그런 것이다. 각 관점에는 다른 관점 둘이 포함된다. 각 관점에 나머지 관점들이 내재하고 각 관점은 나머지 관점들 안에 포함되는 것이다. 삼위일체에서 세 위격 간의 조화가 관점들 사이의 조화에 나타난다.[6]

결과적으로 역사에 대한 인간의 이해는 하나님의 통일성뿐 아니라 하나님 안에 있는 다양성에도 의존함을 이해할 수 있다. 하나님의 통일성은 역사적 사건에 관한 세 관점의 통일성에 반영된다. 삼위일체 안에 있는 세 위격의 다양성이 세 관점의 다양성에 반영되어서, 우리는 그에 따라서 사건과 사람들과 의미를 구별한다.

사건 속 통일성과 다양성

역사적 사건에 초점을 맞추면, 통일성과 다양성의 반영을 하나 더 볼 수 있다. 사건은 더 큰 전체에 들어간다는 점에서 **통합적**이다. 가장

---

[6] Poythress, *Knowing and the Trinity*, chap. 13.

큰 전체는 역사의 전 과정이며, 창조에서 시작해 마지막 완성까지 이어진다. 이것은 **하나**인 전체인데, 하나님이 한 분이시고 하나님은 역사 전체에 대해 통합된 계획을 갖고 계시기 때문이다. 동시에 이 전체 속에 다수의 개별 사건이 있다. 각 사건은 그 짜임새의 세부 내용 면에서 나머지 모든 사건과 구별된다. 완전히 똑같이 반복되는 사건은 없다. 각 사건이 명확하게 구별되는 까닭은 하나님의 전체 계획 속에서 명확하게 구별되는 장소에서 일어나기 때문이다. 하나님의 계획은 **하나**이지만, 완전히 구별되는 세부 사항을 모두 아우른다. 이런 구별이 존재하는 이유는 삼위일체의 구별된 위격들에서 발견되는 더욱 궁극적인 구별성이 모든 차이에 반영되기 때문이다.

사건을 더 크거나 작게 묶어 놓은 것에 초점을 맞추지 않고 구별되는 사건의 **종류**에 초점을 맞추면 또 다른 통일성과 다양성이 보인다. 예를 들어, 인간의 경험 중 밥 먹기는 포도밭 가꾸기와 종류가 다르다. 또 포도밭 가꾸기는 편지 쓰기와 뚜렷이 구별된다. 우리는 개별 사건을 종류가 비슷한 사건들로 된 더 큰 항목에 자연스럽게 분류해 넣는다. 밥 먹기라는 개별 사례는 각각 '식사'라는 일반 범주에 속한다. 포도밭 가꾸기라는 사례는 전부 '농사'라는 일반 범주에 속한다. 또 농사라는 범주의 모든 사례는 더 큰 부류인 '노동'에 속한다. 여기에도 통일성과 다양성이 있다. 통일성은 이를테면 식사와 같은 일반 범주의 통일성이다. 다양성은 이를테면 특정 끼니때에 특정 종류의 음식을 먹는 것과 같은 개별 식사 각각의 다양성이다. 각 사례가 나머지 다른 모든 사례와 뚜렷이 다르다.

아주 기본적인 차원에서는, 세상에 대한 우리의 이해나 다른 이들과 소통하는 능력은 일반 범주의 존재에 따라 달라진다. 우리에게 개별 사례만 있고 일반론이 없다면 우리는 그런 사례에 관해 할 말이 전혀 없을 것이다. 마찬가지로 일반론만 있다면 실세계에 관한 소통을 할 수 없을 것인데, 실세계가 있다는 것은 절대로 똑같이 되풀이되지 않는 개별 사건들이 있다는 뜻이기 때문이다. 우리에게는 개별 사례와 일반론이 다 있어야 하며, 이 둘이 서로 밀접한 관계가 되게 해야 한다.

이것을 다른 식으로 말할 수도 있다. 항목들은 사례가 포함된 항목이어야 한다. 우리가 다루는 범주들에는 대체로 실증할 수 있는 실제 사례가 있다. 하지만 유니콘이나 인어공주처럼 어떤 경우에는 가상의 사례(개별 유니콘과 인어공주)만 있는 범주(유니콘와 인어공주의 범주)를 다룬다. 어느 쪽이든 범주는 사례가 포함되어야만 범주가 된다. 반대로 사례가 식별 가능하려면 특정 종류의 사례여야 한다. 각 사례는 우리가 분석에서 사용할 관점에 따라 어느 한 가지 범주(사실상 다수의 범주)에 속한다.

이런 종류의 통일성과 다양성은 궁극적으로 삼위일체에 뿌리를 둔다. 하나님은 세 위격 안에 계신 한 분 하나님이다. 각 위격이 하나님이다.[7] 이 통일성과 다양성이 본래의 통일성과 다양성이다. 원형이고 원본이다. 하나님 안에 있는 통일성과 다양성은 유일무이하며, 이는

---

7 Cornelius Van Til, *The Defense of the Faith*, 4th ed. (Phillipsburg, NJ: P&R, 2008), 31, 45–51. 『변증학』(개혁주의신학사, 2012).

하나님이 유일무이하시기 때문이다. 하나님과 같은 분은 없다. 그러나 하나님 안에 있는 통일성과 다양성은 하나님이 만드신 것 속에 피조물의 차원으로 나타난다. 하나님이 많은 사람을 만드셨고, 사람은 모두 인류라는 범주에 속한다. 하나님이 많은 말을 만드셨고, 말은 모두 말이라는 범주에 속한다.[8] 통일성과 다양성은 서로 맞물리는 가운데 조화를 이루며 존재하는데, 하나님이 그분 자신과 조화를 이루며 존재하시기 때문이고 세상을 창조하시고 유지하시는 방식에 그분 내면의 조화를 반영하시기 때문이다.

세상에서 통일성과 다양성은 실재물과 관련해서 존재할 뿐 아니라 사건과 관련해서도 존재한다. 인간 개개인은 누구나 인류라는 범주에 속한다. 마찬가지로 어느 경우든 포도밭 가꾸기는 우리가 '농사'라고 부르는 사건 범주에 들어간다. 역사에는 뚜렷이 구별되는 사건들 사이의 유사성이 반드시 있어야 한다. 그런 유사성이 없다면 우리는 사건에 관해 말할 수 없을 것이다. 어느 사건이 다른 모든 사건과 유사성이 하나도 없다면 그 사건을 표현할 수 없을 것이다.

분명 유일무이한 사건이라는 것이 있기는 하다. 하나님은 세상을 딱 한 번 창조하셨다. 그러나 창조라는 유일무이한 사건이 다른 사건들과 관계가 있게 만들기도 하셨다. 하나님의 창조 사역은 유일무이하지만, 우리는 하나님의 형상으로 지음받은 인간이기에 하나님이 도와

---

[8] Vern S. Poythress, "Reforming Ontology and Logic in the Light of the Trinity: An Application of Van Til's Idea of Analogy," *Westminster Theological Journal* 57, no. 1 (1995): 187–219, http://www.frame-poythress.org/.

주시면 2차적인 의미에서 '창조적'일 수 있다. 어느 장인(匠人)이 새 탁자를 만들 수 있다. 그 장인은 피조물이지 창조주가 아니다. 그러나 그에게는 창조주 하나님을 피조물의 차원에서 반영하는 창조 능력이 있다. 장인의 창조성은 하나님의 창조성과 비슷하다. 이런 유사성이 우리가 하나님의 유일무이한 창조 행위를 이해하는 데 도움이 된다.

일단 한번 생각해 보면, 우리에게는 사건에 대한 일반적인 범주나 종류가 많다. 식사, 노동, 휴식, 수면, 산책, 달리기 등 인간 활동의 기본 유형이 있다. 노동에는 식물 재배, 양몰이, 설계, 채굴, 수리 등 특정한 유형이 있다. 대화, 매매, 약속, 교수, 계약 체결, 자녀 양육, 전투, 평화 조성 등 사회적 상호 작용이 다양하게 있다. 이런 것은 얼마든지 길게 나열할 수 있다.

역사 서술은 사건 간 유사점의 실체에 주의를 기울이고 이는 공통 유형 분류로 이어진다. 앞에서 언급했듯이, 그런 서술이 없다면 유일무이한 사건에 대해 말할 길이 없다. 게다가 서술은 차이점이라는 현실에도 주의를 기울여야 한다. 그 어떤 전투도 전혀 똑같지 않다. 그 어떤 대화도 전혀 똑같지 않다. 똑같은 표현을 사용하더라도 다른 사람들이 그 표현을 사용하기 때문이다. 아니면 똑같은 사람이 같은 표현을 사용해 대화하더라도, 상황이 다르다. 차이점이 그렇게 많다면, 왜 유사점이 조금이라도 있는가? 유사점은 어디에서 생기는가? 또 그렇게 유사점이 많다면, 차이점은 어디에서 생기는가? 이 둘은 어떻게 어우러지는가?

우리는 언제나 사건에서 유사점과 차이점이 서로 조화롭게 맞물리는 것에 의존한다. 여기에서 난제는 말의 범주나 인간의 범주 같은 실재물의 범주와 관련한 난제와 비슷하다. 우리에게는 통일성과 다양성이 동시에 있다. 세상 속에서 이런 통일성과 다양성은 하나님의 계획을 반영하며, 그 계획은 통합적이면서도 각기 다르다. 그리고 이 계획은 삼위일체 안에 있는 통일성과 다양성을 반영한다. 우리는 이 삼위일체를 우리가 역사를 반추하는 능력의 결정적 기반으로 의지한다.

4

영적 대립: 흑암과 빛

인간은 누구나 앞 1-3장에서 논의한 공통점을 경험한다. 그러나 모든 인간이 공통 패턴을 똑같은 식으로 경험하지는 않는다. 우리는 모든 사람이 하나님과 동일한 관계에 있는 것은 아니라는 사실을 고려해야 한다.

성경을 보면 최초의 인간인 아담과 하와는 원래 하나님과 개인적으로 화목한 관계였다. 그러나 이들은 죄에 빠졌다. 그 후 인간은 하나님에게서 멀어지고 하나님의 저주 아래 있는 상태로 세상에 태어났다.

죄는 다른 모든 면은 물론이고 인간의 정신에도 영향을 미친다(엡 4:17-24).[1] 우리가 하나님을 배반하고 있다면, 더는 하나님을 좇아 하

---

1 Cornelius Van Til, *The Defense of the Faith*, 4th ed. (Phillipsburg, NJ: P&R, 2008), 37.

나님의 생각을 할 수 있는 상태가 아니다. 그러면 역사에 관한 우리의 사고도 변질된다. 우리는 이런 변질을 감안해야 하고, 다 괜찮다고 우리 자신을 속이지 말아야 한다.

인간의 두 가지 상태

성경에 따르면, 하나님은 온 인류를 배반과 비참한 상태에 그냥 내버려두지 않으셨다.[2] 하나님은 자기 아들을 구속자로 세상에 보내어 사람들을 건져 내겠다고 약속하셨고, 그 아들은 사람들을 구원하려고 죽으셨다. 지금 전부는 아니지만 일부 사람이 그분에게 구속받았다. 하나님은 그 아들의 영을 사람들의 마음에 보내 주셔서 그들이 구속받게 하셨다. 성령님은 사람들의 뜻과 마음을 변화시켜 그들이 거듭나게 하신다(요 3:1-15). 그들은 새사람이고(고후 5:17) 자기들의 구속자이신 그리스도와 연합되었으며, 그리스도는 그들의 머리이시다.

이 말은 가장 기본적인 차원에서 볼 때 세상에는 두 종류의 사람이 있다는 뜻이다. 다시 말해 ① 구원과 구속을 받아서, 전에는 하나님과 소원했지만 이제는 하나님과 친구 관계로 바뀐 사람들이 있고, ② 구원받지 못해서 그런 변화가 일어나지 않은 사람들이 있다. 신학자들은 이 두 종류의 사람에게 다양한 이름을 붙인다. 코넬리우스

---

2 "타락으로 인해 인류는 죄와 비참한 상태에 빠졌습니다." 웨스트민스터소요리문답 17문의 답.

반틸(Cornelius Van Til)은 하나님의 친구들을 **언약 준수자**(covenant keepers)로, 나머지 사람들은 **언약 파기자**(covenant breakers)라고 부른다.[3] 하나님의 친구들은 성령으로 다시 태어났으므로 반틸은 이들을 **중생한 자**(regenerate), 나머지 사람들을 **중생하지 않은 자**(unregenerate)라고 부르기도 한다. 성경에 따르면 그리스도는 하나님에게 가는 유일한 길이다(요 14:6). 구원받고 하나님과 화해하려면 우리는 반드시 그리스도를 믿어야 한다(요 3:16; 롬 10:9-10). 그래서 우리는 이 두 집단을 (대체할 수 있는 다른 믿음이 아닌 그리스도를 믿음을 고려하는 지점에서) 그리스도인과 비그리스도인, 곧 신자와 불신자라고 말할 수도 있다. 성경은 또 "흑암의 권세"와 "그의 사랑의 아들의 나라", 곧 빛의 나라에 관해서도 말한다(골 1:13). 그리스도를 믿는 이들은 빛의 나라에 있지만, 나머지 사람들은 흑암의 나라에 있다.

이 두 종류의 사람은 종교적, 윤리적 기본 성향이 정반대다. 서로 대립하는 것이다. 그리스도인은 현실에 대해 두 가지 질서, 즉 하나님과 피조물이 있다고 믿는다. 서구에서 비그리스도인의 보편적 신념에 따르면 현실에는 단 한 가지 질서만 있으며, 이 질서는 인간의 이성 덕분에 생겨났다. 그리스도인의 생각에 오늘날 사람들은 마음과 생각 면에서 정상이 아닌데, 이는 원래 화목하던 하나님과 인간의 관계가 아담의 타락으로 깨졌기 때문이다. 반면에 비그리스도인의 생각에 오늘날 인간들은 기본적으로 정상이다. 그리스도인은 사람이 하나님의

3　Van Til, *Defense of the Faith*, 116.

원래 사색에 의존해 사색한다고 믿는다. 비그리스도인은 사람이 독자적으로 사색한다고 믿는다.

거짓 종교에서는, 초월적인 권위가 있다는 외적 자료를 사람들이 따를 수도 있다. 그렇지만 그것은 허위이거나 날조된 자료이므로 그들의 맹종은 참되신 하나님에게서 벗어나 있음을 나타낼 뿐이다. 그리스도인은 그리스도를 자신들의 구원자로 믿는다. 비그리스도인은 그렇게 믿지 않는다. 그리스도인은 하나님이 성경을 하나님의 말씀으로 주셔서 우리에게 절대 오류가 없는 안내서 역할을 하게 하셨다고 믿는다. 비그리스도인은 성경을 그런 면으로는 받아들이지 않는다. 그리스도인은 하나님이 역사 전체를 다스리신다고 믿는다(시 103:19). 비그리스도인은 다스림이 다른 곳(또는 다른 여러 곳)에서 나오거나 다스림이라는 것이 아예 없다고 믿는다(표 4.1.을 보라).

표 4.1. 영적 대립

그리스도인의 관점	비그리스도인의 관점
• 인간은 언약 준수자이거나 언약 파기자다.	• 인간은 신적 언약 안에 있지 않다.
• 인간은 하나님을 섬기든지 하나님을 배반하든지 하고 있다.	• 인간은 하나님과 관계가 없다.
• 현실에는 두 가지 차원, 즉 하나님과 피조물이 있다.	• 현실에는 한 가지 차원만 있으며, 소위 '신'이나 '영'이라는 것을 포함한 무엇이든 다 똑같이 인간의 분석 대상이다.
• 인간은 현재 정상이 아니며, 하나님의 본래 창조 세계에서 벗어나 있다.	• 인간은(적어도 평균적인 인간은) 정상이다.

• 인간은 하나님을 의존해 사색한다. • 그리스도는 인간의 구원자이시다. • 성경은 하나님의 가르침, 하나님 말씀이다. • 역사는 하나님의 다스림을 받는다.	• 인간은 독자적으로 사색한다. • 인간에게는 자기 외부에 있는 어떤 해결책도 필요 없다. • 성경은 하나님의 말씀이 아니다. • 역사는 하나님과 별개로 저절로 일어난다(설령 하나님은 존재한다고 해도 대체로 부재중이다).

그래서 두 부류의 인간 사이의 절대 대립(absolute antithesis), 흑백 대비가 있다. 종교적으로 이 두 부류는 서로 정반대 방향으로 간다. 종교적 방향의 이런 상이성이 인생 전체에 영향을 미친다. 이것은 특히 각자가 역사에 대해 생각하는 방식에 영향을 미친다. 중간 지대나 타협의 장은 전혀 존재하지 않는데, 당신이 만일 그리스도의 편에 있지 않다면 바로 그 신념 때문에 당신은 그리스도를 반대하는 사람이 된다. "나와 함께 아니하는 자는 나를 반대하는 자요 나와 함께 모으지 아니하는 자는 헤치는 자니라"(마 12:30).

이것이 전체 그림이라면, 이 그림은 우리가 세상에서 실제로 만나는 매우 다양한 범위의 사람들로 인해 왜곡되게 보일 수도 있다. 왜 우리는 사람들 사이에서 확연히 드러나는 행동상의 흑백 대비를 항상 보지는 못하는가?

타협

종교적 출발점을 끝까지 한결같이 유지하는 사람은 아무도 없다. 그 이유는 무엇인가? 하나님은 혜택을 받을 자격이 없는 사람들에게 혜택을 베푸신다. 비그리스도인에게 내리는 이런 혜택은 '일반 은혜'라고 불린다. 이것이 '은혜'인 까닭은, 이들이 자기들의 창조주이신 하나님에게 보이는 반항하는 태도에 따라 이들이 실제로 받아야 하는 것과는 정반대이기 때문이다. '일반'이라고 불리는 까닭은, 하나님이 그와 같은 혜택을 온갖 악하고 부패한 종교적 신념을 지닌 온갖 부류의 사람들에게 나눠 주시기 때문이다. 일반 은혜는 '특별 은혜'와 구별되는데, 특별 은혜는 하나님이 자기 백성을 구원하셔서 최후의 영광으로 인도하실 때 베푸시는 과분한 혜택이라고 정의 내릴 수 있다.

비그리스도인 사이에 일반 은혜가 존재하고 그리스도인 사이에 여전히 죄가 존재한다는 것은 양측에서 엇갈리는 결과가 나온다는 뜻이다. 그리스도인은 아직 완벽하지 않다. 비그리스도인은 겉으로 보기에는 선한 일을 행한다. 그리스도인이 하나님을 온전히, 실패 없이 섬기지는 않는다. 비그리스도인이 하나님에게 온전히, 극단적으로 반항하지는 않는다. 그리스도인은 마땅히 선해야 하는 정도로 선하지 않고, 비그리스도인은 처음 원리대로라면 논리적으로 예상되는 정도보다 표면상 덜 악하다.

혼란스럽고 엇갈리는 상황이 많다. 선과 악 사이 '타협'이 많다. 하나님은 모든 사람의 마음을 아신다. 모든 사람의 진짜 신념을 아신다.

하지만 우리 같은 인간은 모른다. 현대에는 이렇게 뒤섞여 있어 그리스도인과 비그리스도인을 서로 딱 잘라 구분하기가 어렵다. 그래서 우리는 어느 사람이 어느 편에 있는지 자신 있게 분간하지도 못한다.

거듭나지 않은 사람들, 즉 그리스도가 "이 악한 세대"(갈 1:4)에서 아직 건지지 않으신 사람들이 그리스도인이라고 자칭한다. 이들은 **이름**만 그리스도인이다. 아마도 그리스도인 가정에서 성장했거나 어느 시점에 세례를 받았거나 자신의 태도와 삶이 잠시나마 변하게 한 것으로 보이는 종교적 체험을 했으므로 자기가 그리스도인이라고 **생각한다**. 그러나 이들은 한 번도 마음으로는 그리스도를 진짜로 믿은 적이 없다. 본질적으로는 회심한 적이 없고 "흑암의 권세"(골 1:13) 밖으로 옮겨진 적이 없는 것이다. 사실상 이들은 언약 파기자요, 비그리스도인이다. 이들은 역사를 고찰할 때 비그리스도인의 관점에서 본다.

반대로, 거듭난 사람들, 즉 진짜로 회심한 사람들 중에는 이제 막 영적 진전과 성장을 시작하려는 사람도 있다. 결과적으로 말하자면, 우리는 한계가 있는 인간이기에 그들이 그리스도인인지 아닌지 확신할 수 없다. 어쩌면 그들은 중한 죄에 빠졌고 아직 회개하지 못했을 수도 있다. 그들의 죄 때문에 전에 그들이 진정으로 회심했는지 의심스러워 보인다. 하나님만 인간 마음의 아주 깊은 곳까지 아신다. "만물보다 거짓되고 심히 부패한 것은 마음이라 누가 능히 이를 알리요"라는 예레미야 17장 9절 말씀처럼 우리는 자기 마음에 속을 수 있다. 그래서 그리스도인이 아닌데 그리스도인처럼 보일 수 있고, 그리스도인인데 비그리스도인처럼 보일 수 있다.

윤리적 뒤섞임

그리스도인이 응당 선해야 하는 정도로 선하지 않은 까닭은 갈라디아서 5장 16-17절에서 말하듯이 그리스도인 역시 여전히 죄에 머물러 있기 때문이다.

> 내가 이르노니 너희는 성령을 따라 행하라 그리하면 육체의 욕심을 이루지 아니하리라 육체의 소욕은 성령을 거스르고 성령은 육체를 거스르나니 이 둘이 서로 대적함으로 너희가 원하는 것을 하지 못하게 하려 함이니라

반대로, 비그리스도인이 더 악할 수도 있는데 표면상 그 정도로 악하지 않은 까닭은 하나님이 그들에게 넘치도록 과분하게 선을 베푸시기 때문이다. 하나님은 그들에게 외적으로 좋은 선물을 베푸셔서, 해를 비추시고 비를 내리시며 먹을거리를 주신다(마 5:45; 행 14:17). 하나님은 악이 왕성해지지 않도록 억제하신다. 또 지식을 가르치시고(시 94:10), 겉으로 보기에 도덕적으로 선해 보이는 행동(그와 같은 행동을 때로는 '시민 정의'라고 부른다)을 하게 하셔서 더 미묘하며 포착하기 힘든 선물을 주기도 하신다.

비그리스도인 자선가는 자기 눈에, 또는 자신의 관대한 행위를 알게 된 사람들의 눈에 멋있게 보이려는 이기적인 욕망 때문에 가난한 사람들을 돕는 자선단체에 기부를 할 수 있다. 그런 기부는 겉으로는 선

하지만, 동기는 깨끗하지 않다. 아니면 가난한 사람들 자체에 관심이 있어서 그런 기부를 했을지도 모르지만, 그래도 그 자선가의 동기는 미묘하게 변질된 상태다. 그는 하나님을 섬기는 것이 아니라, 도와주고서 그 좋은 결과를 보면서 기분 좋아지고픈 자신의 양심과 욕망만 계속해서 섬기는 것이기 때문이다. 하나님의 말씀에 따르면 "믿음을 따라 하지 아니하는 것은 다 죄"다(롬 14:23).

그리스도인에게도 마찬가지로 여러 동기가 뒤섞여 있을 수 있다. 그리스도인은 하나님에 대한 사랑이 동기가 되어야 한다는 것을 성경을 보아서 알고 있지만, 이들이 겉으로는 선을 행하는 중에도 비그리스도인에게 있는 것과 똑같은 (멋있어 보이거나 기분 좋아지고픈) 악한 동기로 행한 적이 있다.

역사에 관한 사고의 영적 배경

사람들을 암흑의 왕국과 빛의 왕국으로 나누면 우리가 역사에 관해 생각하는 데 영향을 미친다. 사람들은 하나님 편이나 하나님 반대편 중 하나에 속한다. 그리고 그런 중대한 신념이 역사를 생각하는 방식과 집필하는 방식에 영향을 미친다. 그리스도인이 역사를 다루는 방식은 비그리스도인의 방식과 다르다. 하지만 현실적으로 사람들이 삶의 여러 영역에서 혼란스럽게 뒤섞여 있듯이 역사에 관해서도 마찬가지다. 하나님에 대한 반항에 고삐가 없다면, 다른 주제는 물론이고 역사에도 거짓과 기만이 급격히 늘어날 것이다. 그러나 일반 은혜 덕분에 비그리스도인은 극단으로 치닫지 않는다. 반면 육신에서 비롯된 죄 때문에 그리스도인은 역사에 관해 생각하고 글을 쓸 때 방해받고 타협한다. 여러 동기가 뒤섞이기에 뒤섞인 결과가 나오는 것이다.

역사 관련 기량

우리는 사람들 사이의 유형의 다양성도 감안해야 한다. 어떤 이는 다른 이보다 역사에 더 흥미가 있다. 다양한 이유로 어떤 사람은 역사를 서술할 때 인간의 본성과 동기를 더 능숙하게 이해한다. 어떤 사람은 역사 연구 조사를 하는 데 더 끈기가 있다. 정보를 발견하는 방식과 수집한 정보를 이용하는 감각이 더 뛰어난 사람도 있다. 적절하고 적확한 영어로 글을 쓰는 데(또는 다른 언어로 글을 쓰는 데) 더 능숙한 사람도 있다. 이러한 것을 다 합치면, 역사에 관해 글을 쓰는 데 다른 이들보다 더 능숙한 이들이 있다는 것이다. 그리고 이들이 능숙한 차원은 몇 가지가 있을 수 있다. 누구도 역사 연구와 저술에 필요한 모든 기능과 수완에 꼭 '최고'로 능숙하지는 않다.

사람들 사이의 이런 다양성은 궁극적으로 창조주 하나님의 계획과 그분이 사람들을 서로 다르게 만드셔서 발생한 다양성으로 거슬러 올라간다. 언제나 그렇듯이 각 사람을 구별 짓는 인간의 다양성은 원형이신 하나님의 세 위격의 다양성을 피조물의 차원에서 반영한다.

5

환원주의 역사 분석

 아주 다양한 사람 중에서도 가장 우수한 역사 연구자와 저술가는 든든하게 준비된 사람들일 것이다. 이들은 역사에 관한 연구와 저술을 사전에 경험했고, 그에 대비해 훈련을 받았으며, 적절한 분야에서 복잡하게 섞인 개인의 재능과 성향을 갖고 있다. 앞에서 보았듯이 교육을 받고 재능을 발휘할 때 이들은 세 가지 중요한 측면인 사건과 사람들과 의미를 모두 다루어야 한다.

 역사학자가 그리스도인인지 비그리스도인인지에 따라 차이가 생기는가? 우리는 그렇다고 앞장에서 논했다. 원칙의 차원에서도, 또 하나님이 사람의 동기를 어떻게 판단하시느냐의 차원에서도 엄청난 차이가 생긴다. 그렇지만 때로 우리가 역사학자의 결과물을 볼 때는 그런 차이가 아주 미미해 보일 수도 있다.

그리스도인은 (사건과 사람들과 의미라는) 세 측면 사이의 상호작용을 탄탄하게 만들어 낼 가능성이 있다. 기독교의 세계관은 하나님이 이 세 측면을 모두 다스리신다고 단정한다. 우리에게는 본질적 조화에 대한 굳건한 보증이 있다. 우리는 하나님을 의지한다. 비그리스도인이어도 조화에 대한 확신을 의지한다면 역사를 저술할 수 있다. 그들도 온전히 인정하지는 않더라도 하나님을 줄곧 신뢰할 수 있다.

달리 표현하자면, 일반 은혜는 비그리스도인에게도 확대된다는 것이다. 하나님의 은혜로 대개 비그리스도인은 무의미함, 허무주의 회의론, (어떤 면에서는 하나님과 사이가 멀어진 사람에게는 논리상 종착지가 되는) 다양한 주관주의에 빠져들지 않는다. 실제로 은혜 덕분에 비그리스도인은 역사적으로 심신의 온전함을 유지한다. 아마 비그리스도인은 그들이 행하는 일 바로 아래에 있는 토대에 대해서는 전혀 걱정하지 않을 것이다. 아니, 어쩌면 잠시 걱정하다가도, 그 걱정을 던져 버리고 역사 분석에서 더 단조로운 과제에 속하는 매혹적인 일에 황급히 돌진하고자 할 것이다. 그들은 사건과 사람들과 의미가 서로 맞물리는 세계에서 살면서, 그 세계가 현재 그런 식으로 존재하며 계속 그런 식으로 존재하리라고 믿는다.

우상숭배, 하나님 대체재, 환원

그렇지만 우리는 하나님에 대한 암묵적 신뢰가 흔들리기 시작하면 역사에 관한 글쓰기가 어떻게 타락할 수 있는지를 볼 수 있다. 비그리스도인은 하나님을 신뢰한다. 하지만 그들은 하나님을 대체하는 우상도 만들어 낸다. 고대 그리스 로마 세계에는 신들을 실제 조각상 형태로 만든 우상이 있었다. 현대 서구에서는 지식인들에게 하나님을 **정신적**으로 대체하는 것이 지적으로 하나님과 유사한 역할을 하는 관념의 형태로 존재하는 경우가 더 흔하다. 비그리스도인은 하나님의 세상에서 살며, 세상에는 세상의 창조주에 대한 증거가 나타난다(롬 1:18-23). 그러나 비그리스도인은 하나님을 대체하는 것을 만들어서 그 증거를 은폐한다.

이런 대체재는 사람들이 역사의 일관성을 설명할 때 호소하는 관념적 원칙의 형태를 띨 수 있다. 또는 역사를 어떻게든 분석할 수 있는 방법을 설명하는 듯 보이는 틀의 형태를 띨 수도 있다. 역사의 진정한 원천은 하나님이고, 그분은 인격적이시다. 그분은 성경에서 묘사되는 하나님이시다. 그러나 사람들은 역사 발전에 대해 일반적이고 설득력 있지만 **인격적**이지는 않다고들 하는 원칙을 소유함으로써 겉으로는 상당히 매력 있어 보이는 대체재를 만들어 낼 수 있다.

예를 들어 카를 마르크스는 인격적인 하나님을 믿지 않았다. 하지만 마르크스에게는 역사 발전에 대한 관념적 법칙이 있었는데, 마르크스는 그 법칙이 공산주의 강령의 필연적 승리를 보여 주었다고 생각했다. 마르크스는 추종자들에게 평화와 풍요로움과 인간의 선량함이 있는 공산주의 유토피아라는 이상적인 꿈을 끝까지 주장했다. 이 유토피아는 새 하늘과 새 땅에서 누리는 영생이라는 기독교의 약속을 대체하는 것이었다. 그런 기독교의 약속은 그리스도의 구속 사역이라는 기초 위에서만 우리에게 실현된다.

역사학자가 일단 모든 것을 다스리시는 인격적인 하나님에 대한 믿음을 버리면, 사건과 사람들과 의미라는 세 측면의 조화가 더는 보장되지 않으므로 어려움을 겪는다. 억지로 조화를 이루고자 할 경우 아주 쉬운 방법 중 하나는 이 세 가지 측면에서 하나를 선택해 다른 두 측면을 통제하는 원칙으로 삼는 것이다. 실제로 역사학자들은 인격적이고 모든 것을 다스리시는 하나님을 믿지 않고 그 대신 하나님을 대체하는 것을 이 세 측면 중 하나의 형태로 가지고 있다. 창조 세계에서 무언가가 사건이나 사람들이나 의미의 형태로 하나님을 대체하는 역할을 하기 시작한다. 그렇지만 창조 세계에서 그 무엇도 실제로는 하나님이 될 수 없다. 따라서 필연적으로 그 대체재는 대체제 역할을 하지 못한다.

역사 분석에서 일종의 환원인 합리주의

의미를 통합의 최종 요소로 이용한다고 생각해 보자. 의미가 사건과 사람들을 결정한다. 누군가가 이 견해를 채택한다면 실패가 내장된 것인데, 인간의 의미는 아무리 명석하고 통찰력 있는 의미여도 실제로는 사건이든 사람들의 행동이든 어느 것 하나도 결정하지 않기 때문이다. 의미가 결정한다고 상상하는 것은 (하나님의 생각보다는 우리의) 생각이 현실을 결정한다고 생각하는 '합리주의'의 한 가지 형태다.

우리가 역사를 설명하는 데 쓰이는 '원대한 체계들'을 검토할 때 이렇게 한 가지 지배적인 형태의 의미를 발견한다.[1] 이들 체계는 문명의 성쇠와 관련한 일반적인 틀을 찾아낸다고 주장한다. 사회적, 정치적 질서에 대한 마르크스의 역사 발전 이론에 따르면, 사회는 생산 수단의 구조와 소유를 기반으로 하는 역사의 결정적 단계를 거친다. 봉건제는 자본주의로 대체되고 자본주의는 공산혁명을 통해 국가 사회주의로 대체된 후에 다시 공산주의 유토피아로 대체된다.

역사에 대한 또 다른 원대한 체계는 과학기술의 승리에 대한 근대주의의 이념이다. 이 체계에서는 과학기술이 지속적으로 발전해 낙원이 도래하리라고 말한다. 다른 거창한 체계들과 마찬가지로, 이 체계에도 진실이 티끌만큼은 있다. 그나마도 없다면 전혀 흥미롭지 않을 것이다. 그 티끌만 한 진실은 과학기술이 크나큰 복일 수 있다는 것이다. 그러나 이 거창한 체계는 몇 가지 난제를 무시하는 경향이 있다. 첫째로, 과학기술로는 죄의 문제가 해결되지 않는다. 실제로 사람들은 웬만한 신기술을 모두 죄를 짓는 통로로 이용하는 방법을 찾아낸다. 예를 들자면, 사람들은 신무기를 개발하기도 하고 사람들을 착취하는 새로운 방법을 개발하기도 한다. 둘째로, 신기술은 파괴적이다. 사람들은 새로운 과학기술이 발달하기 시작하면 자기들에게 익숙한 방식과 관습이 밀려난다는 것을 안다. 어떤 이들은 예전 산업에 있던

1　Carl R. Trueman이 "거창한 설명 체계의 결점"에 관해 말했다. *Histories and Fallacies: Problems Faced in the Writing of History* (Wheaton, IL: Crossway, 2010), 82.

일자리를 잃는다. 거기에 사람들의 고통이 있다. 셋째로, 새로운 과학 기술에는 예견치 못한 부작용이 흔히 있다. 산업혁명으로 인간이 자연의 힘을 이용할 역량이 커졌으나, 몇몇 종류의 오염도 증가했다.

이런 원대한 체계는 어느 것이든 다 그럴듯하지만, 틀림없이 진실이 티끌만큼 있기는 하다. 원대한 체계에는 흔히 통찰이 담겨 있다. 하지만 난제도 함께 지니고 있다. 몽상에 젖은 역사 분석가는 일관된 설명을 지어내고, 그 설명이 인간 수준에서 이해하기 쉽다고 생각한다. 그는 하나님의 관점과 인간의 관점 사이의 차이를 뭉개고 싶어 한다. 자신의 해석에서는 스스로 신과 같은 기분을 느낀다. 다른 무엇이 분석에서 진짜 하나님의 역할을 대신할 수 있겠느냐는 것이다.

원대한 체계에서는 원칙들을 통합하려는 욕망이 분석을 좌지우지한다. 일반적으로는, 감당하기 힘든 사실이나 곤란한 사실이나 결정적인 패턴에 대한 예외에 담긴 의미를 은폐하거나 무시하는 결과가 나온다. 예를 들어, 유토피아에 대한 꿈과 얼핏 보면 성공한 것 같은 마르크스주의에 대한 일부 해석 때문에 다수의 공산주의자들은 혁명 이후(post-revolutionary) 질서가 옛 질서의 죄악을 변형된 꼴로 그대로 되풀이하는 것을 무시할 수밖에 없었다. 조지 오웰(George Orwell)의 우화 『동물 농장』(Animal Farm)[2]을 보면, 돼지들은 자기들이 쫓아낸 농장주들의 과오를 되풀이했고, 결국 "모든 동물은 평등하지만, 어떤 동물은 다른 동물보다 더 평등하다"고 주장하기에 이르렀다. 마찬가지로, 소비에

---

2   George Orwell, *Animal Farm* (New York: Signet, 2004). 『동물 농장』(살림, 2023).

트연방의 새로운 사회질서에서 혁명 지도자들은 마르크스주의 이론이라는 바로 그 도구를 이용해서 자기네 폭정에 대한 모든 반대에 '반혁명적'(counter-revolutionary)이라는 낙인을 찍었으며, 자기네들이 아주 불평등하게 누리는 특권은 권력을 지닌 사람들을 위해 마련된 것이라고 핑계를 댔다.³

원대한 체계들은 언제나 쓸데없이 지나치게 '원대하다.' 그보다 더 원대할 수는 절대로 없다. 그래서 원대한 체계로는 소수의 사람들과 개인 경험의 굉장한 복잡한 특징들을 실제로 완벽하게 이해하지 못한다. 원대한 체계는 개개인의 일생인 전기를 제대로 다룰 수가 없다. 원대한 체계의 이런 편향성을 하나님의 완벽한 역할과 비교해 보라. 하나님은 모든 문명 사회와 각 개인을 다스리신다. 예수님은 "너희에게는 머리털까지 다 세신 바 되었나니"(마 10:30)라고 말씀하신다. 우리는 인간이기에 개개인의 역사를 세세하게 이해할 수 없을지 모르지만, 하나님은 이해하실 수 있다. 그리고 개개인의 역사는 전체 역사, 즉 하나님의 계획을 실행하는 역사에 이바지한다. 그에 반해, 인간의 원대한 체계는 실제 역사가 지닌 매혹적인 복잡성을 산산이 깨뜨린다.

합리주의는 덜 야심찬 형태로, 역사적으로 사소한 사건에 대한 지나치게 단순한 설명으로 나타날 수도 있다. 예를 들어, 신학적 갈등이 있거나 민족적 갈등이 있는 상황에서는 어느 한편을 맹목적으로 열렬

---

3 적절하게 판단한 분석은 Trueman, *Histories and Fallacies*, 82–107을 보라.

히 지지하기 쉽다. 더구나, 사실은 모든 편이 늘 동등하지는 않다. 때로는 잘못이 없는 사람과 잘못이 있는 사람 사이에 갈등이 있기도 하다. 그런데 잘못이 있는 사람에게는 자신의 그릇된 태도와 행동을 변명할 근거가 언제나 있다. 그리고 어떤 갈등 상황에서는 양측 모두 어느 정도는 잘못이 있다. 흑색과 백색뿐 아니라 회색도 있는 경우가 많은 것이다.

열성 지지자는 그 이야기가 마치 악('상대편')에 대한 선('우리 편')의 승리로만 이어지는 설명인 듯이 말하거나, 압제하는 악한 편이 선한 편을 일시적으로 이긴 이야기인 듯 말하고픈 유혹을 받는다. 그런 사람에게는 복잡성이 떠오르지 않는다. 선한 편은 그 사람의 생각처럼 그토록 한결같이 선한가? 악한 편은 그 사람의 묘사처럼 그토록 변함없이 악한가? 그 사람이 좋아하는 편의 동기가 복합적이었던 적이 있는가? 좋아하지 않는 편은 어떠했는가? 양편 사람들은 각기 자신을 어떻게 설명했는가? 선한 편이 전술 또는 전략적 잘못을 저질렀고, 심지어 선한 동기에서 그런 잘못을 했는가?

우리는 합리주의를 역사에 대한 환원주의적(reductionistic) 접근법 중 하나로 여겨 왔다. 역사는 간단하고 단선적이고 역사 전개 방식에 대한 '합리적'(rational) 개념으로 '환원된다'(reduced). **의미**나 일반 원리는 역사를 이해하는 원동력이 된다. 그와 같은 접근법은 딱 한 가지 차원에만 집중하고 다른 모든 차원은 무시하기 때문에 환원주의적이다.

환원주의는 다른 차원에서도 일어날 수 있는데, 그 차원에서 역사학자는 역사의 몇 가지 면에 초점을 맞춘다. 마르크스는 소유권과 경제력과 노동이 나머지 모든 것을 설명하려면 기본적으로 연구되어야 하는 부분이라고 여겼다. 지그문트 프로이트(Sigmund Freud)가 보기에는 숨겨진 무의식적 욕망과 초자연적 힘이 모든 것을 설명해 주었다. 이념의 역사에 관한 글을 쓴 사람들에게는 주요 이념이나 정치 권력이 나머지 모든 것을 몰고 간다. 역사에 관한 특정 연구가 역사의 주요 동인이라고 주장할 수 있는 원천이 많다.

순수한 사건에 대한 이상

역사에 대한 환원주의적 접근법은 형태를 달리해 나타날 수도 있다. 또 하나의 형태에서는 **사건**을 역사 이해의 주요 원천으로 여긴다. 이런 초점은 제법 괜찮아 보일 수 있다. 분명 우리는 사건에 관심을 기울여야 한다. 그렇지 않으면 우리는 일어**났더라면** 하는 일이나 틀림없이 일어났다고 **생각**하는 일을 우리 마음의 발상대로 꾸며 내고 있을 뿐이다. 마르크스처럼 우리에게도 역사의 전개 방식에 대한 일반적 도식이 있기 때문이다.

그래서 우리는 사건에 관심을 기울인다. 이것은 좋은 일이다. 하지만 사건에 의미가 없다면, 또 사건들 사이의 관계에 의미가 없다면 우리에게는 결국 그저 사건 목록만 남는다. 이 목록은 '연대기'(chronicle)라고 불릴 수 있을 것이다. 이런 식으로 전개된다. "나는 오전 8시에 아침 식사를 했다. 차로 출근했다. 느릿느릿 운전했다. 내 좁은 자리에 앉았다. 점심을 먹었다. 쇠고기 샌드위치였다."

실은 사건을 따분하고 장황하게 늘어놓은 설명에도 **어느 정도**는 복합적 의미가 들어 있다. 예를 들어, 우리가 '운전'이 무엇인지 아는 이유는, 인간과 인간이 차량을 이용해서 하는 일 사이에 의미 있게 연결되는 부분이 무척이나 많기 때문이다. 우리에게는 다른 때, 다른 경우 사이에도 연결되는 지점이 있다. 우리는 다른 때, 다른 사람이 차를 운전한다고 인식할 수 있는 행위를 이행하는 경우에도 서로 연관을 짓기 때문이다. 어느 날의 운전이 '저속' 운전이라면, 비교할 수 있는 다른 운전에 비해 느리다는 것이다. 비교에는 의미가 들어 있다. 더 큰 전체 사건과 연관된 의미를 무시한다면, 설명은 다음과 같이 훨씬 더 따분해질 것이다. "나는 포크를 움직였다. 나는 포크로 계란 한 조각을 집어 들었다. 나는 포크를 움직여 포크 끝이 내 입으로 들어가게 했다." 그렇지만 이 설명에는 여전히 의미가 들어 있다. 우리는 계란이 무엇인지, 포크가 무엇인지, 입이 무엇인지 안다. 그러니 우리는 어떤 종류든지 의미를 이용해야 무언가에 대해 조금이나마 쓰거나 말할 수 있다.

역사 저술에 관한 접근법 중 하나는 (주로 19세기에 발전했는데) '객관적'(objective)이고 '과학적'(scientific)이고 싶어 한다. 평가는 '주관적'(subjective)일 수 있기 때문에 이 접근법에서는 사실에 대해 어떻게든 평가를 내리기보다는 사실을 규명하는 데 초점을 맞춘다. 때로는 이 접근법을 '실증주의적'(positivistic) 역사 접근법이라고 부르기도 한다. 이는 '논리실증주의'(logical positivism) 혹은 '논리적 경험주의'(logical empiricism) 운동과 친척 관계인데, 과학적이고 객관적으로 검증할 수 있는 주장에만 조금이라도 객관적인 '인지적' 의미가 있다고 주장한다. 그 철학 운동은 역사 전개에 적용되는 기계론식 법칙을 수립하려고 했으며, 사실을 축적한 후 일반 법칙을 파악하려고 했다.

이 접근법의 자가당착 하나는 역사를 서술하는 다른 형태에 대한 평가가 이 접근법에 내재되어 있다는 것이다. 역사를 서술하는 방법(소위 평가가 포함된 방법) 중 일부는 열등한 방법으로 여겼다. 비판하지 않는 방식인 과학적이거나 실증주의적 유형은 우수하다고 여겼다. 하지만 우수성에 대한 이런 판단 자체가 **평가**였다. 이는 사실상 평가자가 견지하는 주관적 가치 기준에 따라 결정적으로 좌우되는 **주관적** 평가였으며, 이 가치 기준은 (상위 수준의 의미와 평가를 받아들이는) 다양한 종류의 적극적 역사 서술을 좋아하는 사람들의 주관적 가치 기준과는 다를 수밖에 없었다.

사실과 이해의 관계에 나타나는 다툼

R. G. 콜링우드(Collingwood)는 오로지 사실에만 초점을 맞추려고 할 때 발생하는 싸움의 양상을 이렇게 정리한다.

역사학자들은 실증주의 프로그램 첫 회에 열정적으로 뛰어들어 자신들이 알아낼 수 있는 모든 지식을 알아내는 작업을 시작했다. 그 결과

전례가 없을 정도로 정확하고 비판적인 증거 검토를 바탕으로 세세한 역사 지식이 방대하게 증가했다. … 역사적 양심은 어느 단일 사실에 대해서든 한정 없는 세심성과 동일시되었다. … 그러나 이 시기 내내 이런 세밀한 연구 조사의 궁극적 목적에 관해서 일말의 불안이 있었다. … 실증주의 철학자들은 역사가 단순한 사실에만 매달린다면 [더 폭넓은 법칙을 추론해 내지 않으므로] 과학적이지 않다고 불평했고, 일반 사람들은 그런 역사에서 드러나는 사실이 재미가 없다고 불평했다. 이 두 가지 불평은 결국 상당히 같은 불평이 되었다. 각 불평은 사실을 위해 단순히 사실을 확인하는 것으로는 만족스럽지 않다는 의미였고, 그런 사실 확인을 정당화하다 보니 이렇게 알아낸 사실로 할 수 있거나 해야 했던 일을 훨씬 넘어섰다[그들이 원하는 것은 의미였다].[4]

사실에만 치중하면 결국은 그 모든 사실을 모으는 목적이 무엇이냐는 의문에 걸려 좌초한다.

콜링우드는 사실에 대한 이런 축적을 의미에 대한 더 넓은 관심과 구별 짓는다. 사실에 대한 축적에서 의미를 묻는 더 폭넓은 의문을 떼어 놓으면 결국은 '연대기'가 된다. 콜링우드는 다음과 같이 연대기를 '역사'(history)와 구분한다.

역사 등장인물의 경험을 되새기지 못하는 사람이 역사를 이야기하면

---

[4] R. G. Collingwood, *The Idea of History*, rev. ed., ed. Jan van der Dussen (Oxford: Oxford University Press, 1993), 127-128. 『서양사학사』(탐구당, 2017).

어느 역사든지 다 연대기가 된다.[5]

이처럼 역사를 잘못 이해하면, 역사는 증언을 받아들이고 보존하는 것이 되고 역사 서술은 옮겨 쓰고 번역하여 종합하는 것이 된다. 이런 작업이 유용하기는 하지만 이것은 역사가 아니다. 거기에는 비판이나 해석이 전혀 없고, 누군가가 과거 경험을 자신의 머릿속에서 되새기는 일도 없기 때문이다. 그것은 한낱 학식이나 지식에 불과하다.[6]

사실상, 의미를 다루려는 시도를 전혀 하지 않는다면 사실의 축적에는 오래 지속되는 사항이 전혀 없다.

순수한 주관성이라는 이상

예상하다시피 환원주의의 셋째 형태가 있는데, 거기에서는 해당 분석을 실시하는 **사람**의 주관성에 치중한다.[7] 이 접근법에 따르면, 역사를 집필하는 사람은 자신의 주제에서 의미를 도출하기보다는 의미를 **만들어 낸다**. 우리가 주관주의자라고 부르는 이들의 언급에 따르면,

---

5 Collingwood, *The Idea of History*, 203.
6 Collingwood, *The Idea of History*, 204. Richard J. Evans도 *In Defense of History* (New York/London: W. W. Norton, 1997), 21에서 비슷하게 주장했다. 『역사학을 위한 변론』(소나무, 1999).
7 이 세 가지 환원주의는 John Frame의 인식론 분석에 나오는 이성주의, 경험주의, 주관주의와 어느 정도 대응된다. Frame, *The Doctrine of the Knowledge of God* (Phillipsburg, NJ: Presbyterian and Reformed, 1987), 111-121을 보라. 『신지식론』(개혁주의신학사, 2020).

어떤 분석가도 자신의 배경에서 벗어날 수 없다. 어떤 분석가도 백지 상태가 아니라는 것이다.

여기에는 티끌만큼의 진실이 있다. 누구에게나 지적인 배경은 물론이고 정신적 배경이 있다. 누구나 자기 마음의 명령에 영향을 받는다. 누구나 자기가 중요하다고 여기는 것을 배경으로 분석한다. 역사를 분석하는 중립적이고 전적으로 '객관적'인 관점은 존재하지 않는다. 객관성을 열망하는 이들조차도 자신이 객관적이라고 상상하는 것을 **향한** 주관적 열망 때문에 객관성을 열망한다. 이들은 더 넓은 문화 배경을 바탕으로 객관성을 열망하지만, 그 문화 배경은 자연 과학이라는 이상과 중립적 객관성이라는 이상의 영향을 받았다. 그런데 우리가 관심이 전혀 없다면 역사를 다루려고 하지 않을 텐데 왜 중립적인 척해야 하는가?

주관주의적 접근법의 난관은 객관주의적 접근법과 반대다.[8] 주관주의적 접근법에 어떻게 통제 집단(실험 연구에서, 일정 자극을 주는 실험 집단과 비교하기 위해 아무런 자극도 주지 않는 집단-옮긴이 주)이 존재할 수 있는가? 일단 개인의 주관성이 주도권을 잡으면 허구적 이야기와 실제 이야기 사이

---

8   David W. Bebbington, *Patterns in History: A Christian Perspective on Historical Thought*, 4th ed. (Waco, TX: Baylor University Press, 2018)를 보라. Bebbington은 두 가지 접근법인 '실증주의'와 '역사주의'(historicism)의 역사를 추적한다(8장). 실증주의는 우리가 '객관주의적' 접근법이라 일컫는 것과 유사하다. 역사주의는 역사상 유일무이한 일을 강조하고 의미를 이해하는 데 (단순히 냉정한 '과학적' 객관성뿐 아니라) 인간의 공감도 필요하다고 강조하는 접근법에 Bebbington이 붙인 이름이다. 그러나 역사주의에서는 여전히 생각하기를, 인간 본성에는 공통점이 충분해서 역사학자들은 다른 개개인과 다른 시대와 문화의 고유성을 호의적으로 인식할 수 있다고 한다. Bebbington은 상대론적 포스트모더니즘에 대한 논의를 별개로 진행하는데, 포스트모더니즘은 훨씬 범위가 넓은 주관주의다(7장). Bebbington은 7장의 특수 용어를 사용하지 않고서, 각 사람의 실존적 인식, 양식에 대한 규범적 확인, 구체적 사건의 역할에 대한 상황적 확인의 중요성을 주장한다.

에는 무슨 차이가 있는가?

세 가지 관점의 필요성

요약하자면, 우리가 사건으로 시작하든, 역사를 관찰하는 사람으로 시작하든, 의미로 시작하든 각 측면만 편협하게 선택하면 그 자체로 어려움이 생긴다. 초점이 좁아서 어려움이 생긴다는 점에서 이 세 측면이 모두 필요함을 알 수 있다.

세 측면이 이렇게 맞물려야 한다는 것은, 존 프레임이 윤리학 연구에 관해 말한 내용과 비슷하다.[9] 세속 윤리학은 세 가지 노선을 시도하는데, 절대적 도덕 법칙을 기반으로 하는 의무론적 윤리학(규범 윤리학), 상황에 필요한 목표를 기반으로 하는 목적론적 윤리학, 윤리 행동이라는 개인의 산물을 기반으로 하는 존재론적 윤리학이 그 셋이다. 이 셋은 각각 윤리에 대한 규범적 관점, 상황적 관점, 실존적 관점에 해당된다. 셋 중 어느 것도 **그것 하나만** 선택해서는 윤리에 대한 만족스러운 설명을 제시하지 못한다. 마찬가지로 역사 연구에서 사건이나 사람들이나 의미 중 하나에만 초점을 맞춘다면 흡족한 설명을 제공하지 못한다. 실질적으로 이 셋이 서로 맞물려야만 하는 것이다(표 5.1.을 보라).

9　John M. Frame, *The Doctrine of the Christian Life* (Phillipsburg, NJ: P&R, 2008), chaps. 6–8.

표 5.1. 윤리와 역사 비교

	규범적 관점	상황적 관점	실존적 관점
세속 윤리학	의무론적 윤리학	목적론적 윤리학	존재론적 윤리학
세속 역사	의미	사건	사람들

윤리에 대한 세 가지 세속적 접근법은 역사에 대한 세 가지 환원주의적 접근법과 마찬가지로 난제를 적절히 다루지 못한다. 각 경우에 우리에게는 세 가지 측면이 필요하며, 단 하나의 측면만으로는 충분하지 않다. 그리고 이 셋은 서로 맞물려야 한다. 동시에 각각의 환원주의적 접근법은 여전히 그럴듯한데, 어느 측면이든 전체(윤리 전체나 역사 분석 전체)를 보는 **관점**으로 기능할 수 있기 때문이다.

세 관점이 모두 함께 필요하므로 우리는 출발점으로 돌아가게 된다. 우리에게는 하나님이 필요하다. 우리에게는 (사건과 사람들과 의미라는) 세 측면을 모두 다스리시는 하나님이 필요하다. 하나님의 존재를 인정하지 않으려는 사람들도 자기도 모르게 하나님에게 의지해 이 셋을 결속시킨다.

6

사람들 이해하기

지금까지 살펴보았듯이 모든 역사 분석은 사건, 사람들, 의미를 고려해야 한다. 이 셋 중 사람에 관한 지식이 특히 중요하다.

기술

사람들을 이해하는 재능과 기술 다수가 역사 분석에 관여한다. 역사의 흐름에는 온갖 부류의 사람들이 얽혀 있기 때문에 분석가는 자신과 개성과 성향과 배경이 다른 사람들을 대할 줄 알아야 한다. 자신에게 직접 영향을 미치는 문화 배경을 넘어서는 역사를 다루려면, 분석가에게는 문화적 차이를 배우고 제대로 인식하는 기술이 필요하다.

분석가는 자기가 연구하는 역사의 흐름이 들어 있는 문화(또는 문화들)에 관해 실제로 배우기에 시간이 충분해야 하고 근면해야 한다. 분석가는 사람들에게 공감할 수 있어야 하고, 자신이 문화적 차이에 적응하게 하고 또 적응하도록 힘을 북돋는 친화력도 있어야 한다. 동기에 대해서도 생각해야 한다.

그리스도인과 비그리스도인 사이에 있는 능력

이런 능력 중 다수가 아주 훌륭한 역사학자들에게서 보이는데, 그리스도인 역사학자와 비그리스도인 역사학자가 모두 해당된다. 비그리스도인은 일반 은혜 덕분에 이런 능력을 보유할 수 있을 것이다. 반면에, 그리스도인이라고 해서 그런 기술이 저절로 생기지는 않는다. 그러나 바라건대 기독교의 원리인 사랑의 도움으로 그리스도인이 사람들을 대하는 실력을 쌓고 기르면 좋겠다. 하나님을 향한 사랑으로 우리는 하나님의 모든 방법을 더 잘 이해하게 되며, 여기에는 그분이 자기 형상대로 만든 사람들을 대하시는 방법을 이해하는 것도 포함된다. 하나님의 형상은 우리와 타인의 공통점의 주요 기반이며, 그 덕분에 우리가 타인을 이해할 수 있다.

이웃에 대한 사랑도 중요하다. 사람들을 사랑하려면 그들을 호의적으로 이해하려는 열망을 품어야 한다. 그런데 역사학자가 호의적으로 이해하고자 해도 실제로 늘 순조롭게 풀리지는 않는다.

죄악된 과거의 방해

어떤 사람들은 중대한 죄와 고통이라는 배경을 지닌 채 그리스도인이 된다. 이들은 그리스도에게 나아온 후에도 성령님을 통해 지속적으로 죄와 고통의 영향을 극복하고자 애쓴다. 죄의 잔상 때문에 인간다운 공감을 그리 잘하지 못할 수도 있다. 그래서 더 유능한 비그리스도인보다 뒤처지는 듯 보인다. 그러나 이들의 배경을 감안하면, 놀랄 일이 아니다.

협소한 배경의 방해

그리스도인 중에는 협소한 배경에서 양육받은 것 때문에 방해를 받는 사람들이 있다. 이들은 범위가 협소한 문화 집단만 주로 접했다. 그런 사람이라면 나이가 든 다음에 자신과는 다른 사람들과 다른 문화를 따라가며 성장하기가 쉽지 않을 것이다.

영적 성장

그리스도인은 영적으로 건강하게, 하나님이 성경에서 정해 놓으신 방식으로 자라야 하는데 그중에는 그렇지 않은 이들도 있다. 이들은 활기 넘치고 신학이 건전한 교회에서 영적으로 정상적인 환경에 있을 수 있지만, 그런 환경 한가운데서도 성장이 멈춰 있을 수 있다.

반면 어떤 이들은 공동체와 교회의 신학에 문제가 있어서 제대로 자라지 못할 수도 있다. '건강과 부'를 복음이라고 왜곡한 것이 생각날지도 모르겠다. 이렇게 왜곡된 복음은 사람들에게 그리스도와 그분의 사랑을 위해 자신의 생명을 포기하라고 요구하기보다는 그들이 더 이기적이 되게 한다. 아니면, 어떤 이들은 자유주의 신학을 접하고 있을 수도 있다. 자유주의 신학은 인류가 전반적으로 선하다고 믿으며, 인간 본성에 있는 죄가 역사적으로 끔찍한 사건에 저절로 드러날 정도로 깊다는 것을 사람들이 진지하게 대할 능력을 길러 주지 않는다.

마지막으로, 신학은 정통이어도 정통에 대한 자만심이 동반되는 환경에 있을 수도 있다. 그런 환경 속에 있는 그리스도인은 자기 집단에 속하지 않은 사람들에게 공감하지 않고 얼른 그들을 정죄하고 싶고 그들의 동기를 과도하게 단순화하고 싶은 유혹을 받는다.

인간을 이해하는 중요한 요소 중 하나가 타락, 즉 죄를 이해하는 것이다. 역사학자는 타락의 추악한 심연을 볼 준비를 해야 한다. 어떤 사람들은 소름 끼칠 만큼 악하다. 이들은 끔찍한 범죄와 잔학 행위와 압제에 가담한다. 훌륭한 역사 저술은 그와 같은 타락이 불쑥 튀어나올 때 그것을 이해할 줄 아는 역량에 달려 있다. 우리는 사람들이 사실 그렇게 악하지는 않았다고 순진하게 되뇌지 말아야 한다.

다른 한편으로, 타락은 여전히 미세하게 우리 속에 깊이 뿌리내린 형태로 있을 수도 있다. 앞에서 언급했다시피 그리스도인에게는 여러 동기가 뒤섞여 있을 수 있다. 그들은 행동을 할 때 그리스도의 지혜가 그들에게 바라는 만큼 지혜롭게 행하지 못한다. 이들의 선한 의도와 겉으로 지혜로워 보이는 행동 계획이 미세하게 변질된다. 이런 일이 거듭거듭 일어난다. 그러므로 죄와 죄의 미세한 부분을 이해하는 것이 역사 분석에 중요하다. 기독교 신앙의 이점 하나는 죄를 깊게 볼 수 있는 길을 열어 준다는 것이다. 또 기독교 신앙은 인간이 어떤 면에서 타락할 수 있는지를 깊게 들여다볼 수 있는 관점도 제공한다.

역사 속의 더 영웅적인 인물들에게도 포착하기 힘든 미세한 결점이 있다. 그런 결점이 영웅들의 생애 이후에 증식되어서 차후 전개되는 사건들에 악영향을 미칠 수 있다. 이와는 완전히 반대편에서는, 역사상 아주 끔찍한 짓을 저지른 인간들 중 몇몇이 자기들의 죄에 대한 변명거리를 만들어 내고 다른 사람들을 꾀어 자기를 추종하게 할 수 있었다.

인간 본성과 동기의 심연

우리 각자에게는 '판에 박힌' 행동이 많다. 어머니가 아기에게 무슨 문제가 있는지에 집중하는 이유는 아기가 울기 때문이다. 집주인이 잔디밭을 깎는 이유는 길게 자란 풀을 잘라내 줘야 하기 때문이다. 규모가 더 큰 사례에도 마찬가지인 경우가 많다. 고등학교 교사가 특정 교과 과정을 이용하는 이유는 교사 자신이나 여러 위원회가 그 교과 과정이 다음 세대를 가르치기에 유용하고 유익하다고 판단했기 때문이다. 기업은 자사 제품을 더 매력적으로, 유용하게 개선해 기업이 번창하게 하고자 한다.

그러나 누구든지 더 깊이 살펴본다면, 동기에 심연이 있음을 알게 된다. 겉으로는 판에 박힌 사건의 연속으로 보여도, 우리가 톺아 볼 엄두만 낸다면 숱한 걱정거리와 이기적 욕망을 발견할 것이다. 우리는 타인에 대한 진실한 사랑을 발견하기를 바랄지 몰라도, 실은 나태와 자만과 (사랑을 받거나, 부나 권력이나 특권이나 멋진 인간관계를 누리는) 미래에 대한 막연하고 이기적인 꿈도 발견한다. 다른 모든 것 아래 몸을 감춘 채 우리는 하나님을 사랑하거나 싫어한다. 하나님을 섬기거나 하나님을 대신하는 것(사실은 다수의 대신하는 것들)을 섬긴다. 우리는 자신을 섬기고, 사람의 두려움을 섬기고, 육체의 정욕을 섬기고, 마귀와 마귀의 대리자들을 섬긴다. 이미 말했듯이 이 모든 것은 앞뒤가 맞지 않게, 타협하며 뒤섞여 있다.

결과적으로 인간의 동기는 설명하기 힘들고 예측할 수 없다. 관찰할 수 있는 행동으로 나타나는 결과도 마찬가지로 예측할 수 없다. 아이가 싱싱거리는 것을 습관처럼 받아 주던 어머니가 갑자기 이를 받아 주지 않기로 결심할 수 있다. 어머니는 자기가 응석을 받아 주기 때문에 아이의 고집과 이기심이 더 심해지고 있음을 문득 알아차렸을지도 모른다. 이런 일이 언제 일어날지 과연 누가 예측할 수 있는가? 아마 하나님이 친히 그 어머니의 마음에 역사하셔서 그의 동기가 변하고 자신이 하던 일을 달리 자각하게 되었을 것이다.

이 모든 것이 우리가 역사를 분석하는 방법에 영향을 미친다. 역사에는 개개인의 동기와 행동의 교차점이 필요하고, 이들 개개인의 상호 관계의 교차점이 필요하다. 의미는 없는 채 오로지 사건만 있다면 연대기를 만들 자료가 있는 것이다. 우리가 과감히 의미 속에 뛰어들면 이 의미가 동기와 연결되며, 사건이 일어날 가능성에 대한 판단이 동기에 대한 판단과 어우러진다.

  하나같이 매우 복잡하다. 그리고 이 모든 것 중, 우리의 판단은 인간 본성에 대한 관점에 따라 달라진다. 우리는 인간 본성에 대해, 긍정적인 면과 부정적인 면에서 대체로 무엇을 기대하는가? 또 특히 개개인에 대해, 우리가 인적 사항을 조금 알거나 많이 아는 사람들에 관해 무엇을 기대하는가?

  인간 본성에 대한 우리의 관점은 적어도 두 가지 면에서 하나님에 대한 우리의 관점이 좌우한다. 우선, 사람은 하나님의 형상으로 지음 받았으므로, 하나님에 대한 우리의 이해에는 인간 본성에 대한 우리의 이해가 어느 정도 반영된다. 다음으로, 우리는 하나님에 대한 관점 덕분에 어느 한 사람이 하나님을 사랑하거나 싫어하는 것이 그의 동기와 행동에 어떻게 영향을 미치는지를 더욱 깊이 인식할 수 있다.

  역사는 사람들을 포함하고, 사람들은 측량할 수 없이 깊고 복잡하다. 결과적으로 역사 분석은 무척이나 도전적이다.

7

역사의 원인 이해하기

역사의 어느 한 부분을 분석하려 한다면, 우리에게는 원인과 결과의 규칙성에 대한 의식이 있어야 한다. 제1원인은 하나님이다. 하나님은 무슨 사건이든 전부 다스리신다. 그러나 제2원인들도 존재한다(3장을 보라). 제2원인에는 현실 세계에서 기인한 원인도 포함된다. 현실 세계에는 지진과 홍수와 기근이 있다. 이런 일들이 때때로 인간 역사에 중대한 영향을 미친다.

인간이 원인이 되는 경우도 있다. 원인의 규칙성 중에는 개개인의 성격의 규칙성이 있다. 사람은 저마다 자기가 어떤 사람인지에 걸맞게 행동하는 경향이 있다. 사람은 정말 각양각색으로 태어나지만, 그래도 '성격 유형'을 이해할 수 있다. 특정 유형의 사람이 특정 상황에서 어떻게 반응할 가능성이 있는지(두려워할지 용기를 낼지, 지도자가 될지 추종자가 될지)를 추론할 수 있는 것이다. 기록만으로 사건을 단정할 수 없는 상황에서 이런 규칙성은 여러 가능성을 따져 보는 데 도움이 된다.

인간 상호작용의 규칙성

그러나 규칙성이 개개인에게만 있는 것은 아니다. 일대일 대화에서든 더 큰 집단에서든 우리는 인간의 **상호작용**과 **관계**에서 규칙성을 볼 수 있다. 정치 조직, 가족, 교회, 농장, 무역 업체, 기업체 등 어느 특정 기관에서든 시간이 흐르면 규칙성을 볼 수 있다. 전쟁에서도, 경제에서도 규칙성을 볼 수 있다. 또 성장이나 발전이나 쇠퇴나 갈등이라는 더 큰 규모로 발생하는 역사의 동향을 목격할 수도 있다.

어느 규칙성이든 도대체 왜 존재하는가? 규칙성이 존재하는 까닭은 우리가 규칙성의 세계에 살고 있기 때문이다. 하나님은 우주를 만드실 때 행성 운동과 계절 순환 같은 물리적 규칙성은 물론이고(창 8:22), 사람들과 사회적 상호작용 같은 인간적 규칙성도 있도록 만드셨다.

오귀스트 콩트(August Comte)가 창시한 '과학적 사회학'(Scientific sociology)에서 생각하기로는, 행성의 운동을 기술하는 법칙이 있듯이 사회에 관한 법칙이 존재할 수 있었다. 콩트의 사상에 따르면 인간의 행동은 물리 세계에서 익숙한 여러 기계적 형태의 행동으로 사실상 환원될 수 있었다. 콩트의 계획을 재연하려는 시도는 그 작업이 그다지 쉽지 않다는 것을 보여 주었다. 사람들은 복잡한 존재, 매우 복잡한 존재이기 때문이다.

그러나 콩트의 개념에는 흥미를 돋우는 특징이 있다. '과학적' 객관적 분석이 물리적 인과관계에서 그와 같은 성공을 거둘 수 있다면, 아마도 사회적 인과관계에서도 똑같이 성공할 수 있을 것이다. 그리고 평상시 생활할 때 사람은 누구나 사회적 상호작용에서 규칙성에 의존한다.

성격에서 기인하는 규칙성이 있다. 지난 10년 내내 친절했던 사람은 오늘날에도 여전히 친절한 사람이다. 기술에도 규칙성이 있다. 예를 들어 이웃의 냉장고를 수리하는 가전제품 수리공은 자기에게 여러 냉장고를 꾸준히 수리해 온 기술이 있음을 보여 준다. 따라서 짐작건대 내일 그 수리공이 당신네 냉장고를 수리할 수 있을 것이다. 당신네 냉장고와 이웃집 냉장고의 문제가 똑같다면 아마 작업 비용은 그 수리공이 이웃에게 청구한 것과 거의 비슷할 것이다. 당신은 수리공의 기술과 그의 작업 방침에 관한 규칙성에 의존한다.

요약하면, 규칙성은 어디에나 있다. 그러나 인간의 본성을 포함하는 규칙성은 분명히 인간 본성의 복잡성과 예측 불가능성과 결합할 것이다. 그래서 기계적 인과관계는 그 자체로 한계가 있다. 리처드 에반스가 말했듯이 역사의 진행에 관한 일반론은 어느 정도 가치가 있다. 그러나 일반론에는 예외가 있을 수 있다. 일반론은 자연법과 다르다.[1]

---

1   Richard J. Evans, *In Defense of History* (New York/London: W. W. Norton, 1997), 49–53.

규칙성의 원천

그러면 우리는 어떤 종류의 규칙성을 기대하는가? 여기서도 늘 그렇듯이 우리 마음의 신념과 세계관(세상의 더 큰 맥락에 대한 이해)이 우리의 기대에 영향을 미친다. 우리가 하나님의 세상 창조와 계속되는 통치를 믿는다고 가정하자. 세상에는 그분의 통치가 미치지 않는 곳이 없다(시 103:19; 엡 1:11). 그러므로 물리적 규칙성과 사회적 규칙성 모두 하나님이 특성을 부여하신 것이다. 하나님이 인격적이시므로, 규칙성에는 하나님의 인격적이신 성품이 배어 있다. 규칙성에는 하나님이 자기 형상으로 만드신 사람의 본성이 포함된다.

또 성경을 근거로 우리는 죄가 인간을 타락시켰다고 믿는다. 그래서 인간의 행위에는 죄와 죄의 결과로 인한 행동 양식이 포함된다.

반대로, 어느 역사 분석가가 그런 하나님을 믿지 않는다고 가정하자. 어쩌면 그 사람이 상상하는 신은 이신론의 신일 텐데, 그 신은 세상을 만들기는 했지만 만들고 나서는 전혀 관여하지 않았다. 그러므로 그 규칙성은 한낱 규칙성의 겉모습, 즉 언제든 사라질 수 있는 거짓된 겉모습에 불과하다. 아니면, 그 분석가는 하나님이 태초에 규칙성의 특징을 물리적 사회적 인과관계에 담아 놓으셨다고 가정할 것이다. 이신론자 몇몇이 즐겨 생각했듯이 세상은 시계와 같은 것이어서, 시계 제조공(하나님)이 그 시계(세상)를 태초에 만들어서 태엽을 감아 놓았다. 그 후로 시계는 내내 자기 혼자서 돌아갔다. 우리가 시계 제조공을 무한하고 완벽하다고 여긴다면, 시계는 나중에 태엽을 다시 감을 필요가 전혀 없을 것이다. 시계는 시계 제조공이 개입하지 않아도 무한정 돌아갈 것이다. 이런 이미지가 마침내 세계에 급속히 퍼져 나간 유사 기계론의 규칙성이 되었다. 세상을 세운 이신론의 신은 인격적이다. 그러나 그 신의 인격성은 창조의 첫 행위에만 영향을 미친다.

서구 세계의 역사학자 중에는 불가지론이나 무신론 성향이 더 강한 이들도 있을 것이다. 이들은 태초나 다른 어디에서 어떤 유형의 신에게든 호소하는 것을 불편해하거나 달갑잖아한다. 그래서 이들은 규칙성의 원천에 신경 쓰지 않고 역사 분석에만 몰두한다. 그러나 이들도 규칙성의 개념을 어느 정도 이용하면서 작업해야 한다. 규칙성이 없다면, 무질서에 불과한 혼란만 있기 때문이다.

그래서 불가론자와 이신론자에게도 규칙성이 여전히 있지만, 인격적 원천은 없다. 규칙성을 기본적으로 비인격적인 것으로 간주하는 것이다. 규칙성은 그저 '거기에' 있을 뿐이다. 그런데도 이 가상의 규칙성이 역사에 관한 사고 체계에서는 설명에 필요한 결정적 근거 같은 역할을 한다. 역사학자에 관한 한, 규칙성에는 궁극적 기원이 없다. 그렇다면 규칙성이 하나님을 대신하는 역할을 하는 것이다.

종교와 역사

궁극적 틀은 역사에 관한 사고에 없어서는 안 된다. 이 궁극적 틀에는 '종교적' 측면이 있다. 불가지론자나 무신론자는 어떤 종교 의례에도 참여하지 않는다. 조각상 앞이나 신전에서 자기 몸을 숙이지 않는다. 그런 면에서 보면 그런 이에게는 종교가 없는 것일 수 있다. 그러나 그는 자기보다 큰 체계에 의존한다. 이런 의존이 깊고도 넓으므로, 그런 면에서는 종교적 의존과 비슷하다. 그에게는 자기가 충성하는 대상의 신뢰성에 대한 '신앙'이 있다. 그러나 이렇게 신앙을 대체하는 대상은 하나님을 우상 숭배적으로 대신하는 것이다. 그것이 대신하는 것일 수밖에 없는 이유는, 아무것으로도 하나님을 대신할 수 없는데도 우리에게는 규칙성이 있기 때문이다. 그것이 우상 숭배적인 이유는 하나님에게만 충성을 바쳐야 한다는 하나님의 요구에 어긋나기 때문이다. 하나님은 "너는 나 외에는 다른 신들을 네게 두지 말라"(출 20:3)고 하셨다.

대신하는 것의 규칙성은 여러 이유에서 아주 잘 작용한다. 이 규칙성이 그렇게 (기독교의 영향력을 오래 누려온 서구의 분위기에서 특히) 작용하는 이유는, 신적 행위의 진짜 규칙성과 아주 비슷하기 때문이다. 이것을 달리 말하자면, "불가지론자나 무신론자는 하나님의 규칙성과 그분의 은택에 의존하는 과정 내내 마음속으로는 여전히 하나님을 의지한다. 그러나 정신적으로는 규칙성이라는 비인격적 개념으로 하나님을 대체해서, 이제 그에게는 예배 의무가 없다"고 할 수 있다.

우리는 몇몇 대체 종교가 어떻게 해서 역사에 관해 생각하는 다른 접근법으로 이어지는지도 볼 수 있다. 베단타 힌두교(Vedantic Hinduism)는 세계가 일종의 환상이라고 말한다. 베단타 힌두교의 구원 계획의 일면은 세계가 환상임을 **깨닫는** 것이다. 이런 틀 안에서 보면 역사 분석은 헛된 일이므로 분석할 이유가 거의 없다.

아니면 고대 그리스에서와 같은 다신론의 한 형태를 택한다고 가정하자. 그리스는 헤로도토스, 투키디데스, 폴리비오스 같은 역사학자를 배출했다. 그러나 다신론은 그 자체로 인과관계에 대해 혼란스러운 관점을 연상시킨다. 복수의 신들이, 상충하는 복수의 동기를 지니고서, 어느 특정한 역사적 연관 관계 안에서든 행동할 수 있다. 그래서 결과를 예측할 수 없다는 생각이 들 것이다.

세계관은 우리가 역사와 역사 분석에 관해 생각하는 방식에 영향을 미친다. 일부 세계관은 역사 분석에 도움이 되지 않는다. 몇몇 역사학자는 자신의 세계관이 **있는데도** 분석을 잘 해낸다. 이들은 여전히 하나님에게 의존하는 것이다.

역사에 대한 많은 분석?

어떤 이유로 역사를 올바르게 분석하는 방법이 **하나만** 있다고 생각하는가? 한 분 하나님이 존재하신다면, 하나님이 역사에 관한 생각의 궁극적 기준이다. 하지만 만약 우리가 하나님을 저버린다면, 양립할 수 없고 상충하는 여러 접근법이 남는가?

계몽주의의 주장에 따르면, (그 자체를 사실상 신적인 것으로 여기는) 이성 덕분에 우리는 변덕스러운 전통 종교에 대한 열심에서, 인간 권위자들에 대한 헌신에서, 역사의 의미에 대한 편파적 관점에 대한 의무에서 벗어난다.

  그러나 이성을 역사 분석에 적용했을 때 균일한 결과가 나오지는 않았다. 균일한 결과는 거의 전적으로 사건에 집중하지만 사건의 의미에는 집중하지 않는 '과학적' 역사 저술의 이상과 같은 그런 유형을 의미할 수 있다. 출처부터 꼼꼼하게 따진 연대기를 의미할 수 있다. 그 이상의 것을 의미한다면, 그것은 무엇인가? 유럽이라는 문화적 한계 안에서도 인간 역사학자들 사이의 다양성은 역사 저술의 다양성으로 이어졌다. 또 포스트모더니스트들이 점점 더 소리 높여 이런 다양성을 지적하고 이를 무시할 수는 없다고 주장했다. 게다가 포스트모더니스트들은 문화적 다양성, 즉 서구 세계 밖으로 확장되는 다양성에 관심이 있었다. 이들에게는 계몽주의의 비전도 많은 비전 중에 하나였다.

  포스트모더니스트들에게 계몽주의는 이제 더는 빛의 순수한 원천이 아니었다. 계몽주의에는 고유의 유사종교적 신념이 있었다. 계몽주의는 고유의 전통을 발전시켰다. 사람은 누구나 자기 이야기를 자기 나름의 관점에서 이야기할 수밖에 없다. 포스트모더니스트들은 하나님을 저버렸으므로, 어느 한 가지 역사 연구 방법이 옳다고 최종 판단을 내릴 길이 없어졌다. 원칙적으로 말하자면, 이들에게는 똑같이 타당한 다수의 접근법이 있든지, 아니면 타당한 접근법이 전혀 없다. 보통은 영구불변의 기준과 관련하여 **타당성**을 이해하기 때문이다.

8

기적

역사에 대한 여러 접근법의 차이점은 특히 기적을 다룰 때 겉으로 드러난다. 기적이 일어날 가능성을 믿는지 안 믿는지에 따라 어떤 일이 일어났는지에 대한 생각이 달라질 수 있다.

이런 믿음의 영향력이 특히 두드러질 때는 사복음서에 나오는 그리스도의 일생에 대한 기록을 고찰할 때다. 복음서에는 많은 기적이 기록되어 있다. 복음서에 따르면 그리스도는 나병환자를 고치셨고(마 8:2-4), 갈릴리 바다에서 폭풍을 잠잠하게 하셨고(마 8:23-27), 야이로의 딸을 다시 살리셨다(마 9:18-26). 이런 사건들은 묘사된 대로 실제로 일어났는가?

또한 기적이란 무엇인가? 몇 가지 정의가 상충한다. 그중에는, 예를 들어 기적을 자연법칙에 대한 위반이라고 칭하는 정의처럼 성경을 기반한 세계관과 긴장 관계에 있는 정의가 있다.¹ 우리의 목적을 위해서는 이렇게 간단한 정의를 내리는 것으로 충분할 것이다. **기적은 인간에게 경외와 경이를 불러일으키는, 하나님의 특별한 가시적 행위다.**² 이 정의에 따르면 복음서에서 예수님이 병을 고치시고 귀신을 내쫓으신 사례는 기적에 해당한다.

성경에 나오는 여러 기적은 성경 저자들 주장에 신빙성을 증언하고 확정한다. 기적을 통한 가시적 계시는 성경의 각 책을 쓴 선지자들, 사도들, 인간 저자들의 메시지를 통한 언어적 계시와 함께한다. 어떤 사람은 성경에서 기적의 이런 특별 계시적이고 확정적인 역할을 강조하고자, 이 역할을 기적에 관한 정의에 넣어 두기로 했다. 그렇게 하고자 한다면, 예를 들어 기적은 언어적 특별 계시를 동반해 그 계시를 증언하는, 하나님의 특별한 가시적 행위라고 말할 수 있겠다.

이 책에서 우리는 성경 **밖** 역사에 대한 분석을 성경에 기록된 역사에서 발견되는 부분과 함께 살펴보는 작업도 하고자 한다. 우리의 관심이 더 광범위하므로, 더 넓은 정의인 "기적은 인간에게 경외와 경이를 불러일으키는, 하나님의 특별한 가시적 행위다"를 사용하겠다. 성경의 기적이 언어적 특별 계시를 증언하는 역할만 한다고 제한하는 내용은 이 정의에 넣지 않는다.

---

1 Vern S. Poythress, *Inerrancy and Worldview: Answering Modern Challenges to the Bible* (Wheaton, IL: Crossway, 2012), chaps. 3-4; John M. Frame, *The Doctrine of God* (Phillipsburg, NJ: P&R, 2002), chap. 13; Vern S. Poythress, *Symphonic Theology: The Validity of Multiple Perspectives in Theology* (repr., Phillipsburg, NJ: P&R, 2001), chap. 9.

2 이 정의는 주로 John Frame에게서 빌려온 것이지만, Frame의 *The Doctrine of God*에서는 훨씬 더 복잡하게 논의를 진행한다.

세계관과 기적

성경에 기록된 기적 사건은 실제로 일어났는가? 우리는 그렇다고 확신할 수 있으며, 이는 복음서들이 인간의 기록일 뿐 아니라 신적 권위를 지닌 기록인 하나님의 말씀이기도 하기 때문이다.

그러나 모든 사람이 이것을 믿지는 않는다. 계몽주의 시대 이후 서구 세계, 특히 지적 상류층은 성경의 세계관에서 멀리 떠나 역사의 원인에 대해 이신론이나 기계론의 관점을 받아들이기 시작했다. 분석가가 하나님이 인격적이시고 역사에 관여하시는 인격적 세계관에서 떠나, 하나님이 존재하지 않는 비인격적 세계관으로 옮겨 가면 기적에 대한 본래의 태도가 변한다. 더는 기적이 필요하지도 않고 기대되지도 않는다. 기적이 이제 더는 적합하지 않다.[3]

이 문제는 성경의 유신론과 관련해서만 일어나는 것이 아니라, 전통 문화에 있는 다른 관점들과 관련해서도 일어난다. 많은 문화가 영적 세계를 믿는다. 이들 문화가 영적 세계의 본질을 잘못 이해하고 있을 수 있다. 그러나 그 문화들에서는 선하든 악하든 초자연적인 존재들이 있다고 믿고, 또 그런 존재들이 세상 속에서 때로는 눈에 띄는 행동을 해서, 인생 행로에 영향을 미친다고 믿는다. 이런 식으로 생각하는 문화에서는 영적 세계의 영향력이 눈에 띄는 것을 당연하게 받아들인다. 반면에 계몽주의에 합류한 사람은 영적 세계의 그런 영향력

---

3   Poythress, *Inerrancy and Worldview*, chap. 3.

을 더는 받아들이지 않는다.

성경에 대한 역사 비평적 해석

서구 지식층 사이에서 계몽주의가 우위를 차지하자 대학에서 기적적이지 않은(nonmiraculous) 성경 해석이 우위를 차지하게 되었다. '역사비평 방법'(historical-critical method)이 득세하게 되었다.[4] 이 방법론의 가정에 따르면 기적이 없는 세계관인 계몽주의 세계관이 옳고, 이와 상충하는 많은 문화의 세계관은 틀렸다. 영적 세계는 아예 없고, 따라서 기적도 없다.

계몽되려면 '과학적'이 되어야 하며 스스로 종교의 영향을 받아서는 안 된다. 계몽주의는 계몽주의 세계관이 일종의 대체 종교이며 실은 유일한 '이성적' 선택이 아니라는 것을 은폐했다. 계몽된다는 것은 영적 세계가 존재함을 믿지 않는다는 것이었고, 따라서 기적이 있다는 것도 믿지 않는다는 것이었다. 그러면 이렇게 가정하는 사람들은 성경의 이야기들을 어떻게 설명할 수 있었을까? '계몽된' 사람들의 생각으로는, 예수님의 삶에 대한 진짜 이야기를 찾으려면 기적들을 어느 정도 다르게 설명해야 했다. 개중에 어떤 이들은 기적 이야기가 전달 과정에서 조작된 허구나 과장된 표현이라고 말했다. 기적 이야기는,

---

4 Poythress, *Inerrancy and Worldview*, chaps. 5-6.

모든 것이 초자연적 존재의 영향을 받는다고들 생각하던 원시적 '신화'(mythical)의 세계관 안에서 만들어 낸 상징적 이야기라는 말도 있었다. 또 어떤 이들은 치유 사역은 기적으로 보였을 뿐이지, 실은 심신증이 나은 것이었다고 말했다.

과학을 향한 '호소'

과학 때문에 기적이 더는 쓸모없게 되었는가? 좁은 의미에서 보면, 자연 과학은 규칙성과 관계가 있다. 자연 과학은 규칙성에 대해 예외로 보이는 것을 제대로 처리하도록 구축되지 않았다. 그런데 기적이 일어난다면 그것은 우리가 규칙성이라고 믿는 것의 진짜 예외 사례다. 과학 대부분에는 이렇게 음정이 맞지 않는 특징이 있는데, 이런 특징은 특히 눈에 보이지 않는 (하나님이든 아니면 천사들이나 귀신들이든) 초자연적 존재의 개입으로 인한 예외 때문에 생긴다.

서구의 대학과 인기 있는 매체에서 선전하는 주장을 들어보면, '과학'은 기적이 불가능함을 보여 주었다. 그러나 과학의 명성에 호소하는 것은 세계관의 잠재적 영향력을 은폐한다. 실제로는 세계관에 대한 신념이 다시 쟁점이 된다. 과학이 실제로 보여 준 것은 (영적 세계의 부존재에 대한 믿음이 포함된) 철학적 유물론은 기적과 양립할 수 없다는 것이다.

역사 분석의 광범위한 결과

세계관이 역사 분석에 미친 영향은 성경 해석에서 가장 눈에 띄게 보인다. 성경이 서구에서 문학적·문화적으로 주요 영향력을 발휘했으므로, 지식인들은 당연히 성경에 관심을 갖는다. 동시에 성경에 기적 이야기가 있으므로, 그런 이야기를 어떤 식으로든 처리해야 했다. 설명은 지식인들의 몫이다. 기적에 대한 몇 가지 설명을 제시해야 하고, 그 설명이 지식인들 사이에 만연한 세계관과 양립해야 한다. 따라서 근대에는 그 설명이 기적적이지 않은 설명이어야 했다. 성경에 나오는 기적들이 실제로 일어났더라도, 더 우선하는 세계관이 요구하기 때문에 그와 같이 기적적이지 않은 설명을 제시해야 했다.

그와 동시에 역사는 본질상 언제나 기적적이지 않아야 한다는 **원칙**은 성경의 역사보다 더 범위가 넓다. 이 원칙은 앞에서 말했듯이 어느 한 세계관의 일부다. 그 세계관의 주장에 따르면 기적은 절대 일어나지 않았으며, 이는 영적 세계는 존재하지 않고 정상적이고 비인격적 세상 운영에 '개입'하는 **그런 유형의** 하나님도 존재하지 않기 때문이다. 역사학자들이 지식인 사회에서 존경할 만한 사람이 되려면, 분석에 임할 때 진짜 기적은 성경 시대에 전혀 일어나지 않았고 오늘날에도 일어나지 않는다고 가정해야 한다. 오늘날에는 기적이 일어나지 않는다는 생각이 성경 시대에도 역시 기적이 일어나지 않았다는 추론의 근거가 된다.

계몽주의가 제대로 인식하지 못한 것은, 기적이 없는 세계관을 전제로 하며 고수하다 보니 그에 반하는 증거는 자동적으로 묵살한다는 것이다. 계몽주의의 선도자들의 생각에 따르면, 자신들은 기적이 존재하지 않음을 알고 있으니, 성경에 있는 기적이든 다른 데 있는 기적이든 기적에 대한 주장은 진지하게 검토할 필요가 없었다. 유명한 우화에 나오는 원숭이들이 악한 것을 보지 않고 듣지 않고 말하지 않기로 했듯이, '계몽'을 확신하는 지식인은 기적을 보지 않고 듣지 않고 생각하지 않는다. 이 태도는 순환적이다. 입증해야 하는 것을 사실이라고 생각하기 때문이다.

이런 순환적 편협성은 최근 다양한 문화에 대한 관심이 높아지면서 곤혹스러워졌다. 크레이그 키너(Craig Keener)는 서구와 세계의 다른 지역에서 일어난 많은 기적의 사례를 기록으로 남기는 수고를 했다.[5] 그 기록으로 인해 대학교의 계몽주의 지식인들이 편협하게 보였다. 계몽주의 지식인들은 그 기록을 인정하지 않으면서 자기네 서구 계몽주의 전통이 당연히 나머지 모든 (대체로 영적 세계의 존재를 믿는) 세계관보다 우수하다고 생각한다. 계몽주의의 대표격인 이들의 생각에 따르면, 그들은 키너의 증거를 보지 않아도 무슨 일이 일어날 수 있는지를 사전에 이미 알고 있다. 이들에게 키너의 증거는 그 증거가 실제로 의미하는 내용을 의미할 수 없다.

키너의 책은 역사에 대한 서구의 통상적 접근법이 서구의 학문 중심지에서 장기간 지속될 수 없다는 의미다. 그 통상적 접근법은 역사에

5　Craig S. Keener, *Miracles: The Credibility of the New Testament Accounts*, 2 vols. (Grand Rapids, MI: Baker, 2001). 『오늘날에도 기적이 일어날 수 있는가-상·하』(새물결플러스, 2022).

서 기적을 빼 버렸다. 이 접근법을 좌우하는 세계관은 모든 반증을 무시하는 데 의존한다. 이 접근법은 자체에 '이성적'이고 '과학적' 객관성이 있다고 자랑한다. 사실, 그 접근법은 이성적이지도 않고 객관적이지도 않으며, 한시적이고 편협한 문화 풍조의 산물일 뿐이다. 그 풍조가 아무리 거세도 그곳에는 뿌리다운 뿌리가 없다. 역사적으로, 이 풍조의 기반에서는 서로 다른 문화에도 비인격적 인과율의 합리성이라는 단일 개념이 보편적으로 있다고 가정한다. 그러나 그런 개념이 서로 다른 문화 사이에 보편적인 것은 아니다. 오히려 그 개념에는 역사적 뿌리가 있다. 그 개념은 성경에 나오는 하나님의 보편성과 하나님의 형상으로 창조된 인간의 보편성과 같은, 초기 성경의 개념을 왜곡한 것이다. 겉보기와 달리 근대의 개념은 보편 원칙을 보장하기 위해 여전히 하나님의 신실하심에 의존한다. 토대이신 하나님을 제거하면, 보편성에 대한 주장이 붕괴해 상부 구조가 점차 침식될 것이다. 그 자리를 각양각색의 개인과 문화와 (초자연적 존재에 대한 개인적·부족적 경향인) 세계관이 대체한다.

그럼에도 유물론자들과 무신론자들이 역사를 분석하고 역사에 관해 글을 쓸 수 있는가? 물론 그렇게 할 수 있으며, 이는 주로 일반 은혜 덕분이다. 하나님의 은혜 덕분에 학문 연구는 하나님의 부재에 대한 서구의 지적 신념이 으레 장담하는 것보다 더 결실이 풍성할 수 있다.

PART 2

성경에 있는 역사

성경은 역사 집필을 어떻게 시작하는가

9

성경 역사에 있는 통일성

성경에서 역사에 관해 무엇을 배울 수 있는가? 성경에는 역사적 서사가 주로 담긴 책이 사뭇 많다. 그런 책들이 우리에게 무엇을 가르쳐 주는가?

첫째, 우리는 성경적 서사의 본질을 명확히 해야 한다. **서사**(narrative) 또는 **이야기**(story)라는 단어에서 어떤 이들은 **허구**인 이야기를 연상한다. 성경에는 실제로 예수님의 비유처럼 허구인 이야기가 들어 있다. 예를 들어, 누가복음 15장 3-6절에 나오는 잃은 양 비유는 과거 어느 때에 일어난 사건의 기록으로 제시되지 않는다. 이 비유는 "너희 중에 어떤 사람이 있는데 … 아니하겠느냐?"는 질문으로 시작한다. 이 질문은 예수님이 말씀을 듣는 이들에게 한 목자와 100마리 양이 있는 상황을 상상해 보라는 의미로 권하시는 것이다. 예수님 이야기의 핵심은 우리에게 현실 세계에서 길 잃은 양 한 마리에게 무슨 일이 일어났는지 들려주는 것이 아니라, 길 잃은 사람들에 대해 들려주는 것이다(7절). 그러나 이와 같이 분명한 경우를 제외하면, 서사 형식의 성경 기록은 실화다.[1] 그런 기록은 상상의 세계가 아니라 실제 세계에서 일어난 사건을 다룬다. 이제는 그런 **실화** 기록에 초점을 맞추고자 한다. 우리가 이 맥락에서 **서사**나 **이야기**나 **플롯**이라는 단어를 사용한다면, 지어낸 이야기가 **아니라** 실화를 다루는 것이다.

나머지 다른 책들은 우리에게 (시편, 잠언, 신약의 여러 서신과 같은) 종류가 다른, 즉 장르가 다른 글을 제시한다. 그러나 이렇게 다른 장르에도 역사에서 일어난 사건들에 대한 언급이 들어 있다. 잠언의 각 절은 인간 생애의 여러 패턴을 요약해 우리에게 논평해 주며, 신약의 서신들은 그리스도의 생애에 남긴 의미를 가르쳐 준다.

역사를 다스리시는 하나님의 주권

성경의 여러 책에 나오는 관련 구절들은 하나님이 역사를 다스리신다는 데 동의한다. "여호와께서 그의 보좌를 하늘에 세우시고 그의 왕권으로 만유를 다스리시도다"(시 103:19). 역사의 큰 틀은 물론이고 세세

---

[1] 상세한 입증에 대한 논의는 다른 책에 맡겨 두어야 하겠다. 예를 들어 Vern S. Poythress, *Interpreting Eden: A Guide to Faithfully Reading and Understanding Genesis 1-3* (Wheaton, IL: Crossway, 2019), 6장을 보라. 『천지창조에서 에덴까지』(새물결플러스, 2021).

한 사항에서도 모두 하나님이 설계하셨다. 하나님이 태초부터 역사를 계획하셨기에 특정 사건이 하나님의 영원한 계획 안에서 실제로 전개되기 전에도 역사는 의미가 있다.

큰 틀을 먼저 생각해 보자. 성경에서 하나님은 역사에 창조, 타락, 구속, 완성이라는 네 가지 기본 국면이 있음을 보여 주신다. 구속의 시대는 아담의 타락에서(창 3:6) 새 하늘과 새 땅의 시작에 죄와 악에 대한 최종 승리에 이르는(창 21:1) 시간을 모두 아우른다. 이 시대를 세 부분으로 나눌 수 있는데, 바로 구약에 있는 준비(창세기 3장 6절에서 말라기까지), 그리스도의 사역에 있는 성취(마태복음에서 요한복음까지), 민족들을 모으는 적용(사도행전 이후)이다.[2]

전체를 아우르는 이 패턴이 중요한데, 우리가 아는 역사의 자잘하고 구체적인 사건이 전부 하나님의 이 포괄적인 계획에 딱 들어맞기 때문이다. 그런 사건들은 포괄적 계획과 관련해 의의가 있다.

그리스도가 성취하신 구속에는 우리가 다른 이야기에서 볼 수 있는 국면과 비슷하게 시작과 중간과 끝이라는 국면이 있다. "아버지 하나님이 그리스도를 세상에 보내신다"는 시작은 계획 수립, 목적, 위임과 관련 있다. 중간은 그 목적을 성취하는 것과 그릇되고 망가진 것을 바로잡는 것과 관련 있다. 그리스도는 탄생, 삶, 공적 사역, 죽으심, 부활에서 자신의 지상 사역을 완수하셨다. 우리 죄를 대신해 형벌을 받으셨고 우리에게 완벽한 의를 주신다(롬 4:25; 고후 5:21; 벧전 2:24). 끝은 상

---

2 천년왕국에 대한 여러 견해와 관련한 논쟁은 잠시 보류해 두겠다.

과 관련 있다. 그리스도는 목적을 이루셨다. 그리스도의 부활과 승천, 하나님의 오른편에서 통치하심이 그 이야기의 보상 국면이다.[3]

소규모 플롯들

구속에 관한 포괄적 이야기에는 '작은 구속'(miniredemption)에 관한 더 짧은 이야기들이 들어 있다. 예수님이 병든 사람을 치유하실 때면 언제나 난제와 목적(병든 사람), 구속 역사(해당 질병의 치유), 보상(아버지 하나님이 예수님이 하신 일을 기뻐하심)이 있다.[4] 병자도 새로워진 건강이라는 형태로 일종의 '옮겨 적용된'(transferred) 상을 받는다. 그리스도의 피로 구원받은 사람은 저마다 자기 삶 속에 기록된 구속 패턴이 있다. 그는 다락 상태에서 시작한다(문제). 그리스도의 영이 역사하셔서 이 사람을 죄와 사망의 나라에서 건지고자 하신다(역사 국면). 빛의 나라에 들어가서 그리스도와 연합하는 것이 이 사람이 받는 상이다. 이 사람에게는 새 하늘과 새 땅에서 받을 최후의 상도 기다리고 있다.

역사에서는 특정 인물의 구원이 그리스도의 구속 역사를 가장 크게 되풀이하는 방식이기는 하지만 그보다 작은 방식도 있다. 그리스도인 한 사람이 유혹에 넘어가지 않도록 보호받는다면 그때가 언제나 승리

---

[3] Vern S. Poythress, *In the Beginning Was the Word: Language-A God-Centered Approach* (Wheaton, IL: Crossway, 2009), chaps. 24–25.

[4] Vern S. Poythress, *The Miracles of Jesus: How the Savior's Mighty Acts Serve as Signs of Redemption* (Wheaton, IL: Crossway, 2016), 『구속사적 관점에서 본 예수의 기적』(새물결플러스, 2019).

하는 때다. 그 사람이 실패하더라도 회개하고 용서받는다면 그때가 언제나 승리하는 때다.

덧붙이자면, 이 패턴은 영원한 구원을 받은 사람들에게만 국한되지 않고 일반 은혜의 경우에까지 영향을 미친다. 세상에서 성공하고 상을 받는 모든 경우에도 그리스도 안에 있는 구속이 종종 아스라이 울려 퍼진다.

비극적 이야기들

승리 대신 패배로 끝나는 이야기 줄거리도 있다. 문학 연구가들은 결말이 암울한 '비극적 플롯'(tragic plots)을 결말이 행복한 '희극적 플롯'(comic plots)과 구별 짓는다(보통 이런 용어는 허구의 이야기와 관련해 쓰이며, 다시 말하지만 여기에서는 이 용어를 실제 이야기에 적용한다).

비극적 플롯은 아담의 타락을 모사한다. 아담은 난제에 직면하고, 시험에 실패하고, 상 대신 벌을 받는다. 그 후로 죄와 죄의 결과가 세상에 줄곧 존재해 왔다. 그래서 세상에는 희극적 플롯뿐 아니라 비극적 플롯도 가득하다. 사울왕에도 비극적 플롯이 있었다. 사울의 인생은 나선형으로 하강하며 점점 죄에 빠져들다가 결국 치욕적 죽음으로 끝난다(삼상 31:1-10). 가룟 유다는 삶을 비극적으로 마감한다(마 27:3-5).

역사 전반에는 복잡하게 뒤섞인 플롯들이 담겨 있다. 그 모든 플롯에는 역사에 대한 하나님의 통치가 드러난다. 역사를 향한 하나님의 목적이 전체 역사의 형태를 빚는다. 하나님은 그리스도 안에서 큰 규모의 구속에 대한 본보기를 제시해 주셨다. 그리고 역사 속에서 일하시며 우리에게 가냘픈 메아리인 '작은 구속들'도 주셨다. 끝으로, 하나님은 비극적 플롯인 타락에 대해서도 가냘픈 메아리를 계획하셨는데, 이를 '작은 타락들'이라고 일컬을 수 있겠다.

플롯을 이렇게 관찰해 보면 외형상 규모가 크든지 작든지 모두 역사에 대한 이해와 관련이 있다. 만일 승리와 패배 사이에 전혀 차이가 없으면, 세상이 무의미하고, 사람들의 인생 이야기가 무의미하고, 사회의 이야기가 무의미하다.

비극적 플롯과 희극적 플롯 사이에 차이가 생기는 이유는 하나님이 세상의 심판자이시기 때문이다. 플롯은 하나님의 심판과 지배를 반영하고 보여 준다. 하나님은 상과 벌을 내리신다. 최후의 심판에서, 사람들이 한 일에 따라 상과 벌이 주어질 것이다. "또 내가 보니 죽은 자들이 큰 자나 작은 자나 그 보좌 앞에 서 있는데 책들이 펴 있고 또 다른 책이 펴졌으니 곧 생명책이라 죽은 자들이 자기 행위를 따라 책들에 기록된 대로 심판을 받으니"(계 20:12).

복잡성

그렇지만 조심하는 것도 중요하다. 역사에서 두 가지 사항이나 에피소드가 정확히 똑같은 경우는 없다. 비극적 플롯과 희극적 플롯이라는 이 두 구조를 모든 상황에 적용하려고 한다면, 역사를 지나치게 단순화하는 것이다. 어떤 상황에서는 결과에 승리와 패배가 섞여 있다. 여러 플롯 안에 여러 플롯이 들어 있는 복합 플롯도 있다.[5]

게다가 최후의 심판이 일어나지 않는 한, 상과 벌이 언제나 사람들의 행함과 일치하는 것도 아니다. 악인들이 때로는 단기적으로 심판을 모면한다. 의인들이 때로는 고난을 당한다.

> 세상에서 행해지는 헛된 일이 있나니 곧 악인들의 행위에 따라 벌을 받는 의인들도 있고 의인들의 행위에 따라 상을 받는 악인들도 있다는 것이라 내가 이르노니 이것도 헛되도다(전 8:14)

우리는 이 그림에 구속의 핵심 신비를 덧붙일 수 있다. 죄 없으신 그리스도가 우리의 죄를 대신해 고난을 받으셔서, 우리는 받을 자격이 없지만 그분이 우리를 위해 얻어 내신 은혜와 유업을 받게 하고자 하셨다(롬 4:25; 벧전 2:24). 그리스도의 구속에는 그저 각 사람에게 하나님이 행하시는 일차원적 정의와 심판만 포함되지는 않는다. 그리스도의 구속은 모든 사람을 "자기 행위를 따라"(계 20:12) 판결을 내리는 소송이 아니다. 도리어 구속의 핵심에는 우리와 죄와 그리스도의 의의 맞교환, 우리와 죽음과 그리스도의 생명의 맞교환이 들어 있다.

이런 맞교환은 경이롭다. 그렇지만 수많은 신비의 시작이 된다. 십

---

5 Poythress, *The Miracles of Jesus*, chaps. 24–29.

자가에서 죽어가던 범죄자, 곧 그리스도에게 "주님이 주님의 나라에 들어가실 때에, 나를 기억해 주십시오"(눅 23:42, 새번역)라고 말한 자는 어떤가? 이 자는 정당하게 대우받았는가? 받을 자격이 있는 것을 받았는가? 실로 그렇다고 하겠지만, 그가 받을 자격이 있으려면 신적 맞교환이 필요했다. 그의 죄가 그리스도 안에서 형벌을 받았고 그리스도의 의가 상을 받았으니, 이 상은 그 범죄자에게로 옮겨 갔다.

성경의 증언에 따르면, 그리스도의 구속 사역의 결과로 모든 사람이 불못에서 벗어나는 것은 아니다. 벗어난 사람들도 있는 반면에 벗어나지 못하는 사람들도 있다. 인류는 구원받은 자들과 구원받지 못한 자들로 나뉜다. 앞에서 이 사항을 어느 정도 논의했다. 하나님의 공의와 심판의 작용으로 하나님의 무한하신 거룩함과 의로움이 세상에 최대치로 쏟아진다. 그러나 구원받은 사람들에게는 그리스도가 중개자이시다. 나머지 사람들은 일반 은혜를 일시적 혜택으로 받는다. 이들은 최대치의 심판을 잠시 모면하지만, 잠시만 모면할 뿐이다.

우리는 역사를 하나님이 죄와 불의를 심판하신 기록으로 이해해야 한다. 역사는 하나님의 구속 사역에 대한 기록이기도 하다. 그러나 최후의 심판이 임할 때까지 많은 신비가 남아 있다.

전체 의미

역사의 큰 그림을 염두에 두는 것이 적절하다. 역사가 전체적으로 의미가 없다면, 역사 안에 있는 더 작은 조각에도 개별 해석자가 주관적으로 부여하는 의미를 제외하면 전혀 의미가 없을 수 있다. 그리고 어느 해석자 한 명의 주관적 설명조차도 그 해석자의 이야기라는 더 넓은 배경에 속한 더 큰 의미가 있을 수 있음을 언제나 암시한다. 설령 맥락(역사 전체의 의미)이 잠시 드러나지 않더라도 이야기는 언제나 맥락 안에서 전해진다.

성경은 우리에게 역사 전체를 보는 틀을 제공한다. 이 틀은 우리가 명확하게 인정하지 않을 때도 존재한다. 하나님에게는 목적이 있으시다. 그 목적은 영원히, 세상의 기초가 놓이기 전부터 존재했으며, 특정 사건들이 전개되는 가운데 실행된다. 성경은 우리에게 역사의 목표도 알려 준다. 개개의 사건에 의미가 있는 이유는 근원에 있는 하나님의 계획뿐 아니라 마지막에 대한 하나님의 목적 때문이기도 하다. 각 사건은 그리스도 안에서 완성되고 새 하늘과 새 땅이 있는 마지막으로 이어지는 과정에 일조한다. 어느 역사학자에게든 보편적 역사라는 개념 속에 배경이 있는데, 보편성이 없으면 의미는 점차 사라져서 순전히 주관적인 것이 되기 때문이다.

10

성경 역사에 있는 다양성

성경에 기록된 역사의 개별 에피소드에는 공통된 특징이 있다. 하나님이 그 개별 에피소드가 일어나게 하시는 분이다. 에피소드들은 하나님의 계획을 실행한다. 또 작은 구속이나 작은 타락의 사례이기도 하다. 하지만 성경 역사에는 굉장한 다양성도 있다.

반복 없음

역사 속 어느 한 가지 에피소드도 다른 에피소드와 정확히 똑같지는 않다. 완벽한 반복은 없다. 역사의 과정은 선형이지 원형이 아니다. 사람들은 역사가 일종의 '영원한 회귀'(eternal return)여서 사건들이 동일한 순서로 영원히 돌고 돈다고 상상해 왔지만, 성경의 역사관은 그런 인간의 어림짐작과는 현저히 다르다.

성경 역사는 여러 면에서 다양성을 보여 준다.

동일 에피소드에 대한 다양한 이야기

우리는 성경에서 동일한 에피소드에 대한 서로 다른 이야기를 발견한다. 눈에 잘 띄는 많은 예가 사복음서에 있다. 오천 명을 먹이신 이야기는 네 복음서에 다 나온다. 또 다른 몇몇 에피소드도 적어도 복음서 세 권에 나온다. 병행 본문들을 비교해 보면, 대개는 단어 사용뿐 아니라 그 이야기에 들어 있는 세부 내용 면에서도 사소한 차이가 보인다. 여러 미묘한 이유로 이런 차이가 생길 수도 있지만, 때로는 신학적 주제와 연계해 강조하거나 집중하는 사항이 달라서 차이가 생기기도 한다.[1]

메시아 예수님에 대한 다양한 이야기

마태복음에서는 예수님이 유대인의 왕이시요, 다윗 혈통의 왕이시다. 마태복음의 시작 부분에서는 다윗 혈통인 유다 왕들을 쭉 거치는 예수님의 족보가 눈에 띈다(마 1:7-11). 마태복음에서만 박사들이 예루살렘에 와서 **"유대인의 왕**으로 나신 이가 어디 계시냐"(마 2:2)고 물었다고 언급한다.

---

1 Vern S. Poythress, *Inerrancy and the Gospels: A God-Centered Approach to the Challenges of Harmonization* (Wheaton, IL: Crossway, 2012).

마가복음은 행동의 복음서다. 마가복음은 처음 몇 절이 지나기도 전에 우리를 예수님이 시작하신 공적 사역으로, 또한 사탄과(마 1:13) 사탄의 대리자들(마 1:23-27)과 충돌하신 일로 쓱 밀어 넣는다.

누가복음은 예수님을 희년을 선포하시는 선지자로 묘사한다(눅 4:18-27).

요한복음은 예수님을 아버지 하나님을 나타내시는 분으로 묘사한다 (요 1:18).[2]

신약 다른 부분에 있는 다양성

말이 나온 김에 덧붙이자면, 신약의 여러 서신서에서도 그리스도의 삶에서 일어난 사건과 의미를 언급할 때가 있다. 어느 사건을 선택하고 어디에 초점을 맞추어 해석하는지는 서신서 속에 있는 구절에 따라 다를 수 있다. 그리스도의 사역에는 정말로 다채로운 의미가 담겨 있기 때문에, 서신서에 있는 해석은 언제나 결국 부분적일 수밖에 없다. 그런 해석은 관심을 끌기 위해 몇 가지 의미를 추려 내면서, 나머지 의미는 남겨 두어 다른 구절에서 논의하게 한다.

속죄 교리를 고찰함으로써 간단히 설명할 수 있다. 그리스도의 죽음과 부활의 의미는 무엇인가? 이 두 사건에는 여러 의미가 있을 수 있다. 예수님은 여러 면에서 우리에게 본을 보이신다. 예수님은 죽으시고 부활하심으로 마귀적인 통치자들과 권세자들을 이기셨다. 그분

---

2 Vern S. Poythress, *Symphonic Theology: The Validity of Multiple Perspectives in Theology* (repr., Phillipsburg, NJ: P&R, 2001), 48-49.

은 대리적 속죄로 우리의 죄책을 짊어지셨다. 사망의 권세를 깨뜨리셨다. 제대로 이해하면, 이런 의미는 서로 다투지 않고 서로를 보완한다.

구약 역사에 있는 다양성

이스라엘 왕정기를 다룬 두 이야기인 사무엘상하와 열왕기상하를 역대상하와 비교해 보면 눈에 띄는 다양성이 또 보인다. 역대하는 유다 왕들에게 집중하지만, 열왕기상하는 이스라엘 북왕국 통치자들도 포함한다. 또렷하게 보이는 차이점이 더 있지만, 그 부분은 주석에 맡겨 두자.

복수의 이야기라는 난제

성경 다른 부분에도 다양성이 있어서 우리가 복음서에서 발견한 것이 사실로 확인된다. 특정 유형의 다양성은 진리와 일치하고, 하나님의 계획과 일치하고, 성경의 신적 저자권(authorship)과 일치한다. 하나님은 자신의 목적에 따라 단일 사건에 대해서든 일련의 사건에 대해서든 우리에게 여러 관점을 제시하기로 결정하실 수 있다. 흔히 이런 여러 관점의 출처는 서로 다른 인간 저자(마태, 마가, 누가, 요한)다. 그러나 이들 관점은 다양성을 긍정하시는 신적 저자 한 분이 제공하시는 것이기도 하다.

사람들은 이런 다양성에 여러 방법으로 반응한다. 각 방법은 하나님에 대한 각자의 관점에 따라, 하나님을 다양성을 창조하신 그런 하나님으로 보는지 아닌지에 따라 달라진다. 또 성경에 대한 각자의 관점에 따라서도 달라진다. 성경은 하나님의 말씀이고, 그래서 믿을 수 있는가? 또는 성경은 그저 인간이 작성한 많은 문서 기록처럼 취급돼야 하는가, 아니면 종교적 목적이 감지되어 비평가의 생각으로는 진리에 대한 충성도가 떨어지므로 어쩌면 인간이 기록한 대부분의 문서보다 더 의심스럽게 취급돼야 하는가?

여기에서 하나님의 본성이나 성경의 본질을 놓고서 기나긴 논의를 시작할 생각은 없다. 그와 같은 논의는 다른 책의 몫이다. 이 책의 전제는, 성경이 말하는 대로 하나님이 실제로 존재하신다는 것과 성경이 하나님의 말씀이라는 것이다. 성경이 말하는 것에는 하나님의 권위와 능력이 있다.[3]

그래서 성경에서는 다양한 관점이 항상 진리의 통일성과 일치한다. 우리가 성경의 다양한 이야기들이 어떻게 해서 세부적으로 아귀가 맞는지 찾아내기가 힘들 수는 있지만, 성경에는 실제로 모순되는 내용이 전혀 없다.[4]

---

[3] 몇몇 이론가는 성경에 하나님의 말씀이 담긴 부분이 있지만 전체 성경이 하나님의 말씀은 아니라고 말하고자 한다. 나는 성경 자체의 가르침을 근거로 성경이 하나님이 말씀이라고 본다. 맥락을 고려해 이해하면 각 문장과 단락이 말하는 내용은 하나님이 말씀하시는 내용이다.

[4] Poythress, *Inerrancy and the Gospels*.

오늘날 진리와 다양성 긍정하기

역사에 관해 생각하고 글을 쓰는 방법과 관련해 우리는 무엇을 추론해야 하는가?

첫째는 진리가 중요하고, 역사에 관한 진리가 중요하다는 것이다. 하나님은 진리의 하나님이시다. 그분이 역사에 관한 사고의 근본적 기준이시다. 이 하나님이 존재하시므로, 그분이 세상에 현존하시며 활동하시므로, 그분이 성경을 통해 우리에게 말씀하시며 인도하시므로 우리는 진리 찾기를 단념하지 말아야 한다.

물론 우리는 인간이라서 유한하다. 우리는 진리에 대한 궁극적인, 신적 관점 같은 것은 절대 얻을 수 없다. 성경을 읽을 때조차도 우리는 하나님이 되지 않는다. 게다가 우리가 아는 것이 없다시피 한 역사적 사건도 있는데, 시간의 뒤안길에서 인간이 구할 수 있는 정보가 거의 전부 유실되었기 때문이다. 하나님은 무슨 일이 일어났는지 정확하게 아시지만, 적어도 이 세상에 남아 있는 한 우리는 모른다. 예를 들어 우리가 에녹의 후손인 게난에 대해서 창세기 5장 9-14절에서 전해 주는 내용 이상으로 얼마나 알 수 있는가? 본질적으로 아무것도 알 수 없다.

그와 동시에, 우리는 하나님의 형상으로 지음받았기 때문에 하나님과 사귈 수 있고 그분에게서 진리를 받을 수 있다. 또 관련 증거가 아주 많은, 비교적 최근에 일어난 역사적 사건에 대한 지식도 습득할 수 있다. 우리에게는 완전하지는 않더라도 참된 정보는 있다.

따라서 인간 관점의 다양성 때문에 우리가 몇몇 상대주의 포스트모더니스트의 결론에 이르러서는 안 된다. 그들의 말에 따르면 진리는 쉽게 얻을 수 없고 우리에게는 너나없이 다수의 인간적 관점에서 나온 다수의 의견이 있으며, 어느 의견이나 다 똑같이 타당하다.

성경 속 서로 다른 이야기에 나타나는 다양성은 우리가 성경에 나오지 않는 역사를 살펴보는 면에서도 인간의 다양성을 조심스레 긍정하는 것이 좋다고 생각하게 해 준다. 우리는 복음서에서 보이는 그런 다양성을 긍정한다. 각각의 이야기가 참되며 궁극적으로는 불일치가 없는 이유는 하나님이 우리에게 복음서 네 권을 전부 주셨기 때문이다. 복음서들 자체에 대해 이렇게 단언할 수 있다면, 고대부터 오늘날까지 성경 밖에서 이루어지는 역사 분석에 대해서도 이렇게 단언할 수 있을까? 성경에 나오지 않는 역사 분석에 오류가 있을 수 있다는 단서가 붙기는 하지만, '그렇다'고 대답할 수 있다.

11

성경의 유일성

성경을 우리 시대의 역사를 분석하는 본보기로 삼을 때 신중하고 사려 깊은 방식으로 해야 한다. 성경이 유일무이하기 때문에, 인류 역사의 분석을 전체적으로 생각할 때 시작점으로 삼기에 적절한가?

영감

성경의 이야기들이 유일무이한 까닭은 신적 권위를 지니기 때문이다. 물론 성경 이야기에는 인간 저자들이 있지만, 이들 인간 저자들을 하나님은 특별한 방법으로 사용하셨다. "예언은 언제든지 사람의 뜻으로 낸 것이 아니요 오직 성령의 감동하심을 입은 사람들이 하나님께 받아 말한 것"(벧후 1:21)이다. "성령의 감동하심을 입은"은 무슨 뜻으로 한 말인가? 이는 사실 아주 신비한 말이다. 이는 결과물인 기록된 본문이 전적으로 하나님이 성령님을 통해서 말씀하신 것이라는 뜻이다(딤후 3:16). 우리는 인간 저자가 담당한 역할도 안다. 사도 바울과 다른 사도들의 개성이 그들이 쓴 내용에 분명하게 드러난다. 하나님과 사람이 모두 능동적으로 참여했다.

　인간 저자들과 관련해서 우리는 자세한 내용은 모른다. 하나님이 인간 저자가 더 이른 시기의 기록을 이용하도록 지도하신 경우도 있고(눅 1:1-4), 인간 저자가 하나님에게서 특별한 정보를 받으면서 아무에게도 추가로 도움을 받지 않은 경우도 있다(계 1:10-11). 성경의 각 책은 한나님이 계획하셨으므로 신학적으로 특별한 목적을 지닌다. 성경을 모든 점에서 우리가 오늘날 역사를 생각하고 글을 쓰는 방법의 본보기로 삼을 수는 없는데, 우리 자신과 현대의 저자들은 이렇게 하나님에게서 유일무이하게 영감을 받는 처지가 아니기 때문이다.

공통성

　그러면 성경의 역사 기록은 우리가 성경 밖의 역사적 사건을 다루는 방법과 조금이라도 관련성이 있는가? 성경의 역사 기록은 우리에게 하나님의 본성과 그분의 역사 통치의 성격을 가르쳐 주므로 관련성이 분명하게 있다. 게다가 우리가 인간의 부패를 보여 주는 사례와 인간이 일반 은혜와 특별 은혜에 따라 복을 받은 사례를 이해하도록 인간의 본성과 아담의 타락을 가르쳐 주므로 관련성이 있다. 또한 우리가 역사 전체의 의미를 하나님이 계획하시고 실행하시는 대로 바라보게 한다는 점에서도 관련성을 지닌다.

그런데 성경 역사 기록은 우리가 직접 역사를 기록하는 방법에 대해서도 본보기가 되는가? 신중하게 대답하자면 그렇지 않다고 하겠다. 영감은 유일무이하므로 직접적으로 비교하기가 어렵기 때문이다. 그렇지만 말해 두어야 할 것이 더 있다.

우리는 하나님이 아니지만, 하나님의 형상으로 지음받았다(창 1:26-27). 하나님이 우리를 그분의 형상으로 지으셨으므로, 여러 면에서 우리가 피조물의 차원에서 하나님을 본받도록 계획해 놓으셨다. 예를 들어 하나님은 진실하신 하나님이다. 우리는 그분의 진실하심을 본받아 진실해야 한다. 하나님은 사랑이시다. 우리는 그분의 사랑을 본받아 사랑해야 한다. 하나님은 역사의 의미를 이해하신다. (우리의 이해에는 여전히 한계가 있지만) 우리는 그분의 이해하심을 본받아 역사를 이해해야 한다. 그리고 하나님이 친히 인간 저자들을 통해서 역사적 사건에 대한 성경의 이야기를 쓰셨으므로, 당연히 우리는 성경 밖에 있는 다른 사건에 대한 이야기를 쓸 수 있다고 생각할 수 있다.

하나님이 인간 행위자들을 어떻게 사용하셔서 성경의 각 책을 쓰게 하셨는지를 생각해 보는 것도 매우 유익하다. 영감에 관한 성경의 가르침에는 하나가 아닌 두 가지 측면이 들어 있다. 첫째 측면에서는 성경에 하나님이 숨결을 불어 넣으시며(딤후 3:16) 성경이 바로 하나님의 말씀이라고 말한다. 하나님이 시내산에서 들을 수 있는 음성으로 하신 그 말씀에 인격적·신적 권위가 있듯이 성경에도 똑같은 권위가 있다. 둘째 측면에서는 영감의 과정에서 하나님이 인간 행위자들을 이용하셨다고 말한다. 하나님은 이들 인간 행위자들을 그분의 계획에 맞게 양육하시고 빚으셨다(시 139편; 렘 1:5; 갈 1:15). 하나님은 이들 인간 저자들과 **함께** 일하셨지 그들과 **맞서** 일하지는 않으셨다.

어떤 경우에는 그대로 받아 적었을 가능성도 받아들여야 하지만(계 2:1, 8 등), 성경 대부분은 '유기적' 영감이라고 불리는 것의 결과물이다. 하나님이 인간들을 사용하셔서 유기적으로 통합적이고 책임감 있는 행위자로서 능력과 개성을 최대치로 발휘하게 하심으로써 하나님의 저작을 완성하셨다는 뜻이다. 성령님은 그 인간 행위자들의 정신력, 기억, 신학적·문학적 솜씨가 전부 완전히 맞물려 돌아가도록 하셨다. 그 결과는 하나님이 마치 인간 행위자 없이 쓰신 듯 보일 정도인 하나님의 말씀이다. 모든 면에서 하나님의 말씀이지 여기저기 부분적으로만 하나님의 말씀인 것이 아니다. 그러나 인간 행위자도 실제로 역할을 했다.

따라서 성경의 각 책은 온전히 인간적이면서 온전히 하나님이 말씀하신 것이다. 여기에는 역사서들도 포함된다. 성경 각 책에 공통된 인간성이 보인다는 것은, 어떤 점에서는 역사서들이 성령의 특별 영감 없이도 사람이 사건에 대해 집필할 수 있는 그러한 역사와 매우 비슷하다는 뜻이다.

성령님의 더 광범위한 사역

영감받은 책들의 범위를 넘어, 성령님이 더 넓은 계층 사람들에게 미치시는 영향도 감안해야 한다. 기독교 신자는 누구나 다 한 성령으로 세례를 받는다(고전 12:13). 성경은 모든 기독교 신자에게 "성령의 충만을 받으라"(엡 5:18)고 명령한다. 신자들에게 일어나는 성령님의 임재는 성경의 인간 저자들에게 일어난 영감과 똑같지 않지만 유사한 면이 있다. 성령 충만의 결과는 다양하다. 그중에는 성령으로 충만한 사람이 하나님을 사랑하고 "그리스도의 마음"(고전 2:16)을 이해하는 가운데 자라는 것이 있다. 그 사람은 그리스도와의 연합을 통해, 그리스도의 성령 안에서 점점 더 지혜롭게 된다. 또 모든 지혜는 그리스도 안에 감춰져 있다(골 2:3). 그래서 성령으로 충만한 사람은 하나님에게서 나온 지혜로 말하기 시작한다. 그의 말은 사람들을 격려한다. 그의 말과 생각은 하나님의 마음과 보조를 맞춘다. 그리고 이런 성령 충만함은 그가 자리에 앉아서 역사를 분석하거나 역사에 대해 글을 쓰려고 할 때를 비롯해 평생 그와 동행할 수 있다.

성령님의 내주에 대한 약속은 기독교 신자가 독점하지 않는다. 역사를 분석하거나 역사에 관해 글을 쓰는 비그리스도인은 어떤가? 늘 그렇듯이 일반 은혜의 원리는 유의미하다. 비그리스도인도 많은 점에서 그리스도인이 받는 것과 비슷한 혜택을 받을 수 있다. 그러나 그것은 무척 신비하다. 비그리스도인이기 때문에 그에게는 진정으로 **영적인**, **구원의** 혜택은 없다. 또 성경에서는 모든 일반 은혜가 구원받지 못한 모든 사람들에게도 똑같이 내려온다고 보장하지 않는다. 은혜는 대개 받을 자격이 없는 것이다. 일반 은혜의 모든 혜택을 비롯해 하나님이 은혜를 베푸실 때, 그 은혜는 과분한 것이지 일반 원칙인 양 취급받아서는 안 된다.

성경의 역사 기록에서 배우기

그러면 결론은 무엇인가? 첫째, 성경의 역사 기록 속 다양성은 현대 역사 서술의 몇몇 측면에 있는 일정 유형의 다양성이 타당하다고 확증해 준다. 어떤 인간 역사학자도 모든 것을 빠짐없이 기록하지 못한다. 누구도 특정한 일련의 역사적 사건을 가능한 모든 관점에서 동시에 최대한 알아내지 못한다. 그래도 괜찮다. 우리가 특정 사건을 속속들이 복제해 내지 못하더라도 하나님을 영화롭게 할 수 있기 때문이다.

둘째, 우리는 성경 기록에서 긍정적인 자극을 얻을 수 있다. 하나님은 각 사람에게 관심이 있으시다. 그분은 역사에 관심이 있으시다. 그러니 우리가 역사에 관심이 있는 것도 당연하다. 성경은 또 하나님이 다른 많은 주제에도 마음을 기울이신다고 말한다. 하나님은 우리에게 명령하신다. 우리에게 하나님에 대해 들려주신다. 우리에게 구원의 길을 보여 주신다. 그래서 우리가 잊지 말아야 하는 것은 사건의 초점과 그 (역사적 측면의) 의미가 하나님의 더 큰 전체 목적의 한 부분이라는 것이다.

셋째, 성경의 기록은 역사에 관한 글 전체에서 유일무이한 역할을 하는데, 사건에 대해 하나님이 하신 이야기를 우리에게 전해 주기 때문이다. 하나님의 이야기에는 오류가 없으므로 해당 사건들에 대한 근본적이고 결정적 이야기가 된다. 그 이야기는 하나님이 누구시며 우리의 구원을 위해 세계사 전체에서 무엇을 행하셨는지에 관련한 핵심 사건들을 들려준다. 세상에서 일어났지만 하나님이 성경에서 언급하지 않기로 하신 나머지 많은 사건이 이 핵심 사건들을 둘러싸고 있다. 그러나 모든 사건은 세상을 향한 하나님의 전체 계획에 들어 있다. 모든 사건은 어떤 식으로든, 그리고 여러 면에서 이 중심 사건들과 연결된다.

넷째, 구속 플롯과 비극 플롯(타락 유형 플롯)의 패턴은 모든 역사를 향해 밖으로 확장된다.

PART 3

역사 속 하나님의 목적 이해

역사 연구 속 하나님의 목적과
우리의 한계

12

성경 역사 속 하나님

우리는 성경을 근거로 하나님이 역사 전체를 다스리신다고 믿는다. 발생하는 모든 일에 하나님의 목적이 존재한다. 어느 사건이든, 가장 사소한 사건도(잠 16:33; 마 10:29) 하나님이 그 원인을 제어하지 않으시면 일어나지 않는다. 그러면 우리가 성경 밖 역사를 분석하거나 관련 글을 쓸 때 그분의 목적을 어떻게 다루어야 하겠는가?

여기 논란이 많은 질문이 있다. 성경에서 우리가 배우는 일반 원칙에 따르면 하나님은 관여하시며 목적을 갖고 계시다. 그런데 그 목적이 무엇인지 구체적으로 우리가 어떻게 아는가? 몇몇 기독교 역사가의 신념에 따르면, 하나님의 목적은 헤아릴 수 없으므로 역사에 관해 글을 쓸 때 하나님을 아예 언급하지 않는 것이 가장 현명하다(이 견해는 추후에 다시 다루겠다). 다른 역사가들은 하나님의 목적을 논하기는 하지만, 자기들이 생각하기에 그분의 목적이 분명한 정도까지만 논한다. 하지만 그러면 하나님의 뜻이 언제, 얼마나 분명한지에 대해서 우리는 의견이 일치하지 않는다.

쉽지 않은 쟁점이다. 이를 곧장 다루기 전에 성경 속 역사 기록에서 일어난 일을 고찰하는 것부터 시작해 보자.

성경에는 우리가 살펴보아야 하는 책들이 꽤 많다. 그래서 이런 책들이 보여 주는 내용을 사전에 요약하는 것이 유용하다. 성경에서 하나님이 하신 일뿐 아니라 전에 하나님이 하신 말씀이라고 인용하는 사례도 주의 깊게 살피면 하나님의 목적을 이해할 수 있다. 역사서 각각의 주요 저자는 하나님이시다. 그러나 각 책에 **인용된** 발언에서 하나님이 하신 말씀은 하나님의 목적을 밝히는 데 핵심 역할을 한다.

분명한 이해를 도와주는 영감

성경에 나오는 사건을 읽으면 하나님의 목적이 무엇인지 아는가? 성경이 성령의 영감으로 기록되었으므로 하나님의 목적에 관한 명료성이 결여되었을 가능성은 여러 면에서 해결된다. 성경에서 하나님은 우리에게 그분의 목적이 무엇인지 **말씀하신다**. 영감 덕분에 우리가 확신할 수 있는 것은, 성경의 각 책은 사건에 얽힌 사실을 전할 때뿐 아니라 그 사실을 어느 정도 설명하는 하나님의 목적을 언급할 때도 참되게 서술한다는 것이다. 그럼에도 여전히 **우리로서는** 알 수 없는 부분이 있다. 하나님은 모든 일을 아신다. 그렇지만 성경의 책 속에는 하나님의 목적에 대한 설명을 선별해서 담으셨지, 전체 이야기를 담지는 않으셨다.

사건을 예언하는 사전 영감

다양한 성경 역사서가 하나님의 목적을 다루는 방식을 생각해 볼 때 우리는 무엇을 알게 되는가? 각 책이 하나님의 목적을 언급하고자 나름의 신적 권위에 전적으로 호소하리라는 생각이 들 수도 있다. 그러나 그런 식으로 다루는 일은 거의 없다. 이들 역사서에서 가장 흔히 보이는 접근법은, 사건이 잇따라 전개되는 이야기를 저자가 그냥 그대로 제시하는 것이다. 현대의 여러 구약 분석가가 평했듯이, 구약의 역사 이야기는 등장인물의 성격을 **말해 주기**에 상당 시간을 할애하기보다는 활동하는 것을 **보여 주기**를 주로 택한다. **보여 주기**가 **말해 주기**보다 현저히 많다.[1] 바로 이것이 하나님이 성경에서 신적 목적을 다루시는 방법이다. 이런 접근법과 비슷한 경우를 오늘날에도 다수의 훌륭한 역사 이야기에서 볼 수 있다(마찬가지로, 말로 전하는 쪽보다 보여 주는 쪽을 택하는 것이 소설에서도 자주 보이지만, 우리는 성경의 기록이 **실화**를 제공한다는 것을

---

1 C. John Collins, *Genesis 1-4: A Linguistic, Literary, and Theological Commentary* (Phillipsburg, NJ: P&R, 2006), 11–12은 V. Philips Long, *The Reign and Rejection of King Saul: A Case for Literary and Theological Coherence* (Atlanta, GA: Scholars Press, 1989), 31–34을 비롯해 여러 자료를 인용한다.

잊지 말아야 한다).

　서사에 등장하는 사람에 대해서는 물론, 하나님이 해당 이야기에서 드러나는 역할을 맡으신 경우에도 하나님에 대해 말해 주기보다 이런 보여 주기를 현저히 많이 사용한다. 예를 들어, 창세기 1장은 우리에게 하나님이 세상을 어떻게 만드셨는지 **보여 준다**. 창세기 1장 본문은 서사체 실화 형식, 즉 실제 세계에서 일어난 사건을 차근차근 이야기해 주는 형식이다. 이 본문은 하나님의 성품을 말해 주는 일개 신학 논문이 아니다. 하나님은 우리에게 하나님이 어떻게 행하시는지를 보여 주심으로써 하나님 자신에 대해서도 보여 주신다. 그래서 창세기 1장은 하나님이 어떤 분인지를 **정말로** 계시한다. 다만, 주로 하나님이 행하신 일을 보여 줌으로써 계시한다.

　이렇게 하나님이 자신을 행하시는 분으로 계시하시는 패턴은 성경의 다른 본문에도 많이 나온다. 때로는 창세기 1-3장이나 6장처럼 하나님이 역사 이야기에서 명시적으로 등장하신다. 하나님이 행동하실 때 우리는 그분의 목적을 어느 정도 이해할 수 있다. 하나님은 우리에게 "나는 선한 하나님이다", "나는 약속을 잘 지킨다", "나는 죄를 벌한다"과 같은 말을 많이 하지는 않으신다. 그분은 우리에게 **보여 주신다**. 하나님이 그분의 목적을 보여 주시는 방법으로 말씀을 하실 때도 있지만, 이런 말씀은 대개 삽입되어 있다. 그 성경 본문은 하나님이 마음에 두고 계신 것을 우리에게 그냥 그대로 말해 주기보다는 하나님이 그전에 하신 말씀을 인용한다.

　이를테면 창세기 3장을 떠올려 보자. "날이 저물고 바람이 서늘할 때에, 주 하나님이 동산을 거니"셨다(8절, 새번역). 하나님은 "그[아담]를 에덴동산에서 내쫓으"셨다(23절, 새번역). 하나님은 "그룹들을 세우셨다(24절, 새번역). 이 문장들은 행동하시는 하나님을 **보여 준다**. 창세기 3장은 하나님이 아담에게, 하와에게, 뱀에게 하신 말씀도 기록한다(9-19절). 창세기 3장에 기록된 본문은 하나님이 타락이 일어날 때 귀로 들을 수 있도록 하신 말씀을 인용한다. 그래서 창세기 3장의 담화도 '보여 주기' 형식이다. 이 담화에서는 하나님이 특정 시점에 아담에게, 하와에게, 뱀에게 하신 말씀을 보여 준다. 하나님이 창세기의 본문이 기록되게 하셨을 때, 그 기록은 하나님이 이전에 하신 이런 행동을 기록해 이를 토대로 하는 추가 조치였다.

또 성경의 몇몇 책에서는 성경 본문이 저자의 영감받은 목소리를 통해서 평가하고 설명하는 논평을 **실제로** 제시한다. 예를 들어 열왕기하가 끝날 무렵 저자는 이렇게 말한다.

> 이 일[대적들의 연이은 공격]이 유다에 임함은 곧 여호와의 말씀대로 그들을 자기 앞에서 물리치고자 하심이니 이는 므낫세의 지은 모든 죄 때문이며 또 그가 무죄한 자의 피를 흘려 그의 피가 예루살렘에 가득하게 하였음이라(왕하 24:3-4상)

이런 주석은 그 공격의 의미를 해석하고 우리가 느부갓네살과 그 군대가 가한 최종 공격의 의미를 이해하도록 준비시킨다(왕하 25:1-21). 늘 그렇듯이 이 본문의 주요 저자도 하나님이시다. 인간 저자도 있으나, 하나님이 주요 저자로서 그 인간 저자를 지도하신다. 우리가 '저자'(author)를 이야기할 때면, 이런 이중 저자를 염두에 두어야 한다.

더 세밀하게 살펴보면, 이런 유형의 저자 주석은 대개 이전의 예언적 메시지를 기반으로 한다. 선지자의 이전 발언을 이렇게 이용하는 것은 우리가 창세기 3장에서 본 것과 같다. 하나님은 앞으로 일어날 사건의 흐름을 이스라엘에게 사전에 직접적으로, 또는 선지자들을 통해서 말씀해 주시며 순종할 때 받을 복과 불순종할 때 내릴 저주에 대한 약속도 함께 전해 주신다. 역사적 사건은 외부와 아무 접촉 없이 일어나지 않는다. 그러기는커녕 사건은 하나님이 사전에 하신 말씀에 맞추어, 일어날 사건의 의미를 미리 해석한 말씀에 맞추어 전개된다. 하나님은 인간 저자를 통해서 이런 예언적 해석 말씀을 밝히시기도 하고 또는 그 해석의 말씀을 사전에 이미 밝힌 성경의 책들을 지목하기도 하신다(특히 신명기 27-33장). 독자들에게 말씀에 비추어서 사건들을 봄으로써 그분이 묘사하시는 사건들을 해석하라고 조언하신다.

엄밀히 말하자면, 어느 인간 저자에게 영감이라는 특별 은사가 없었다면 예언적 사전 해석을 이용해 비슷한 방식으로 목적을 해석할 수 있었을 것이다. 독자인 우리도 마찬가지다. 우리는 성령님의 도우심을 구하는 기도를 해야 한다. 그래도 우리는 여전히 틀릴 수 있다. 예언적 사전 해석을 읽을 때 우리는 그 해석이 해당 사건에 담긴 하나님의 목적을 우리에게 어느 정도 보여 준다는 것을 알 수 있다.

구약과 신약의 책에 나오는 구체적인 예를 생각해 보자.

성경의 여러 책 속 사건의 의미

창세기

창세기부터 생각해 보자. 창세기 1장에서 하나님은 행하시고, 때로는 그분의 목적을 말씀으로 표현하신다.

하나님이 이르시되 하늘의 궁창에 광명체들이 있어 낮과 밤을 **나뉘게 하고** 그것들로 **징조**와 계절과 날과 해를 이루게 하라(14절)

우리의 형상을 따라 우리의 모양대로 우리가 사람을 만들고 그들로 … 다스리게 하자(26절)

생육하고 번성하여 땅에 충만하라, 땅을 정복하라(28절)

이런 것들이 **삽입된** 말이다. 이 말들은 하나님이 창세기를 책으로 기록하게 하신 행동과 구분된다.

창세기 2장 15절은 우리에게 목적을 직접적으로 언급한다.

여호와 하나님이 그 사람을 이끌어 에덴 동산에 두어 그것을 경작하며 지키게 하시고

이 언급은 앞서 창세기 1장 26-30절에서 선언한 더 큰 목적에 부합

한다. 많이 덧붙인 것이 아니다.

창세기 3장에서 타락에 대한 이야기는 주로 2장 17절에 나오는 선악을 알게 하는 나무에 관한 하나님의 명령을 중심 주제로 한다. 2장 17절에는 예언적 사전 해석 말씀이 타락의 중대성을 조명하는 의미와 함께 들어 있다. 게다가 타락 후에 우리는 불순종의 부정적 결과를 조명하는 저주의 말씀뿐 아니라 3장 15절에 있는 약속의 말씀도 갖게 되었다. 15절에 있는 여자의 후손에 대한 약속은 창세기 나머지 부분에서 중요한 신학 주제로 등장한다. 이 약속은 하나님이 말씀하신 예언적 사전 해석이다. 그렇게 해서 여자의 후손과 뱀의 후손 사이의 갈등을 이해할 발판이 마련된다. 아브라함과 족장들로 이어지는 셋의 계보가 여자의 후손을 전형적으로 보여 준다. 가인의 계보와 노아 홍수 이전의 부패가 뱀의 후손을 전형적으로 보여 준다.

그러나 상세한 설명을 읽어 나갈 때 분명해지는 것은, 두 계통으로 후손을 그린다고 해서 경건한 계통의 후손이 흠 하나 없이 깨끗하다는 뜻은 아니라는 것이다. 아브라함과 바로의 사건(창 12:10-20)과 아브라함과 아비멜렉의 사건(창 20:1-18)이 보여 주듯이, 약속의 계통 바깥에 있는 사람들(바로와 아비멜렉) 사이에는 긍정적 도덕관념이 있었지만 약속의 계통 안에는 악한 실패(아브라함의 진실 은폐)가 있었다.

후손에 대한 약속이 3장 15절 이후 창세기를 해석한다. 그 약속은 하나님이 아브라함과 이삭과 야곱에게 주신 약속에서 확장되고 집중된다. 창세기 1-2장에 나오는 하나님의 처음 계획과 더불어 이런 약속은 하나님이 창세기에서 줄곧 성취하시는 일을 이해하는 해석 틀을 제공한다. 이런 약속은 하나님이 특별히 해석하신 말씀으로, 하나님의 발언에 삽입되어 있다.

우리는 창세기가 노아와 홍수 이야기를 다루는 방식에도 주목해야 한다. 하나님은 사전에 말씀하시고, 상황을 평가하시고, 장차 무엇을 하실지 말씀하신다(창 6:3, 7, 13-21). 그리고 나서 그 일을 행하신다(창 7:1-8:14). 마지막으로 홍수 끝에 노아와 말로 대화하시고 모든 인류에게 효력을 미치는 약속을 추가하신다(창 8:15-9:17). 이런 언어적 선포는 독자가 사건의 의미를 하나님의 목적에 대한 표현으로 이해할 수 있는 틀을 제공한다. 인간 독자는 하나님의 목적에 다가갈 수 있는데, 이는 하나님이 그 목적을 창세기에 인용된 발언에서 드러내시기 때문이다.

창세기에 나오는 신적 선포의 틀에서 확증해 주듯이 대개 창세기 본문은 하나님의 목적이 알려지게 하고자 완전히 낯설고 **독자적인 통찰**을 제공하지는 않는다. 하나님이 더 이른 시점에 이미 자신의 목적을 계시하셨기 때문이다.

창세기는 홍수 이전, 홍수가 일어나는 동안, 홍수 이후에 대해 몇 가지 추가적인 해석적 주석을 제공한다.

여호와께서 사람의 죄악이 세상에 가득함과 그의 마음으로 생각하는 모든 계획이 항상 악할 뿐임을 보시고(창 6:5)

하나님이 노아와 그와 함께 방주에 있는 모든 들짐승과 가축을 기억하

사(창 8:1)

여호와께서 그 향기를 받으시고(창 8:21)

그런데 이런 주석은 하나님이 이미 말로 선언하신 내용과 같은 선상에 있으며 그 내용을 확증한다. 창세기 6장에 인용된, 하나님이 말로 하신 대화에서 추론할 수 있는 내용을 그리 많이 넘어서지 않는다. 추가 해석이 저자의 목소리에 삽입되기는 하지만 보통은 하나님의 마음을 독자적으로 간파하는 자료 역할을 하지는 않는다. 오히려 하나님이 자신의 목적을 우리에게 보여 주시는 경우는 주로 하나님이 말로 하신 선포가 중간에 삽입되어 있고 우리가 그 선언을 행동 전개라는 더 큰 맥락에서 이해하게 될 때다.

출애굽기

출애굽기에서는 하나님이 아직 일어나지 않은 출애굽 사건을 말로 선포하신다(출 3:7-10, 16-22; 4:21-23 등). 출애굽기 본문이 또 보여 주는 것은, 재앙이 닥쳐 이집트를 떠나는 과정에서 모세가 하나님의 대언자가 되어 이스라엘 백성과 바로에게 일어날 일을 해석하는 예언의 말씀을 전하는 것이다. 이후 하나님은 모세에게 추가로 말씀해 주셔서 모세가 이미 일어난 일의 의미를 해석하게 하신다(예를 들어 출 20:2; 22:21; 23:9). 출애굽기의 초반부에서 하나님은 가나안을 정복할 때 일어날 일들의 의미를 묘사하는 말씀도 주신다(출 3:20-23).

출애굽기의 이런 인용에서 하나님이 말로 하시는 소통은 신적 의미에 대한 틀을 계속 제공하시며, 이는 창세기의 사례와 똑같다. 하나님이 말로 하시는 소통을 인용한 부분에서 우리는 하나님의 목적을 볼 수 있다. 물론 출애굽기는 이런 말로 하는 선포를 신적 행동(재앙, 유월절 밤, 바로의 추격, 홍해 도하, 시내산 앞 집회 등)에 대한 묘사와 엮는다. 그래도 출애굽기 본문에서 의미를 **직접적으로** 말하는 경우는 거의 없다. 도리어 하나님이 친히(예를 들어 출 20:2-17) 또는 모세를 통해서 말씀하신 신적 예언에 대한 기록에 삽입해서 그 의미를 전한다.

신명기

오경의 나머지 책에서도 계속해서 하나님은 이런 방식으로 자신의 목적을 말씀하신다. 신명기는 백성이 약속의 땅에 들어갈 채비를 하도록 돕는다. 신명기 대부분은 역사적 서사보다는 하나님이 백성을 가르치시는 내용으로 되어 있다. 신명기는 왕정(신 17장), 유배와 귀환(신 29-30장)을 비롯해 가나안 정복과 정복 이후의 사건들에 대한 사전 해석을 제공한다. 복과 저주에 대한 말씀이 신명기 27-28장에 펼쳐지며 선한 왕과 악한 왕을 비롯해 왕정을 평가하는 틀을 제공하고, 민족적 배교와 회개의 시대를 평가하는 틀도 제공한다. 여호수아, 사사기, 사무엘상하, 열왕기상하가 신명기를 기반으로 하므로 '신명기계 역사서'(Deuteronomistic history)라고도 불린다.

열왕기상하에서는 신명기에 나오는 하나님의 명령에 복종한 면에서 각 왕을 평가한다. 또한 사무엘상하와 열왕기상하에서는 사무엘, 아히야, 엘리야, 엘리사 등이 제시한 후대의 예언을 다수 언급한다. 이 예언들은 신명기와 동일한 방식으로 진행되며, 전체적으로 볼 때 사건의 의미를 이해하는 기본 틀을 제공한다. 몇몇 경우에 하나님은 열왕기상하의 인간 저자가 해석하고 평가하는 주석을 제공하게 하셨으며, 특히 각 왕을 평가할 때는 그렇게 하셨다. 그렇지만 그 주석도 신명기와 사무엘과 엘리야 같은 예언자에게서 나온 예언적 발언에 이미 명시된 원칙을 많이 벗어나지 않는다.

신명기가 유배와 회복을 모두 예측하므로(신 29-30장), 구약의 나머지 역사서 대부분을 이해하는 데 중요한 배경이 된다. 역사서에서는 신명기에서 이미 깔아 놓은 내용을 더 자세히 전개한다. 신명기는 예언적 의미의 틀을 제공하고 이 틀은 구약의 나머지 시대에 두루 작용하는 폭넓은 하나님의 목적을 보여 준다.

몇 가지 예를 고찰해 보자. 우선 이스라엘 왕들에 대한 평가를 보면 다음과 같다.

> 유다의 왕 아사랴의 제 삼십팔 년에 여로보암의 아들 스가랴가 사마리아에서 여섯 달 동안 이스라엘을 다스리며 그의 조상들의 행위대로 여호와 보시기에 악을 행하여 이스라엘로 범죄하게 한 느밧의 아들 여로보암의 죄에서 떠나지 아니한지라 야베스의 아들 살룸이 그를 반역하여 백성 앞에서 쳐죽이고 대신하여 왕이 되니라 스가랴의 남은 사적은 이스라엘 왕 역대지략에 기록되니라 여호와께서 예후에게 말씀하여 이르시기를 네 자손이 사 대 동안 이스라엘 왕위에 있으리라 하신 그

말씀대로 과연 그렇게 되니라(왕하 15:8-12)

이 평가는 전형적이다. 전체 그림을 보면 스가랴왕은 여호와 보시기에 올바른 일을 행했는가, 아니면 악을 행했는가? 스가랴왕은 악을 행했다.

신명기는 앞서 언급했듯이 이런 평가의 주요 기준이 된다. "느밧의 아들 여로보암의 죄"라는 언급은 주로 여로보암이 열왕기상 12장 25-33절에서 행한 일과 연결된다. 신명기에서는 단 하나의 중앙 성소, 레위 지파 고유의 제사장직, 여덟째 달이 아니라 일곱째 달에 지키는 절기를 명시하지만(신 12; 16; 18장), 여로보암은 그에 맞서는 중앙 성소와 제단을 만들고 제사장직과 절기를 정했다. 여로보암은 그런 짓을 저지르는 중에 실로 사람 아히야가 전한 예언(왕상 11:38)과 유다에서 온 하나님의 사람이 전한 예언(왕상 13:2-3)을 거역했다. 하나님은 지침이 되는 이 모든 말씀을 하셨고, 평가의 배경에는 그 말씀이 있다.

이 단락에는 다른 요소, 즉 예언의 성취를 언급하는 부분도 들어 있다. "여호와께서 예후에게 말씀하여 이르시기를 네 자손이 사 대 동안 이스라엘 왕위에 있으리라 하신 그 말씀대로 과연 그렇게 되니라"(왕하 15:12). 이는 열왕기하 10장 30절을 언급하는 내용이다.

> 여호와께서 예후에게 이르시되 네가 나 보기에 정직한 일을 행하되 잘 행하여 내 마음에 있는 대로 아합 집에 다 행하였은즉 네 자손이 이스라엘 왕위를 이어 사대를 지내리라 하시니라

열왕기상하에는 이와 같은 예언의 성취를 따라가며 기술하는 사례가 아주 많다. 열왕기상하의 저자는 이를 통해 사건 이면에 있는 하나님의 목적을 보여 준다. 그런데 그 하나님의 목적은 이미 이전 예언을 통해 알려진 것이었다.

또 다른 사례가 하나 더 있는데, 이번에 언급하는 내용은 열왕기 앞부분이 아니라 여호수아에 나온다.

> 그 시대에 벧엘 사람 히엘이 여리고를 건축하였는데 그가 그 터를 쌓을 때에 맏아들 아비람을 잃었고 그 성문을 세울 때에 막내 아들 스굽을 잃었으니 여호와께서 눈의 아들 여호수아를 통하여 하신 말씀과 같이 되었더라 (왕상 16:34)

이는 여호수아 6장 26절을 언급하는 내용이다.

에스더

한숨 돌리면서 에스더서를 떠올려 보는 것도 좋겠다. 에스더서의 히브리어 원문을 보면 하나님을 전혀 언급하지 않는데, 사건을 설명하면서 직접적으로 언급하지도 않고 이야기에 등장하는 인물 어느 누구의 입을 통해서 언급하지도 않는다. 에스더는 중요한 시점에 모르드개를 채근해 유대인들을 모아서 "나를 위하여 금식하[소서]"라고 한다 (에 4:16). 누가 읽든지 이 말은 분명 금식을 하면서 하나님에게 구원을 간구하라는 뜻이리라고 알고 있다. 그러나 여기에서는 기도를 전혀 명시적으로 언급하지 않거니와 유대인들이 누구를 향해 기도하는지도 언급하지 않는다.

하나님의 부재가 도드라진다. 분명 일부러 이렇게 했을 것이다. 초반에 하만이 승승장구하는 것을 보면 한편으로는 하나님이 정말로 부재하시며 그분 백성을 버리셨다고 말하는 것 같다. 이야기를 다 읽고서 하만의 몰락을 보면 또 다른 한편으로는 하나님의 손이 전체 서사에서 무대 뒤에 있었음을 알 수 있다. 그래서 여기에는 하나님의 목적에 대한 일종의 주해가 있다. 그런데 그 주해는 부재를 통해 이루어진다! 하나님의 임재를 반드시 추론해야 한다.

복음서

복음서는 그리스도의 삶에서 일어난 사건들이 구약의 약속과 상징을 성취한다는 것을 보여 준다. 복음서는 성취라는 주제를 이용해 우리에게 모든 것을 이전 예언에 비추어 보라고 권한다. 그렇게 함으로써 우리는 무엇을 보든지 구약에 선포된 하나님의 목적에 비추어 본다. 이런 구약 배경에는 창조의 의미도 포함되는데, 그리스도는 성육신 이전에 선재하신 성자로서 창조의 중재자이시기 때문이다(요 1:1-3; 고전 8:6; 골 1:15-17). 그리스도는 창세기 3장 15절에 예언된 여자의 후손이기도 하시다(눅 3:38; 롬 16:20; 골 2:15).

마태복음은 그리스도의 생애가 구약과 어떻게 연결되는지를 보여 준다는 점에서 특히 주목할 만하다. 단어 선택과 구체적 인용 구절이 달라지기는 하지만 마태복음에는 정형화된 문구가 하나 있으니 "이 모든 일이 된 것은 주께서 선지자로 하신 말씀을 이루려 하심이니"(마 1:22)이다. 이 문구가 나온다면 마태복음에 기록된 사건을 해석해 주는 것이다. 그렇지만 구약 역사서에 나오는 사례 대다수가 그렇듯이 이런 해석적 설명은 완전히 독자적인 목소리에서 나오지 않는다. 오히려 이 복음서는 구약에 나오는 구절을 이용한다.

이것을 다른 식으로 표현할 수도 있겠다. 하나님은 마태복음의 신적 저자이시므로 구약과 관련 없는 설명을 제시함으로써 완전히 새롭게 시작하지는 않으신다. 오히려 하나님이 이런 정형화된 문구를 글로 쓰실 때는 일찍이 구약에서 말씀해 주신 의미를 우리에게 짚어 주신다. 마치 하나님이 이렇게 말씀하시는 것 같다. "이 사건에 의미가 있음을 믿어라. 내가 구약에서 그 의미를 이미 말해 주었으니." 구약이 그 의미를 사선에 정해 밝혀 두었다.

물론 구약과 연관된 내용을 보면 마태는 그리스도를 직접적으로 예언하는 사례만 인용하지 않았다. 오히려 구약 관련 내용에는 예표와 예측이 들어 있다. 그러나 문맥상, 장래 일을 보여 주는 구약의 말이나 사건이 그리스도를 가리키므로, 마태복음이 그런 말이나 사건을 인용해 그리스도의 생애에 대한 의미를 이끌어 내는 것이 이해된다.[2]

나머지 세 복음서에는 구약의 특정 구절을 인용하고 특정 성취를 지목하는 사례가 마태복음보다 훨씬 적게 나온다. 그러나 사복음서는

---

2   신약의 구약 사용을 더 충분히 논의한 책으로는 특히 G. K. Beale and D. A. Carson, eds., *Commentary on the New Testament Use of the Old Testament* (Grand Rapids, MI: Baker; Nottingham, En gland: Apollos, 2007)를 보라.

공히 그리스도 안에서 성취된 일에 관심이 있다. 말라기 3장 1절과 이사야 40장 3-4절에서 따온 마가복음의 처음 몇 절(막 1:2-3)은 세례 요한이 예수님보다 먼저 와서 한 일을 설명하며, 이를 통해 요한이 길을 예비한 대상인 그리스도의 의미도 에둘러 설명한다. 마가복음 1장 1절에도 성취와 관련한 실마리가 더 담겨 있다. "복음"이라는 말에서 이사야 52장 7절이 울려 퍼지고, "그리스도"는 다윗 계통의 기름 부음 받은 왕에 대한 약속을 짚어 주고(삼하 7:13; 사 11:1) "하나님의 아들"[3]은 시편 2편 7절과 흡사하기 때문이다.

누가는 1장에서 구약과 연관을 짓는다. 누가복음 1장에는 마리아의 시(46-55절)와 사가랴의 예언(68-79절)이 들어 있는데, 둘 다 구약을 에둘러 인용한 내용이 많이 담겨 있다. 마리아의 시와 사가랴의 예언에서 보여 주듯이 누가복음의 사건들은 구약의 약속을 성취하는 큰 일의 시작을 나타낸다. 예수님은 나사렛에서 설교하시면서(눅 4:16-30) 사람들이 목격하고 있는 사건이 이사야 61장 1-2절의 성취임을 알리셨다(눅 4:18-19). 예수님이 누가복음의 끄트머리에서 구약과의 이런 연관성을 확언해 주실 때는 제자들에게 구약이 자기 안에서 어떻게 성취되는지를 가르쳐 주시는 방식으로 하신다(눅 24:25-27, 44-49).

요한복음도 처음 부분을 구약을 에둘러 인용하는 내용으로 시작하고는 구약의 절기와 상징(물과 포도주, 빵, 빛, 생명)을 계속해서 넌지시 인용한다.

---

3   마가복음의 고대 사본 일부에는 "하나님의 아들"이 들어 있지 않다.

앞에서 살펴보았듯이 각 복음서는 세부 내용 선택과 배열을 이용해 미묘하고 간접적인 해석 비슷한 것을 한다. 그래도 복음서들은 대개 무슨 일이 있었는지를 보도하는 식으로 진술하며, 그 안에 담긴 하나님의 목적이 무엇인지를 단도직입으로 설명하는 식으로는 진술하지 않는다(이런 유형의 설명은 신약 서신서에 더 자주 나타난다).

하나님은 예전에 하신 말씀을 인용해 넣으셔서 복음서를 기록하는 목적을 전부 성취하신다. 구약의 목소리, 천사들과 꿈을 통해 새로이 계시해 주는 목소리, 누가복음 1장에 나오는 마리아와 사가랴의 목소리, 세례 요한의 목소리, 그리고 당연히 예수님 자신의 목소리에 그런 인용을 넣으신 것이다. 이 모든 목소리가 절대적으로 오류가 없는 하나님 말씀이다.

게다가 각 복음서 자체가 하나님 말씀이기도 하다. 복음서는 저마다 하나님의 목소리가 되어서, 또 전에 하나님이 하신 많은 말씀을 인용하거나 에둘러서 우리를 가르친다.

사도행전

사도행전은 누가복음으로 시작하는 역사서의 둘째 권이다(행 1:1). 사도행전의 줄거리는 사도행전에 나오는 사건의 의미와 더불어 사도행전 1장 8절의 예수님 말씀에 요약된 형태로 나온다.

> 오직 성령이 너희에게 임하시면 너희가 권능을 받고 예루살렘과 온 유대와 사마리아와 땅끝까지 이르러 내 증인이 되리라

더구나 베드로는 오순절 설교(행 2:14-40)를 통해 앞으로 사도행전 전체에서 무슨 일이 되풀이될지를 요약된 형태로 제시한다. 사도들과 그 밖의 사람들이 그리스도의 십자가 처형, 죽으심, 부활, 승천, 통치에 담긴 의미를 선포하였다. 이 복음이 선포될 때 성령님이 역사하신다. 사람들이 그리스도를 믿게 된다. 교회가 성령의 공동체로서 수적으로 성장할 뿐 아니라, 예수님이 말씀하신 대로 예루살렘 밖으로, 즉 지리적으로 성장한다(행 1:8).

사도 바울은 사도행전의 서사에서 핵심 인물이다. 사도행전은 바울의 중요성과 역할을 드러내되 저자가 직접 설명하기보다는 예수님이 사울에게 나타나 그에게 말을 거시고, 아나니아를 통해, 나중에는 환상을 통해 말씀하신 이야기를 들려줌으로써 그렇게 한다(행 9:5-6, 15-16; 22:14-16, 18, 21; 26:15-18). 바울도 아그립바와 베스도에게 말을 하면서 하나님의 목적을 직접 설명한다(행 26:19-23).

사도행전에서 중요한 사건이 고넬료와 그의 친척과 친구들의 회심이다. 그 의미를 베드로의 환상에 나오는 신적 목소리와 베드로가 나중에 한 해명이 설명해 준다(행 10:13-15, 19-20, 34-43; 11:4-17; 15:7-11). 사도행전은 저자가 직접 해석하는 주석이 비교적 적지만, 복음 전파에 관해서는 요약된 진술을 해 준다(행 6:7; 9:31; 16:5 등). 이런 요약이 예수님이 1장 8절에서 예측하신 내용을 채운다.

성경 역사에 나오는 요약

요약하자면, 성경의 역사서를 검토하면 몇 가지 사항이 보인다.

첫째, 성경의 책들에 대한 하나님의 의도에 따르면, 역사서를 읽으면 우리는 과거에 무슨 일이 일어났는지는 물론이고 그 일에 담긴 하나님의 목적도 이해하게 된다. 어느 역사서에든 두 가지 차원의 세계관이 있다. 첫째 차원은 하나님의 목적과 원인이다. 무슨 일이든 다 하나님이 일어나게 하시며, 그 모든 일에는 하나님의 목적이 있다. 둘째 차원은 신학자들이 '제2원인'(secondary causes)이라고 부르는 것이다. 세상 안에서 한 사건은 뒤따르는 사건으로 이어져 원인과 결과의 형태가 된다. 도미노 한 개가 넘어지면 다음 도미노를 밀어서 넘어뜨리게 된다. 이런 세2원인에 포함되는 것이 도미노들이 서로 부딪치는 것과 같은 물리적 원인이다. 여기에는 인간 행위자들도 포함되는데, 인간 행위자는 원인이 되는 선택을 하기 때문이다.

대부분의 경우에 성경의 역사 기록은 이런 제2원인에 초점을 맞춘다. 역사 기록에서는 등장인물의 동기를 우리에게 직접 들려주는 대신 그 인물의 행동을 보여 준다. 이런 관행이 인간 행위자뿐 아니라 하나님에게도 흔히 적용된다. 하나님을 직접 언급하지 않는 경우에도 우리는 하나님이 전 과정에서 자신의 목적을 이행 중이심을 알아야 한다.

둘째, 성경 역사서는 하나님의 목적인 제1원인의 차원을 어떤 방법으로 표현하는지 알려 준다. 역사서에서는 저자가 하나님의 목적을 자신의 목소리로 직접 말할 수 있다. 아니면 간접적으로, 즉 하나님이나 예언자들의 목소리를 인용해 말할 수 있다. 에스더서처럼 하나님의 손길에 대해서 아무것도 드러내어 말하지 않지만 세심한 독자라면 이해할 수 있게 남겨 둘 수도 있다.

셋째, 성경 역사서는 각 책에 영감받은 권위가 있다고 직접적으로 언명하지 않는 경우가 흔하다. 이런 표현법은 구약의 예언자들과 딴판인데, 예언자들은 종종 자신의 권위를 고지하기 때문이다.

나 주 이스라엘의 하나님이 말한다(왕상 14:7, 새번역).

길르앗에 우거하는 자 중에 디셉 사람 엘리야가 아합에게 말하되 내가 섬기는 이스라엘의 하나님 여호와께서 살아 계심을 두고 맹세하노니 내 말이 없으면 수년 동안 비도 이슬도 있지 아니하리라 하니라(왕상 17:1)

엘리사가 물 근원으로 나아가서 소금을 그 가운데에 던지며 이르되 여호와의 말씀이 내가 이 물을 고쳤으니 이로부터 다시는 죽음이나 열매 맺지 못함이 없을지니라 하셨느니라 하니 그 물이 엘리사가 한 말과 같이 고쳐져서 오늘에 이르렀더라(왕하 2:21-22)

브에리의 아들 호세아에게 임한 여호와의 말씀이라(호 1:1)

예언자들의 이런 발언과 달리, 대개 성경 역사서에서는 "이 책이 하나님의 말씀이니 여기에 기록된 것을 믿으라"고 말하지 않는다. 그렇게 말**할 수도 있었다**. 이 책들은 하나님의 말씀**이다**. 그러나 대체로 역사서가 우리에게 제시하는 사전 해석을 보면 출처가 그보다 먼저 나온 성경의 책이거나 이전의 예언 발언 또는 사건 당시의 예언 발언이다. 이런 발언이 하나님의 말씀으로 부각되어 이를 통해 역사서에 기록된 사건이 평가되고 이해된다.

넓은 의미에서 볼 때, 누구든 성경의 영감을 받아 글을 쓰다면 예언자와 같은 역할을 하는 것이다. 성경 역사서도 이런 넓은 의미에서는 예언서**다**. 그렇지만 역사서는 대개 "이 책은 아무개 예언자가 썼다"고 말하지는 않는다. 보통은 다른 예언 발언을 언급한다. 역사서에서 하나님은 독자에게 이전 예인을 염두에 두고서 결론을 어느 정로 도출하라고 가르치신다. 구약에서 몇몇 책은 신명기를 생각하되 신명기의 역할을 추후 역사와 관련짓는다. 성경에서 신명기를 기반한 책들에는 하나님에게서 나온 본질적 권위가 처음부터 끝까지, 빠짐없이 깃들어 있다. 그러나 이 책들은 이전 예언의 본질적 권위를 존중하고, 그 예언에 주의를 기울이라고 가르친다.

오늘날을 위한 함의

이전의 신적 교훈에 호소하는 이런 패턴은 우리가 오늘날의 역사를 생각하는 방식과 관련이 있다. 하나님의 말씀은 과거에 백성을 인도해 하나님의 목적을 이해하게 하셨다. 하나님이 말씀을 기록하신 것은 그 말씀이 계속 우리를 인도해 우리가 인생을 이해하도록 돕기 위해서였다(시 119:105). 이 시대에 우리가 신적 교훈에 주의를 기울여야 하는 이유는 이제 우리는 완성된 성경 정경에서 그 교훈을 발견하기 때문이다. 성경이 사전 해석하는 말씀의 역할을 하므로 우리는 역사적 사건들에서 하나님의 뜻을 이해할 수 있을 것이다.

13

하나님의 목적을 이해할 때 주의 사항

우리가 성경에서 별다른 어려움 없이 받아들이는 구절들은 대개 역사에 담긴 하나님의 목적을 이야기한다. 우리가 그 목적을 받아들일 수 있는 이유는 성경에 신적 영감이 있기 때문이다. 오직 하나님만 역사적 사건들과 관련된 그분의 목적을 말씀하실 권위와 능력을 갖고 계시다. 성경은 하나님의 발언이므로, 우리에게 그분의 목적을 들려준다.

그래도 성경 **밖** 역사에 관해서는 주의하는 것이 맞다. 하나님이 말씀해 주지 않으시면 어떻게 우리가 하나님의 목적을 알겠는가? 우리가 현재 성경 정경이 완성된 상태임을 (내 생각에는 응당) 믿는다면 하나님이 중국 명 왕조 시대에, 나폴레옹 시대에, 제2차 세계대전 때 하신 일에 관해 오류가 없는 말씀을 **새로이** 들려주시기를 기대해서는 안

된다. 또 종교개혁 시기에 일어난 논쟁, 이신론의 출현 및 무신론의 21세기 형태인 뉴에이지 영성주의의 출현으로 일어난 논쟁, 포스트모던 상대주의 같은 종교적 신학적 논쟁을 고려할 때도 우리에게는 새롭고 오류 없는 말씀이 주어지지 않았다.

무리한 해석

우리에게는 자신의 지식 범위를 벗어나는 해석을 하고픈 유혹이 다가오곤 한다. 성경에 들어 있는 몇 가지 사례를 보아도 영감받은 해석자가 아닌 사람들이 잘못 해석한 경우가 있다.

개중에 유명한 사례가 욥기의 사례다. 핵심 사건은 욥기 1-2장에서 전해 준다. 갖가지 재앙이 욥과 욥의 재산과 자녀들에게 닥친다. 1장에서는 재앙이 끔찍하게 연거푸 일어난다. 스바 사람들이 소와 나귀를 빼앗고, 하늘에서 불이 떨어져서 양을 불사르고, 갈대아 사람들이 낙타를 빼앗으며 종들을 죽이고, 강풍이 불어와 집이 무너져 아들과 딸들이 죽는다. 이 모든 일이 단 하루 동안 일어난다(욥 1:13). 그러고서 나중에는 욥이 종기 때문에 고생한다(욥 2:7).

재앙이 연거푸 일어난 것은 숨길 수 없는 징후처럼 보인다. 이를 목격한 사람이라면 "분명 하나님의 손이 개입하셔서 이 모든 일이 그렇게 한꺼번에 일어났을 거야"라고 말할 것이다. 상황을 보니 하나님의 목적을 쉽게 해석할 시기가 무르익은 것 같다.

해석도 전혀 부족하지 않다. 욥의 세 친구인 데만 사람 엘리바스, 수아 사람 빌닷, 나아마 사람 소발이 욥을 위로하러 온다(욥 2:11). 이들은 욥을 동정한다(11절). 그렇지만 진정한 친구가 진실하게 위로하려고 한다면 단순한 동정을 넘어선다. 그래서 이들은 7일을 기다린 후(13절) 열심히 욥에게 방향을 제시해 욥이 자신의 고난을 다룰 수 있도록 도우려 한다.

세 친구의 일치된 생각은, 고난이 이렇게 연거푸 닥치는 것을 보니 하나님이 욥이 회개할 때까지 욥의 죄를 벌하시는 중이라는 것이다. 이들은 사실 이면에 있는, 다시 말해 그 재앙이라는 사실 이면에 있는 하나님의 목적을 해석하고 있다.

우리가 반드시 유념해야 하는 것은 욥도 세 친구도 욥기 1장 6-12절과 2장 1-6절에 기록된 신적 회의의 논의 내용을 모른다는 것이다. 우리는 독자라서 더 많이 알지만, 이는 인간이라면 보통 알아차리지 못하는 내용이다. 우리도 이 기밀 정보가 **없다**면, 욥의 세 친구와 똑같은 결론을 도출할 생각이 드는 사람이 많지 않겠는가?

중요한 교훈이다. 우리는 사건 이면에 있는 하나님의 목적을 늘 직접 '읽어 내지'는 **못하며**, 이는 우리가 보기에 하나님의 목적이 분명한 것 같을 때도 그렇다.

한데 욥의 친구들에게는 하나님의 목적을 추론하려고 들 만한 신학적 배경이 실제로 있다. 이들은 하나님의 공의라는 원칙에 호소한다. 이를테면 데만 사람 엘리바스는 이렇게 말한다.

생각하여 보라 죄 없이 망한 자가 누구인가
  정직한 자의 끊어짐이 어디 있는가
내가 보건대 악을 밭 갈고
  독을 뿌리는 자는 그대로 거두나니
다 하나님의 입 기운에 멸망하고
  그의 콧김에 사라지느니라(욥 4:7-9)

이와 같은 원칙은 잠언에도 등장한다.

악인에게는 그의 두려워하는 것이 임하거니와
  의인은 그 원하는 것이 이루어지느니라(잠 10:24)

세 친구가 깨닫지 못한 것은, 이 세상에서 하나님의 공의가 작용할 때는 예외와 유예가 있다는 것이다. 잠언 10장 24절에서 말하듯 '의인은 그 원하는 것이 이루어진다.' 그러나 현세라는 범위 안에서는 이런 일반 원리가 모든 경우에 획일적으로, 완전히 일관성 있게 작용하지 않는다.

결과적으로 우리는 욥의 이야기처럼 구체적인 사례에서 결론을 도출하는 것을 삼가야 한다. 우리는 하나님이 그분이 하시는 일을 다 알고 계심을 믿어야 하지만, 하나님이 그렇게 하시는 이유를 우리가 안다고 주장해서는 안 된다.

그 외 구절들

흔히 그 외 몇몇 구절을 인용해 주의하라는 메시지를 보강해 왔다. 우선 누가복음 13장 1-5절을 보자.

그때 마침 두어 사람이 와서 빌라도가 어떤 갈릴리 사람들의 피를 그들의 제물에 섞은 일로 예수께 아뢰니 대답하여 이르시되 너희는 이 갈릴리 사람들이 이같이 해 받으므로 다른 모든 갈릴리 사람보다 죄가 더 있는 줄 아느냐 너희에게 이르노니 아니라 너희도 만일 회개하지 아니하면 다 이와 같이 망하리라 또 실로암에서 망대가 무너져 치어 죽은 열여덟 사람이 예루살렘에 거한 다른 모든 사람보다 죄가 더 있는 줄 아느냐 너희에게 이르노니 아니라 너희도 만일 회개하지 아니하면 다 이와 같이 망하리라

갈릴리 사람들의 피와 실로암 망대와 관련한 두 사건은 그 당시에 특히 충격적이고 보기 드문 사건이었다. 그와 같은 사건들 이면에 하나님의 특별한 목적이 있다는 추론에 귀가 솔깃해질 수 있다. 두 사건 모두 재난이었기에, 그렇게 끔찍한 일을 당한 사람들은 틀림없이 끔찍한 죄를 지었으리라는 것이 그 추론이 될 것이다. 그런데 예수님은 아니라고 말씀하신다.

하지만 예수님은 단순히 부정적인 대답으로, 사실상 "우리는 하나님의 목적을 모른다"는 말씀으로 이 주제를 방치하지 않으신다. 도리

어 예수님은 하나님의 다른 목적을 가르쳐 주시는데, 이는 인간이 겪는 어느 재난에든 타당한 목적이다. 무엇보다도 모든 재난은 우리에게 이생의 덧없음과 우리가 회개하지 않는다면 영원히 멸망한다는 사실을 일깨워 준다. 하나님은 재난을 반성하고 회개할 기회로 삼으신다. 예수님은 명쾌하게 "너희도 만일 회개하지 아니하면 다 이와 같이 망하리라"고 말씀하신다. 그래서 우리는 **사실상** 일반적인 적용 원칙을 얻게 된다. 그렇다고 가장 극악무도한 죄에 대한 응징이라는 지나치게 단순한 원칙으로 추론할 수 있는 적용은 아니다.

다음으로 요한복음 9장 1-4절을 살펴보자.

예수께서 길을 가실 때에 날 때부터 맹인 된 사람을 보신지라 제자들이 불어 이르되 랍비여 이 사람이 맹인으로 난 것이 누구의 죄로 인함이니이까 자기니이까 그의 부모니이까 예수께서 대답하시되 이 사람이나 그 부모의 죄로 인한 것이 아니라 그에게서 하나님이 하시는 일을 나타내고자 하심이라 때가 아직 낮이매 나를 보내신 이의 일을 우리가 하여야 하리라 밤이 오리니 그 때는 아무도 일할 수 없느니라

제자들은 그 사람이 어떤 죄 때문에 앞을 못 보게 되었는지 찾아내려고 한다. 여기에서 제자들은 대다수 유대인들처럼 정의의 일반 원칙을 근거로 하는 추론에 의지하는 것이다. 그런데 예수님은 아니라고 하신다.

다시 한번, 예수님은 부정적인 대답으로, '우리는 모른다'는 말씀으

로 이 상황을 방치하지 않으신다. 도리어 "그에게서 하나님이 하시는 일을 나타내고자 하심이라"며 긍정적으로 대답하신다. 그러고 나서는 뒤이어 그 사람이 앞을 볼 수 있게 해 주신다. 이 기적은 예수님이 세상의 빛이시며(요 9:5), 믿음의 합당한 대상이시라는(9:38) 증거가 된다. 이 치유는 요한복음에 나오는 몇몇 기적 중 하나로 예수님은 이를 통해 그분의 영광을 나타내신다(요 2:11; 비교. 1:14).

이 예를 근거로 일반화할 수 있는가? 넓은 의미에서 보면, 하나님은 역사상 모든 사건에서 스스로 영화롭게 하신다. 그렇지만 어떻게 영화롭게 하시는지 우리가 자신 있게 말할 수 있다는 주제넘은 생각을 해서는 절대로 안 된다. 복음서의 기적들이 어떤 면에서는 쉬운 사례다. 우리는 그런 기적들 안에 나타나는 하나님의 영광을 볼 수 있다. 게다가 우리에게는 예수님의 논평, 복음서 저자들의 말, 구약의 예언이 있어서 더 큰 맥락을 볼 수 있다. 그러나 앞서 말했듯이 성경에 기록된 기적은 유일무이하다.

현대에 일어난 사건들을 비롯해 섭리적이거나 기적적인 치유 행위는 어느 것이든 "이 일은 하나님의 영광을 나타낸다"고 말할 만한 사건일 가능성이 커 보일 것이다. 그러나 우리가 그 이상을 추론하려고 하면 어려워진다. 역사는 모호하다.

분명 우리는 요한복음 9장 1-4절의 부정적인 면에서도 배워야 한다. 고난의 사례마다 그 이면에 특정 사람의 죄가 있다고 자신 있게 추론해서는 안 된다.

하나님의 비밀

앞서 살펴본 사례에 더해, "우리는 하나님이 아니다"라는 신학의 일반 원칙도 반드시 고려해야 한다. 우리는 신적 수준의 지식에 직접 접근하지 못한다. 하나님이 감추시는 일이 있다.

> 감추어진 일은 우리 하나님 여호와께 속하였거니와 나타난 일은 영원히 우리와 우리 자손에게 속하였나니 이는 우리에게 이 율법의 모든 말씀을 행하게 하심이니라(신 29:29)

감추어진 일을 캐내려고 한다면 주제넘은 것이다. 우리는 그러기보다는 "나타난 일"을 연구하고 거기에 전념해야 한다. 문맥상 이 구절에서 언급하는 것은 신명기 자체에서 제시하는 가르침("이 율법의 모든 말씀")이다. 그리고 당연히 성경의 다른 책들이 신명기를 보충한다. 전체적으로 성경은 우리에게 "나타난 일"을 알려 준다. 우리는 그 가르침에 주의를 기울이고 만족해야 한다. "감추어진 일"은 캐내려고 하지 말아야 하며, 이는 하나님이 그분의 계획 중에 성경에서 드러내 보이지 **않으신** 부분이다.

하나님은 우리에게 하나님에 대한 지식을 주시되 나타난 일을 통해서 주신다. 우리는 그 지식에 따라 살아가야 한다. 그렇지만 그 지식에 빠진 부분이 없는 것은 아니다. 우리는 자기가 아는 것 이상으로 안다고 주제넘은 주장을 해서는 안 된다. 그리고 이 원칙이 특히 적절한 경우가 있으니, 성경에서 언급하지 않는 특정 사건에서 하나님의 목적을 안다고 주장하려는 유혹이 다가올 때다.

마음에 드는 대의명분

그런 유혹이 위험한 까닭은 그런 주장이 주제넘은 행동을 뜻하기 때문이기도 하지만, 각자가 자기 마음에 드는 명분 쪽으로 기울어지기 때문이기도 하다. 우리는 하나같이 하나님이 **우리의** 명분, **우리의** 열망을 지지하신다고 믿고 싶어 한다. 너무나 자주, 죄악되고 편향된 열망이 우리의 충성을 차지하기 시작한다. 우리는 우리의 열망을 하나님의 열망 아래에 두기보다 그것에 충성을 바친다. '내 교회, 내 정치 집단, 내 신학, 내 가족을 하나님이 지지하신다'고 우리는 추론한다. 그렇게 자신을 속여서 자신의 대의에 유리한 사건은 모두 하나님의 목적을 드러내며 우리의 대의를 찬성한다는 식으로 교만하고도 자기만족적인 주장을 하게 되기 쉽다.

14

신적 목적 인식의 가치

앞서 우리는 역사에서 신적 목적을 고려하고자 할 때 발생하는 어려움을 어느 정도 살펴보았다. 그렇다면 이 어려움을 상쇄할 만한 이점이 있는가?

모호성

우리가 당연히 먼저 살펴보아야 할 것은 편견에서 비롯된 명분을 지지하고 싶은 유혹을 인정하는 사례일 것이다. 에이브러햄 링컨과 관련 있는 사례가 있다.

링컨은 두 번째 대통령 취임사(1865년)에서 남북 전쟁을 이해하는 난제에 직면한다. 링컨이 깨달았듯이 그 전쟁에서 양측 모두 하나님이 자신들의 명분을 지지해 주시기를 바랐다. 그래서 링컨은 이렇게 말했다.

> 양측이 같은 성경을 읽고 같은 하나님에게 기도하며, 각자 상대편에 맞서 하나님의 도우심을 간구합니다. 공정하신 하나님에게 다른 사람이 얼굴에 땀을 흘리며 얻은 빵을 갈취하도록 감히 도와달라고 한다면 이상해 보일 것입니다. 그러니 비판받지 않으려면 비판하지 맙시다. 어느 측의 기도도 응답받을 수 없었고, 어느 측의 기도도 모두 응답받지는 못했습니다. 전능하신 하나님은 그분만의 목적을 갖고 계십니다.[1]

링컨이 인정했듯이 양측이 저마다 하나님의 뜻을 자기들의 관점으로 읽어 냈다. 링컨 나름의 분석을 보면 하나님의 뜻에 대한 일종의 겸손이 드러난다. 그런데 링컨은 피하지 않고 하나님이 어떤 분이며, 하나님의 목적이 무엇일지 되짚어 생각해 본다. 그의 이해에 따르면 우리는 하나님을 늘 염두에 두고 사건의 의미를 숙고해야 한다.

같은 연설에서 링컨은 이어서 이렇게 말한다.

> 우리가 미국의 노예제가 하나님의 섭리 안에서 일어나야 했던 범죄 중

---

[1] Abraham Lincoln, "Second Inaugural Address," March 4, 1865, http://www.abrahamlincolnonline.org/.

하나이지만, 그 범죄가 그분이 정하신 기한 내내 계속되었고, 이제 하나님이 그 범죄를 없애고자 하시며, 그 범죄를 자행한 자들에게 남부와 북부에 이 끔찍한 전쟁을 재앙으로 내리셨다고 가정한다면, 우리는 살아 계신 하나님을 믿는 신자들이 늘 하나님에게 속한다고 생각하는 속성에서 조금이라도 이탈한 점을 포착할 수 있습니까? 우리는 허황되게도 전쟁이라는 이 엄청난 재앙이 속히 지나가기를 바라고 열렬히 기도까지 합니다. 그러나 250년 동안 노예들의 무보수 노역으로 쌓인 부가 모조리 바닥나기까지, 또 채찍에 맞아 흘린 피 한 방울 한 방울을 칼에 베여서 나오는 다른 피로 되갚아 주기까지 하나님이 전쟁을 이어 가고자 하신다면, 3천 년 전의 말씀처럼 여전히 "여호와의 판단은 참되어 온통 올바릅니다"라고 말해야 할 것입니다.

우리 시대에는 그때보다 더 믿음이 없으므로 미국 정치인 중에 이런 식으로 말하려는 사람은 거의 없을 것이다. 누구든 이렇게 말한다면 자기는 하나님이 우리에게 알려 주셔서 이해하게 하신 것보다 더 많이 알고 있다며 건방지게 주장하는 듯이 보일 것이다. 그렇지만 하나님의 임재를 숙고하지 **않는다**면 사람들이 자기 인생에서 일어난 사건들을 해석하는 데 필수적인 기준점을 놓칠 수 있다. 하나님은 공정하시다. 악행을 눈감아 주지 않으신다. 역사에서 보응이 일어나게 하실 수 있다. "여호와의 판단은 참되어 온통 올바릅니다"(시 19:9, 새한글성경).

그러면 역사학자가 할 일은 무엇인가? 쉽게 말할 수는 없다.

하나님에 대해서는 아무 말도 하지 말라?

에스더서처럼 하는 것도 한 가지 전략이 될 것이다. 즉 하나님에 대해서는 아무것도 언급하지 않되, 하나님의 목적을 추론하는 일은 독자 몫으로 남겨 놓는 것이다. 이것이 부분적으로는 답이 될 수 있다. 그러나 에스더서는 그 전략에 대해 우리가 바라는 만큼 확실한 예를 제시해 주지는 않는다. 에스더서가 하나님을 명시적으로 언급하지 않는 것은 사실이다. 그러나 에스더서가 집필된 방식과 대상 독자층을 감안할 때, 에스더서에서 하나님을 언급하지 않으니 이는 그 책이 하나님에 대해 관심이 없다는 뜻이라고 말한다면 옳지 않다. 에스더서는 하나님에 대해 굉장히 관심이 있다.

보이지 않게 개입하시는 하나님의 섭리를 독자가 이해하게 하는 것도 에스더서 이야기의 요점이다. 에스더서에 반응하면서 우리는 하나님의 임재를 긍정하고, 하나님이 "그의 뜻대로 부르심을 입은 자들에게는 모든 것이 합력하여 선을 이루게" 하시니 감사해야 한다(롬 8:28). 우리가 추론할 수 있듯이, 다름 아닌 바로 하나님이 사건들을 기획하셔서 하만의 악한 꾀가 그의 머리로 돌아가게 하시고 하나님이 택하신 백성을 구원하고자 하셨다.

즉 에스더서에는 하나님과 관련되고 우리의 하나님 이해와 관련된 목적이 있다. 이 목적은 일부 현대 작가들의 목적, 다시 말해 하나님이 존재하시거나 관여하신다고 믿지 않기 때문에 언급하지 않으려는 목적과는 아주 다르다. 그들은 설령 하나님이 관여하신다고 믿더라도, 하나님이 존재하시며 활동하시는 세상에 있는 어려움과 복잡성과 모호성을 회피하고자 하나님을 언급하지 않을 수 있다. 더욱이 그들은 하나님의 목적은 정말로 이해하기 어렵다는 것을 부정적인 면에서 확인하고 싶을 수도 있다. 현대적 목적은 세속 세상에서 받을 냉소와 거절을 모면하려는 것일 수도 있다. 세속 학문 세계는 특히 하나님의 손에 관해 굳이 이야기하려는 사람들을 배척할 준비가 되어 있기 때문이다.

문화 압력에 저항하기

우리 시대의 풍조와 서구 세계의 사상 지형을 인식하는 것은 귀중한 일이다. 오늘날 서구 엘리트 문화는 에스더서의 문화나 링컨의 두 번째 취임사의 문화와는 아주 딴판이다. 특히 학계의 엘리트 문화는 공적 담론에서 하나님을 포기했다. 학계의 주류 의견에 따르면, 우리는 역사에 계신 하나님에 대해 말하지 않는다. 왜 그런가? 하나님과 관련된 문제나 복잡한 일이나 확실치 않은 일이나 은밀한 일이 있기 때문이 아니라 하나님을 중요하게 여기지 않기 때문이다. 서구 문명에서는 아마 다들 자라면서 문화나 역사의 어느 측면에서든 하나님을 의지하지 않게 되었을 것이다.

전문 역사학자들 다수의 머릿속에서 역사는 그 자체로 존재하면서 그 자체의 힘으로 전개된다. 그리하여, 역사 속에 있는 하나님의 손이라는 생각은 망상으로 보인다. 설령 일부 역사학자들이 신적 활동을 가설적으로 허용하더라도, 그 활동은 전혀 알 수 없다고 주장한다. 우리는 제2원인만 알 수 있을 뿐이라는 것이다.

다소 아이러니하게도 학계에서는 하나님에게 호소하는 것을 배격하면서도 대체 신이라는 관점에서 생각하는 마르크스주의자들은 동일한 정도로 배격하지 않는다. 마르크스주의자들이 비인격적 역사 법칙을 들먹이며 그 법칙이 공산주의 유토피아로 이어지는 것으로 볼지 몰라도, 그 유토피아는 종교적 가짜 목표의 일종이다. 그리스도인과 마르크스주의자의 접근법의 차이는 그리스도인의 하나님은 초월적인 제1원인이시라는 것이다. 마르크스주의는 나머지 학파처럼 내재적 제2원인만 작용한다고 주장한다. 하나님은 논의에서 배제된다.

그리스도인은 '다른 사람들'이 역사를 집필할 때 하듯이 그냥 휩쓸리는 것을 경계해야 한다. 하나님을 빠뜨리는 일이 흔한 것이 사실이고 이런 누락이 겉으로 보기에는 에스더서와 비슷한 것이 사실이지만, 그런 누락이 건전하다는 말은 아니다. 그것이 건전하지 않은 까닭은, 많은 경우에 하나님의 존재를 숨기려는 동기가 전반적으로 깔려 있기 때문이다.

하나님의 영광을 보며 찬양

그리스도인에게 인생 전체는 그리스도 안에서 하나님과 사귀는 기쁨을 누리는 것을 지향한다. "내가 이것을 너희에게 이름은 내 기쁨이 너희 안에 있어 너희 기쁨을 충만하게 하려 함이라"(요 15:11). 또 고린도전서 10장 31절 말씀처럼 우리는 "무엇을 하든지 다 하나님의 영광을 위하여 하[여야]" 한다. 이 구절에서 '다'는 포괄적이어서, 역사 연구도 포함된다.

우리가 역사 연구를 하면서 맡은 일을 양심적으로 성실히 임하는 것도 하나님에게 영광을 돌리는 것이다. 그런데 그렇게 영광을 돌리는 방법으로는 하나님이 만드신 가장 작은 것에도 나타나는 하나님의 영광을 찬양하는 것도 있다. 우리는 나비의 아름다움을 보며 하나님을 찬양하고, 개미집에서 개미가 돌아다니는 것을 신비롭게 여기며 하나님을 찬양한다. 우리는 하나님이 만물을 다스리시며, 우리가 연구하는 사건들은 하나님의 감독 아래 있다는 것을 안다. 이런 배경에서 우리는 어떻게 하나님에게 영광을 돌리는가?

시편 107편

시편 107편은 우리에게 방향을 제시한다. 이 시편은 하나님이 과거에 하신 일에 대한 기록을 읊는 다른 시편들과 주제 면에서 연결된다. 시편 78, 105, 106편을 살펴보자. 시편 107편이 시편 105, 106편에 바로 이어서 나오므로 주제가 같은 방향으로 이어지는 것처럼 보일 수 있다. 그렇지만 시편 107편은 시편 105, 106편과 달리 특정 사건을 언급하지 않는다. 도리어 사건의 **범주**를 논한다. 4-9절에서는 사람들이 길을 잃자, 하나님이 그들을 어느 한 성읍으로 데려가신다. 그다음

단락에서는 또 다른 난관을 언급한다. 하나님은 갇힌 자들을 풀어 주신다(10-16절). 병을 고쳐 주신다(17-22절). 사람들을 폭풍에서 구해 주신다(23-32절). 농작물을 주신다(33-38절). 궁핍한 사람들을 길러 주신다(39-42절).

각 단락은 묘사한 구원에 대해 하나님을 찬양하라고 사람들에게 요구하는 것으로 끝난다. 각 결론에서 내비치듯, 우리는 시편의 독자이니 저마다 살아가면서 구원을 경험할 때 감사할 준비가 되어 있어야 한다. 시편은 우리가 섭리로 일어나는 많은 사건을 하나님이 고통 속에 있는 사람들을 돌보신다는 원리에 비추어서 보게 해 준다. 이 원리는 시편 105, 106편처럼 성경에 분명하게 기록된 사건은 물론이고 유사 이래 일어난 사건에도 적용된다. 시편 107편 마지막 절이 이것을 요약한다.

> 지혜 있는 자들은 이러한 일들을 지켜 보고
> 여호와의 인자하심을 깨달으리로다(시 107:43)

적용 면에서, 마지막 절의 의미는 지혜 있는 사람이라면 하나님의 변함없는 사랑이 성경에 기록된 사건뿐 아니라 각 사람의 인생에서 일어난 사건에서도 매번 어떻게 나타나는지 살펴보아야 한다는 것이다. 달리 표현하자면, 각 사람은 섭리 속에서 하나님의 손길을 주목하며, 자기나 다른 사람이 구원을 경험하는 것을 목격할 때 하나님에게 감사해야 한다는 뜻이다.

시편 78편

시편 78편은 다른 역사 시편들과 결을 같이하며 시편 107편보다 더 구원 역사상 주요 사건들에 초점을 맞춘다. 시편 78편은 시편 107편에서 발견할 수 있는 사고의 방향을 조심스레 뒷받침해 준다.

시편 78편은 율법을 주시던 때(5절)부터 다윗을 왕으로 지명하시던 때(70-72절)까지 구원 역사에서 일어난 주요 사건을 자세히 설명한다. 처음 몇 절은 성찰적인데, 이스라엘의 역사를 다음 세대에 들려주는 일의 중요성을 이야기하기 때문이다.

> 내가 입을 열어서 비유로 말하며,
>   숨겨진 옛 비밀을 밝혀 주겠다.
> 이것은 우리가 들어서 이미 아는 바요,
>   우리 조상들이 우리에게 전하여 준 것이다.
> 우리가 이것을 숨기지 않고
>   우리 자손에게 전하여 줄 것이니,
> 곧 주님의 영광스러운 행적과 능력과
>   그가 이루신 놀라운 일들을 미래의 세대에게 전하여 줄 것이다(시 78:2-4, 새번역).

이어서 그다음 절에서는 첫머리에서 말한 일을 계속해 나간다.

시편 78편이 읊조리는 행위는 "영광스러운 행적", "그가 이루신 놀라운 일들"로, 그에 대해 우리는 "그의 능력"을 찬양해야 한다. 이 시편은 하나님이 역사에서 하신 일을 기림으로써 하나님의 영광을 드높인다. 그리고 나서 우리가 덧붙일 수 있는 것은, 이 시편이 우리에게 이스라엘의 반역에 관한 부정적인 교훈을 무시하지 말라고 경고한다는 것이다.

조상처럼,
  반역하며 고집만 부리는 세대가 되지 말며,
마음이 견고하지 못한 세대,
  하나님을 믿지 아니하는 세대가 되지 말라고 하셨다(8절, 새번역).

시편 78편 따라하기

시편 78편은 따라 할 만한 예가 되는가? 그렇다면 어떻게 따라야 하는가? 우리가 실제로 보는 시편 78편에 기록된 정보를 자손에게 전해 주어야 한다고 말하는 편이 무난할 것이다. 그 정보는 성경 정경의 일부이니 우리는 성경 밖 역사와 관련해 발생할 난제를 다루지 않아도 된다. 시편 78편 자체는 출애굽기에서 사무엘상에 나오는 기록들과 마찬가지로 이스라엘 역사에 작용한 하나님의 목적 이해에 필요한 기초를 탄탄하게 제시해 준다. 우리는 그런 목적에 관해 자신 있게 말할 수 있다.

그런데 시편 78편이 달리 쓰일 수도 있음을 생각할 수 있는데, 그 당시의 역사를 우리의 개인사, 가족사, 국가사, 그 외 훨씬 더 최근에 일어난 역사의 단편과 비교하는 데 쓰는 것이다. 우리는 "주님의 영광스러운 행적과 능력과 그가 이루신 놀라운 일들을 미래의 세대에게 전하여" 주고자 이런 더 최근 역사의 단편을 읊조려야 하는가?

앞에서 언급했듯이 우리가 주의해야 하는 이유는 최소 세 가지다. 첫째, 성경 정경 밖으로 옮겨간다면 자신 있게 해석할 수 없다. 욥의 친구들은 지나치게 자신만만한 해석에서 저지르는 오류를 보여 준다.

둘째, 시편 78편의 문맥에서 "주님의 영광스러운 행적"은 하나님이 크신 구속 계획을 실행하실 때의 핵심 사건이다. 구약 시대에 그 계획은 이스라엘, 즉 하나님 소유의 백성 중심으로 돌아갔다(출 19:5-6). 초점은 이집트에 있지 않았고, 바빌론에도, 블레셋에도, 헷 족속에도, 모압이나 그 외 고대 세계의 어느 민족 집단에도 있지 않았다. 오늘날 개별 그리스도인의 개인사나 가족사, 또는 더 광범위한 그의 국가사가 그 사람의 인생에서 중요하고 영향력이 클 수는 있다. 그러나 그런 역사가 개인적으로 아무리 중요해 보이더라도, 정경에 기록된 중심 사역과 역할이 똑같지는 않다. 하나님이 창조하시고 섭리하시는 사역 전체가 하나님의 영광을 보여 주기는 하지만, 성경에 나오는 중심 사역은 그 영광을 더 뚜렷하게 보여 준다.

셋째, 주님의 "영광스러운 행적"은 "놀라운 일들", 즉 하나님 능력의 기이한 작용을 보여 주는 기적이기도 하다. 따라서 예외적이다. 분명히 하나님은 놀랍고 굉장한 일을 때로는 우리 시대에도 하실 수 있다. 그러나 그런 행위들은 특별 계시에서 성경에 기록된 기적들과 동일한 역할, 즉 하나님의 구속 계획의 특정 단계를 드러내 보이는 역할을 하지 않는다. 그 특별한 사건들은 모든 미래 세대의 신자들을 위해 성경에 기록되었다. 오늘날 우리는 이 정경을 더할 수 없다. 정경은 이미 완전하다.

찬양과 경고의 태도

그런데 시편 78편에는 벗어나기 어려운 다른 것이 있다. 이 시편은 **한낱** 과거 사건의 기록이 아니다. 역사를 대하는 경건한 **태도**를 제시하는 설명이기도 하다. 성경 전체는 우리의 태도에 영향을 미친다. 그러나 성경의 시(詩)문학은 특별한 기백으로 우리의 태도를 사로잡는다. 시편 78편은 시다. 시편의 일부이니 노래로 불렸을 수도 있다. 이 시편을 노래하는 바로 그 과정에서 사람들은 이스라엘의 역사를 "미래의 세대"(4절)에게 들려주었을 것이다. 이 시편은 우리에게 과거에 경건한 관심을 기울이는 태도를 본받으라고 권한다. 하나님의 영광스러운 행적을 찬탄함으로써 하나님을 찬탄하라고 권한다. 어떻게 하면 이런 태도를 우리 것으로 삼을 수 있을까? 어쩌면 이 시편을 듣거나 우리가 직접 노래함으로써 그렇게 할 수 있을지 모른다. 시편 78편은 우리에게 계속 유효한 교훈을 배우라고 권한다.

그들도 그들의 자손에게 [하나님의 행적을] 대대손손 전하게 하셨다.

그들이 희망을 하나님에게 두어서,
하나님이 하신 일들을 잊지 않고,
그 계명을 지키게 하셨다.
조상처럼 … 되지 말라고 하셨다(6-8절, 새번역).

따라서 우리는 각자 자신의 삶을 살펴보고 시편 78편의 교훈을 적용해야 한다. 이 교훈은 단순히 도덕적이거나 비도덕적인 행동에 관한 것이 아니다. 다시 말해 우리에게 한낱 도덕주의를 제시하지 않는다. 이 교훈은 "영광스러운 행적"을 일으키시는 하나님에 대한 것이다. 이 행적은 하나님이 어떤 분인지 보여 준다. 또 그렇게 하나님이 어떤 분인지를 보여 주므로, 하나님이 항상 어떤 분인지도 보여 준다. 우리는 자신의 삶을 그런 관점에서, 6-8절을 따라서 보아야 한다.

우리가 기독교 신자라면, 그리스도 안에서 믿음으로 말미암아 구약 약속의 상속자가 되었다면 더욱 그러하다. 유일무이한 상속자이신 그리스도 안에서 우리는 이스라엘 사람인 조상들과 연결된다(갈 3:26-29). 우리의 삶은 "영광스러운 행적"을 일으키신 그 하나님이 지금도 임재하시면서 일하시는 사례다. 이것을 못 본다면 시편 78편에서 받아야 하는 영향을 일부 이해하지 못하게 된다. 말하자면 우리는 동일한 역사 선상에 스스로를 끼워 넣을 수 있지만, 시간상으로는 더 나중에 있는 것이다.

감사하기

더욱이 성경에는 하나님이 베푸신 은혜에 감사하라는 더 폭넓은 명령이 있다. 살펴보았듯이 시편 107편은 우리에게 이런 여러 은혜에 감사하라고 역설하는데, 여기에는 구속의 주요 선상에 있는 큰 은혜뿐 아니라 날마다 베푸시는 더 작은 은혜까지도 포함된다. 이런 요청은 시편은 물론이고 신약에서도 찾아볼 수 있다.

> 내 영혼아 여호와를 송축하며
>   그의 모든 은택을 잊지 말지어다
> 그가 네 모든 죄악을 사하시며
>   네 모든 병을 고치시며
> 네 생명을 파멸에서 속량하시고
>   인자와 긍휼로 관을 씌우시며
> 좋은 것으로 네 소원을 만족하게 하사
>   네 청춘을 독수리 같이 새롭게 하시는도다
> 여호와께서 공의로운 일을 행하시며
>   억압 당하는 **모든** 자를 위하여 심판하시는도다(시 103:2-6)

> 여호와께 감사하라 그는 선하시며
>   그 인자하심이 영원함이로다
> 여호와의 속량을 받은 자들은 이같이 말할지어다

여호와께서 대적의 손에서 그들을 속량하사… (시 107:1-2)

범사에 감사하라 이것이 그리스도 예수 안에서 너희를 향하신 하나님의 뜻이니라(살전 5:18)

하나도 빠짐없이 하나님에게 감사한다면 자기 삶의 환경에 감사하는 것도 포함된다. 우리는 은혜도, 또 시련조차도 하나님의 손에서 나온다고 인정한다. 이렇게 인정할 때 우리는 하나님이 역사하신다고 인정하는 것이다.

세밀한 일에서도 하나님의 역사를 인정하는 데는 흔들림 없는 성경적 기반이 있는데, 이는 성경이 하나님이 만유를 다스리신다고 분명하게 가르치기 때문이다(시 103:19; 애 3:37-38; 엡 1:11 등). 성경을 믿는다면 하나님의 손길이 어느 곳에든지 있다고 믿는 것이다.

그러나 그렇게 되면 우리는 다시 욥에게서 보이는 난제로 돌아온다. 우리가 목격하는 사건에서 하나님의 목적을 알아차리기는 그리 쉽지 않다. 우리는 주제넘은 잘못을 범할 수도 있다.

하지만 잘못을 저지를 위험이 있다고 해서 감사할 의무가 사라지지는 않는다(욥 1:21; 빌 4:6; 살전 5:18). 우리는 하나님이 우리를 위해 역사하신다는 것을 **믿어**야 한다(롬 8:28). 그리고 때로는 하다못해 자신의 삶의 사건 때문에 일어난 스트레스와 심리적 '거리'를 충분히 두면 우리는 하나님의 목적이 무엇인지 부분적으로나마 파악할 수 있다.

하나님은 우리에게 은혜를 뚜렷이 드러내어 베푸셔서 하나님의 돌보심을 상기시키시고 하나님 아버지의 사랑을 보이고자 하실 수 있다. 이것은 쉬운 사례다. 하나님은 우리에게 시련을, 또는 매우 극심한 시련도 주실 수 있고, 이로 인해 하나님의 뜻에 대해 답이 나오지 않는 의문이 많이 생길 수 있다. 그럼에도 우리는 때로 시련에서 은혜를 발견한다. 뒤돌아보면, 하나님이 그 시련을 이용하셔서 우리에게 인내를 주신 것을 알 수 있다(롬 5:3). 마침내 하나님이 우리를 구원하실 때, 우리는 믿음이 깊어졌고 인격이 성숙했다는 것을 알게 된다. 이런 결과가 실은 하나님의 목적에 따른 것임을 어떻게 아는가? 우리는 어느 특정한 사건 하나에 대해서조차도 확실하게 알지 못한다. 그렇기는 해도 우리가 조금은 확실히 아는 이유는 하나님이 성경에서 그분의 목적이 무엇인지 전반적으로 말씀해 주셨기 때문이다.

이런 사항은 개인의 은밀한 경험의 세세한 내용에 고스란히 적용된다. 또 개인의 경험을 평가하더라도 그 평가 대부분을 계속 비밀에 부칠 수 있다. 그 평가를 하나님에게 기도할 때만 말하는 것이다. 하나님이 들으시고 이해하신다. 우리가 하나님에게 아뢸 때, 우리는 유한한 피조물이어서 하나님의 목적을 그 모든 여파 면에서 완벽하게 알지 못한다고 매번 장황하게 설명해야 한다는 기분이 들지는 않는다.

물론 우리가 다른 사람들 앞에서 감사해야 할 때도 있다. 시편에 있는 감사 시편에도 그런 요소가 포함된 경우가 있다. 우리는 아내나 남편에게, 자녀들에게, 부모님에게, 가까운 친구들에게 하나님이 우리에게 어떻게 복을 내리셨는지, 또는 우리 삶에 어떤 사건이 일어났는지 들려준다. 그렇게 하나님에게 영광을 돌린다.

교회 전체의 역사: 기도 체인

이 패턴은 이런 친밀한 관계의 범위를 넘어선다.[2] 나의 모교회는 수년 동안 이메일 '기도 체인'을 실행해 왔다. 누구든지 교회 사무실에 기도 요청을 보낼 수 있고, 요청을 받으면 사전에 기도 체인 이메일 목록에 등록해 놓은 사람들에게 이메일로 전송된다. 기도 응답을 받으면, 사람들은 흔히 하나님에게 그 응답을 감사드리고 기도해 준 교인들에게 감사의 후속 이메일을 보낸다. 감사하는 사람들은 자기 삶에서 일어난 그 사건을 통해 하나님의 목적을 이해한다고 생각한다. 이들의 이해는 단순히 제2원인들 사이의 인과관계에 따라 종료되지 않는다.

이들은 왜 자기가 이해한다고 생각하는가? 도대체 어떻게 자신할 수 있는가? 이들은 하나님이 어떻게 관여하셨는지를 설명하는 글씨를 하늘에서 본 적이 없다. 이들이 확신할 수 있는 까닭은, 하나님이 어떤 분이며, 세상에서 어떻게 행하시는지 성경에 기술되어 있기 때문이다. 사람들은 일반 법칙, 이를테면 우리가 위에서 인용한 시편 103편이나 107편에서 알게 되는 일반 법칙을 이용한다. 예를 들어 하나님은 "네 모든 병을 고치신다"(시 103:3). 이들은 성경의 가르침을 자

---

2 역사학자 Herbert Butterfield가 역사의 더 큰 단편에 대한 해석과 개인 경험의 관계를 어떻게 보는지 주목해 보자. "우리가 하나님이 역사에서 어떻게 일하시는지 알고 싶다면, 수 세기의 모든 도표를 살펴보고 찾아낼 일이 아니라, 하나님이 우리 개개인의 삶에서 어떻게 일하시는지를 보는 데서 시작해 국가로 범위를 넓히고, 그것을 인류 범위에 투영해야 한다("God in History," in *God, History, and Historians*, ed. C. T. McIntire [New York: Oxford University Press, 1977], 201).

신의 특정 상황에 적용하고 있다. 이런 식으로 적용하지 않는다면 우리는 그리스도인답게 살지 않는 것이다.

다른 말로 표현하자면, 하나님이 성경을 공들여 만드실 때는 성경을 적용하도록 하려는 목적이 있으셨다. 하나님 말씀이 우리에게 영향을 미치므로, 그 말씀을 무시하는 것은 옳지 않다. 물론 어느 한 절의 분명한 주요 의미에 초점을 맞추되 그 의미를 가리고 대체하는 방식으로 우리의 생각을 집어넣지 않는 것이 중요하다. 그러나 더 폭넓은 목적을 참작하는 것도 중요하다. 하나님 말씀이 우리 삶에 어떤 영향을 미치는지 보인다면, 우리는 하나님에게 순종과 감사로 반응할 의무가 있다.

하나님 말씀에는 우리가 어떻게 살아가야 하는지에 대한 지침, 즉 노력규범이 들어 있다. 또 우리 삶의 방식을 어떻게 **생각**해야 하는지에 대한 지침도 들어 있다. 이 부분에는 하나님이 역사를 다스리시며, 그 역사의 작은 단편인 우리의 개인사도 다스리신다는 사실이 포함된다. 우리 삶에는 감사가 찬양, 기도, 사랑의 형태로 담겨 있어야 한다. 그리고 우리의 감사에는 하나님이 행하셔서 우리가 감사드려야 할 일을 아는 것이 포함되어야 한다. 우리는 시편 78편에 기록된 구속의 큰 행적을 감사한다. 우리는 무엇보다 그리스도의 십자가 대속과 부활에 감사한다.

우리는 하나님이 더 소소하게 베푸신 인애에도 감사해야 한다. 심하게 넘어진 다음이나 부엌칼에 베인 다음에, 감기를 앓은 다음이나 암으로 고생하다가 나은 다음에 감사해야 한다. 이와 같은 생각이 성경에 분명하게 함축되어 있다. 성경에는 우리가 앓는 각각의 질병을 명확하게 기록해 놓은 내용이 없다. 그렇지만 질병과 회복의 예는 기록되어 있다(시 107:17-22). 성경에는 일반 원리와 명확한 명령이 있어서, 우리는 자신의 질병을 해석할 때 하나님의 우주적 통치에 대한 성경의 이해에 부합하게 할 수 있다. 바로 하나님이 "네 모든 병을 고치시"는 분이라는 것이다(시 103:3).

믿음에 이르는 사람들

또 하나 예를 생각해 보자. 강의가 진행 중일 때, 웨스트민스터 신학교는 주간 시간표를 내놓는다. 시간표에는 매주 한 차례 학생들이 지도 교수를 만나서 소그룹 기도회를 하는 시간이 들어 있다. 이 모임을 하는 동안 나는 매주 각각 다른 학생에게 어떻게 그리스도를 믿게 되었는지 간단히 이야기해 달라고 요청하곤 한다. 우리는 매주 한 학생의 이야기를 듣는다. 그러고 나서 하나님의 목적을 추론해 본다. 그것은 어떻게 하는가?

우리는 그 의미를 확실히 알지는 못한다. 이런 경고를 인정하면서도 우리는 추론한다. 우리가 논리적으로 확신하며 추론하기로는, 하나님이 그 학생의 삶에 역사하셔서 믿음에 이르게 하셨다는 것이다. 우리의 추론에 의하면, 하나님의 목적은 그 학생이 그리스도와 연합해 구원을 받고 그리스도가 하신 일의 은택을 누리고 장차 부활 생명을 누리며 영원히 살아가는 것이다. 성경을 기반으로 우리는 성경 **밖** 사건에 대한 하나님의 목적을 안다. 우리가 그렇게 추론하는 이유는 하나님이 말씀해 주셨듯이 이 일이 그리스도를 믿게 된 사람들과 연관된 그분의 목적이기 때문이다. 요한복음 3장 16절은 다른 많은 성경 구절과 더불어 우리가 그와 같이 추론할 수 있는 확실한 기초다.

전문적 역사 분석에 더 광범위하게 미치는 영향

그러나 전문적인 역사 분석과 전문적인 역사 저술은 아주 다르지 않은가? 그런 분석이나 저술을 교회의 격식 없는 기도 체인이나 그리스도를 믿는 것에 관한 비공식적이고 개인적인 신앙 증언과 공정하게 비교할 수 있는가? 이 질문은 무엇이 우리가 추론을 하도록 이끄는지를 더 살펴본 후에 다시 다루겠다. 우리는 교회 기도 체인이나 개인 신앙 증언, 또는 그와 비슷한 비공식적 소통 방편을 어떻게 이용하고 있는가?

15

역사 이해를 이끌어 가는 성경의 원칙

우리는 자신의 삶에 대한 하나님의 목적을 어떻게 추론하는가?

우리 교회 기도 체인에서 작성한 자료에는 사람들이 삶에 대한 하나님의 목적을 어떻게 아는지 명확하게 설명하는 신학 논문은 들어 있지 않다. 오히려 기도 체인은 성경에 있는 교훈을 전제한다. 성경은 사람들에게 공통의 배경을 제공해 의사소통의 특정 부분을 이끌어 가게 한다. 성경의 어떤 원칙이 이를 가능하게 하는가?

성경 전체가 유의미한 까닭은 성경 전체가, 또 성경의 모든 부분의 메시지가 세상을 이해하는 데 영향을 미치기 때문이다. 하나님이 어떤 분인지, 그분이 어떻게 행하시는지, 타락의 결과는 무엇인지, 구속의 약속은 무엇인지, 구원받은 사람들에게 구속이 실제로 어떤 영향을 미치는지, 하나님이 날마다 어떻게 섭리 가운데 다스리시는지, 우리가 어떻게 감사해야 하는지 등을 우리는 이해해야 한다. 이 모든 것이 우리 삶에 일어난 어느 한 가지 사건을 해석하는 데 필요한 틀(성경을 기반으로 하는 세계관)을 직간접적으로 제공한다.

여섯 원칙

그러나 섭리 속에서 하나님의 손길을 이해하고 섭리에 담긴 하나님의 목적을 이해하는 것과 특히 관련이 있는 여섯 가지 원칙을 선별할 수 있다. 그중 상당수를 앞에서 간단히 다루었지만, 요약하면서 기억을 되짚어 보는 것도 좋다.

1. 우주적 통치

하나님은 크고 작은 모든 일과 모든 사건을 다스리신다. 역사의 전체 흐름은 하나님의 계획에 따라 전개된다. 하나님은 우리 머리카락도 다 세어 놓으셨다(마 10:30). 우리 인생의 모든 날들이 결정되어 있다. "나를 위하여 정한 날이 하루도 되기 전에 주의 책에 다 기록이 되었나이다"(시 139:16).

2. 하나님의 영광

하나님은 모든 일을 그분의 영광을 위해, "그의 은혜의 영광을 찬송하게 하려", "그의 영광의 찬송이 되게 하려"(엡 1:6, 12, 14) 성취하신다.

우리는 하나님이 자신의 성품과 지혜의 경이로운 일을 보여 주시는 방식을 그분이 하시는 일에서 찾는다.

3. 자격이 없는 이들에게도 베푸시는 은혜

하나님은 성도에게, 즉 그리스도 안에서 특별한 사랑을 아끼지 않으시는 사람들에게 은혜를 베푸신다. 우리가 기도 중에 부르짖는 소리를 들으신다(시 145:19). 비그리스도인에게도 은혜를 베푸신다(일반 은혜). 우리는 하나님의 은혜에 감사해야 한다(시 103:2).

4. 시험의 긍정적 가치

하나님은 시험과 고난이 장기적으로는 그분이 사랑하시는 자들에게 유익이 되게 하시며, 또 그분의 영광을 찬양하는 이유가 되게 하신다(창 50:20; 롬 8:28). 그 유익 중에 하나를 우리는 인격 수양이라고 부를 수 있다.

> 다만 이뿐 아니라 우리가 환난 중에도 즐거워하나니 이는 환난은 인내를, 인내는 연단을, 연단은 소망을 이루는 줄 앎이로다 소망이 우리를 부끄럽게 하지 아니함은 우리에게 주신 성령으로 말미암아 하나님의 사랑이 우리 마음에 부은 바 됨이니(롬 5:3-5)

> 내가 그를 위하여 모든 것을 잃어버리고 … 내가 그리스도와 그 부활의 권능과 그 고난에 참여함을 알고자 하여 그의 죽으심을 본받아 어

떻게 해서든지 죽은 자 가운데서 부활에 이르려 하노니(빌 3:8-11)

내 형제들아 너희가 여러 가지 시험을 당하거든 온전히 기쁘게 여기라 이는 너희 믿음의 시련이 인내를 만들어 내는 줄 너희가 앎이라 인내를 온전히 이루라 이는 너희로 온전하고 구비하여 조금도 부족함이 없게 하려 함이라(약 1:2-4)

그러므로 너희가 이제 여러 가지 시험으로 말미암아 잠깐 근심하게 되지 않을 수 없으나 오히려 크게 기뻐하는도다 너희 믿음의 확실함은 불로 연단하여도 없어질 금보다 더 귀하여 예수 그리스도께서 나타나실 때에 칭찬과 영광과 존귀를 얻게 할 것이니라(벧전 1:6-7)

5. 보응의 원칙

성경은 하나님이 공의의 하나님이심을 명료하게 표현한다. 하나님이 세상을 그와 같이 공의로 다스리시므로 사람들이 악을 행하면 벌을 받고 의를 행하면 상을 받는 경우가 많은데, 이런 상과 벌은 대부분 제2원인을 통해서 온다.

여호와께서 의인의 영혼은 주리지 않게 하시나
  악인의 소욕은 물리치시느니라(잠 10:3)

완전한 자의 공의는 자기의 길을 곧게 하려니와
  악한 자는 자기의 악으로 말미암아 넘어지리라(잠 11:5)

함정을 파는 자는 그것에 빠질 것이요

돌을 굴리는 자는 도리어 그것에 치이리라(잠 26:27)

슬기로운 자는 재앙을 보면 숨어 피하여도

어리석은 자들은 나가다가 해를 받느니라(잠 27:12)

하나님이 제2원인을 이용하실 수 있다. 그러나 하나님은 제1원인이시다. 그래서 상이나 벌을 기적적인 방식으로 주실 수도 있다. 하나님은 바로와 이집트 사람들을 믿지 않고 압제를 행했다는 이유로 벌하셨지만, 자기 백성은 홍해에서 구해 주셨다.

욥의 경우도 기억해야 한다. 하나님이 공의의 실행을 때로는 늦추신다는 것을 이해해야 한다. 이 세상에서는 공의가 균등하게 실행되지 않는다. 그래서 누군가 잠시 은택을 누린다는 이유로 그 사람을 의롭다고 추정해서는 안 된다. 혹은 누군가 잠시 시험을 겪고 있다는 이유로 그 사람을 불의하다고 추정해서도 안 된다.

6. 도덕적 영적 평가

특수한 상황을 이해할 때면 성경의 도덕적이고 영적인 원칙에 따라 인도받아야 한다. 이런 인도에는 복잡한 부분이 수반될 수 있다. 앞서 언급했듯이 우리는 그저 어떤 사람이 잠시 흥한다는 이유로 의로운 사람이라고 추정해서는 안 된다. 그렇기는 해도 그 사람이 의롭게 말하고 **행동**한다면 적어도 표면상으로는 의롭다고 결론 내릴 수 있다(마

7:17-18). 우리는 하나님의 기준에 따라서 사람들을 영적으로 도덕적으로 평가해야 한다.

우리는 각자 자기 자신을 평가해야 한다. "각각 자기의 일을 살피라 그리하면 자랑할 것이 자기에게는 있어도 남에게는 있지 아니하리니 각각 자기의 짐을 질 것이라"(갈 6:4-5; 고전 4:3-5도 보라). 다른 사람을 평가할 수도 있지만, 모든 사실을 알고 있는 것은 아니므로 신중해야 한다. 어떤 행동이 남의 신뢰를 얻기 위한 덫에 불과한데도 겉으로는 의로워 보일 수 있다. 반대로 어떤 행동이 실은 악하지 않은데도 악하게 보일 수도 있다. 예를 들어 어떤 사람이 거센 물살에 뛰어들었다면 무모하게 자기 생명을 위태롭게 했다고 보일 수 있다. 그 사람이 누군가를 구하기 위해 위험을 감수하고 있다는 사실을 우리가 알지 못한다면 그럴 수 있다.

평가할 때는 우리가 다른 사람을 어떻게 대하는지에 대한 도덕적 기준뿐 아니라 하나님을 어떻게 대하는지에 대한 도덕적 기준, 즉 영적 기준도 개입한다. 우리가 의를 평가할 때는 이웃 사랑이라는 잣대와 하나님 사랑이라는 잣대를 동시에 사용해야 한다. 이 사랑은 그저 말로만 하는 사랑이나 거짓 신을 향한 사랑이 아니라 진정한 사랑을 뜻한다. 어떤 사람이 의로운 행동을 하는 이유는 자기가 의롭다는 데서 만족을 느끼기 위해서인가, 아니면 하나님을 진정으로 사랑하기 때문인가?

사례

이런 유형의 도덕적 평가는 우리가 역사적 사건의 의미를 해석하는 데 도움이 된다. 예를 들어 사울왕이 여호와를 거듭 배반하는 패턴에 빠지는 것은 문제가 된다. 사울의 인생과 사울 왕국의 나선형 하강은 그가 하나님을 배반한 결과다. 물론 우리가 이것을 사울의 사례에서 알게 되는 이유는 영감을 받은 기록이 사무엘상에 있기 때문이다. 그렇지만 우리는 오늘날의 사례에서도 그렇게 추론할 수 있다.

어느 직원이 동료들을 괴롭히며 말을 험하게 하고 일을 게을리한다고 가정해 보자. 아마 그 사람은 해고될 것이다. 우리가 이 사건에서 하나님의 손길을 볼 수 있는 근거는, 그 직원을 도덕적으로 평가하는 원칙이 있기 때문이다. 우리에게는 잠언에서 나온 원칙도 있다. 잠언은 이런 식으로 미련하고 가혹한 행동을 하면 망한다고 말한다.

> 인자한 자는 자기의 영혼을 이롭게 하고
> 잔인한 자는 자기의 몸을 해롭게 하느니라(잠 11:17)

반면 어떤 직원은 아무 잘못도 저지르지 않았는데도 해고당할 수 있다. 실은 의롭기 때문에 해고를 당했을 수도 있다. 사장이 그 직원을 시켜 고객이나 납품업체에 거짓말을 하게 했는데, 직원이 거절하자 해고했을 수도 있다. 우리는 이것을 어떻게 말해야 하겠는가?

우리는 관련된 사람들을 도덕적으로 평가할 능력이 있으므로, 이를 놓고서 자기는 잔학행위를 저질러서 어려움을 겪는 사례라기보다는 의로움 때문에 핍박을 받는 경우라고 말할 것이다. 하나님은 요셉의 형들이 요셉을 괴롭히고 이집트에 팔아 버릴 때도 주권적으로 다스리셨던 것과 마찬가지로, 이 모든 사건을 주관하시되 핍박받는 상황마저도 주관하신다(창 45:5; 50:20). 그렇지만 하나님이 불의한 사장(또는 요셉의 형들)을 도덕적으로 좋게 생각하지 않으신다. 하나님이 악에서 선을 이끌어 내실 수 있지만, 하나님이 악을 뒤엎으신다고 해서 그 악의 죄책이 줄어드는 것은 아니다.

우리가 신적 목적의 의미를 어떻게 해석하느냐에는 도덕적 평가가 아주 크게 영향을 미친다. 바로 하나님이 도덕의 궁극적 평가자이시니, 하나님의 형상으로 지음받은 우리에게 자기 자신을 도덕적으로 평가할 양심과 능력이 있는 것이 당연하다(고전 11:28).

신학을 비롯한 여러 사상에 대한 평가

우리는 신학 사상과 종교 갈등을 비롯해 여러 사상을 평가하는 과제에 대해서도 비슷한 의견을 말할 수 있다. 성경은 우리에게 세상 전반과 특히 신학에서 참과 거짓을 구별하는 지침을 제공한다. 우리는 성경의 지침을 존중해야 하며, 어느 쟁점이나 사상, 신학적 신념이 실은 중립적이지 않고 참이거나 거짓임에도 '중립적'이 되려고 하지는 말아야 한다.

사상적 갈등이나 신학적 갈등이 발생하면 때로 어느 측에든 어느 정도로, 아니 상당한 정도로 책임이 있다. 사람들은 얼마간은 옳고 얼마간은 옳지 못할 수 있다. 아니면 거의 완전하게 옳을 수도 있더라도 반대편과 교전하는 방식이 부당하거나 처신이 가혹할 수 있다. 또는 "의인이 악인 앞에 굴복하는 것은 우물이 흐려짐과 샘이 더러워짐과 같으니라"(잠 25:26)는 말씀처럼, 옳은 편에 있으면서도 악한 상대에게 비겁하게 굴복할 수도 있다. 아니면 옳은 편에 있는 사람이 진리를 단호하게 지지하고 타협을 비판했다는 이유로, 모질다는 비난을 부당하게 받을 수도 있다. 게다가 상대방의 사상에 옳은 구석이 거의 없는데도 일부 상황에서는 갈등에 품위 있게 관여할 수도 있다. 우리가 성경에서 배워야 하는 교훈 중에는 '도덕이 혼재된 상황이 있을 가능성을 인정하라'가 있다. 아브라함이 전반적으로 하나님의 약속을 신뢰한 믿음의 사람이었다. 그러나 늘 그랬던 것은 아니다. 다윗은 하나님을 사랑하는 사람이었지만, 그래도 죄에 빠졌다.

우리가 복잡성을 인정하더라도 역사에서 우리는 참된 사상과 거짓된 사상의 충돌, 의로운 명분과 불의한 명분의 충돌에 해당하는 상황을 많이 접한다. 우리는 마땅히 이런 사상과 명분을 평가해야 한다. 초기 그리스도인은 로마 당국의 박해를 받았지만 옳았고, 다신교를 믿는 압제자들은 옳지 않았다. 아타나시우스는 옳았고, 반대자였던 아리우스는 옳지 않았다.

상황을 살펴보고 하나님이 성경에서 우리에게 베푸신 도덕적 영적 지침을 고려할 때 우리는 하나님의 목적을 더 정확하게 이해할 수 있다. 우리는 그리스도인이 마침내 로마의 박해에서 구원받는 그 과정에 하나님의 손길이 있었음을 단언할 수 있다.

16

학문적 역사 분석

성경의 원칙을 우리는 어떻게 학문적 역사 분석에 적용하는가? 이것은 골치 아픈 문제다.

비공식적 역사 감상과의 비교

앞에서 예로 들었던 내 모교회의 기도 체인으로 돌아가 보자. 기도 체인은 일종의 역사 기록을 제공해 준다. 거기에는 교인들과 친구들의 삶에서 나온 자잘한 소식이 담긴다. 때로는 연이어 일어난 사건들의 기록이 담긴다. 이런 연속 사건은 한 사람이나 한 가족의 삶과 관련이 있다. 일반적으로 연속 사건은 어려움이나 난제로 시작된다. 그 어려움에 대해 기도해 달라는 이메일 요청이 이어지고, 그 요청에 대한 답신이 이어진다. 이런 흐름은 이메일로 감사 기도를 보고하는 것으로 마무리된다. 이는 인과관계로 이어지는 사건, 넓게 보면 '역사적' 연속 사건이다.

이와 같은 연속을 학문적 역사 분석과 비교해 보자. 당연히 기도 체인의 기록은 학문적 역사 저술과는 아주 동떨어져 있다. 조금이라도 연관이 있기는 한가? 우리가 교회의 기도 이메일에서 얻은 교훈을 학문적 역사 저술로까지 이어 가면서 얼마나 나아갈 수 있는가? 간단한 질문이 아니다.

우선 두 종류의 보고 사이의 유사점과 차이점을 생각해 보자. 그러고 나서 그 차이점이 하나님의 목적을 인식하는 우리의 능력에 어떻게 영향을 미칠 수 있는지 질문해 보자.

객관성

아마도 면밀한 비교를 반대하는 가장 분명한 이유는 기도 체인은 주관적인 반면에 학문의 환경은 객관적이라는 점일 것이다. 이 둘은 종류가 아주 다르다.

여기에 큰 차이점이 있는 것은 맞다. 그러나 추가 질문을 해 보자. **객관적, 주관적**이라는 용어는 무슨 의미인가? 그런 용어가 왜 결과물(기도 체인의 요청 사항이나 학문적 역사 저술 작품)에 차이가 생기게 하는가? 이

두 용어에서 가장 먼저 머리에 떠오르는 것은 그 보고 대상인 사실과 보고자/분석가의 관계다. 보고자가 그 사건에 개인적 이해관계가 있다면 보고는 '주관적'이다.

교회 기도 체인에서 이메일 보고를 보내는 사람은 대개 자기가 보고하는 해당 사건에 직접 관여한다. 적어도 그 사람의 친한 친구나 친척이 사건의 중심에 있다. 최소한, 그는 고통을 겪고 있는 사람을 개인적으로 걱정해 줌으로써 그 사건에 관여한다. 이 사람은 냉담한 분석자가 아니다. 그 스펙트럼의 반대편 끝에 있다. 상당한 관심을 가지고 개인적으로 발 벗고 나선 사람인 것이다.

학문적 역사학자들의 당연한 인식에 따르면, 다른 조건이 동일한 경우에 역사적 사건의 다면적 성격을 아주 통찰력 있게, 복합적으로 분석한 결과물은 그 사건과 '거리'를 두고 떨어져 있는 사람들에게서 나온다. 그러한 거리 중 하나는 시간이다. 시간상 거리 덕분에 역사학자들은 처음에 굽이치던 흥분이나 혐오감이나 행복이 가라앉은 후에 뒤로 물러나서 더 세심하게 사실들을 살펴볼 수 있다. 시간이 흐른 덕분에, 처음 전해진 내용의 신빙성에 의문을 제기할 수 있고 상충하는 설명을 나란히 놓아둘 수 있고, '확실한' 해석을 향해 첫발을 내디딜 지점을 비판적으로 세밀히 살펴볼 수 있다. 비교적 유명하고 '공공연한' 사건의 경우에는 앞서 나온 다양한 반응, 다시 말해 앞서 나온 분석을 톺아 볼 수 있다. 이들이 근접한 시간과 장소에서 진행 중이던 다른 일들을 검토하고서, 당시 상황을 더 면밀하게 아는 지식을 이용해서 그 사건을 더 잘 이해할 수 있는지를 살필 시간이 있다.

또 하나의 거리는 은유적 '공간'이다. 사건에 직접 관여하지 **않은** 사람은 그 사건을 여러 각도에서 볼 역량이 있을 수 있다. 만약 그 사람이 해당 사건이 일어났을 때 거기에 관여했다면 당시 생각과 경험 때문에 관점이 굳어지고 확고해졌을 테지만, 관여하지 않았기에 그러지 않을 수 있는 것이다.

거리를 두는 경우에 생기는 강점과 관련하여 인지해야 할 점이 여러 가지가 있다. 어느 정도 우리는 인간의 다양한 관점이라는 현실을 발판으로 삼는다. 외부의 분석가는 다른 사람들의 관점과 나란히, 상호작용하는 가운데 자신의 관점을 가져온다. 자기와 접촉할 수 있는 사건 관계자 각각의 관점을 넣고, 후대의 분석가 각각의 관점도 넣는다. 관점이 많을수록 통찰할 기회도 많아진다. 진정성 있는 분석가라면 누구나 알듯이, 다른 사람이 나름의 관점으로 이야기해 줄 때 걸러서 들어야 한다. 그러나 다른 사람의 관점에 개입하기를 완전히 거부한다면, 아무것도 이룰 수 없다. 직접적인 주관적 경험 외에는 아무것도 믿지 않으니 역사학의 형태를 지닌 유아론과 비슷한 자신의 주관성에 계속 갇혀 있다.

객관성의 본질

외부 분석가의 '객관성'은 '출처가 없는 관점'(view from nowhere, 개인의 주관이 반영되지 않은 관점이라는 뜻, 토머스 네이글의 말이자 그의 저서 제목―옮긴이 주)

이 될 절대적 객관성은 아니다. 보는 사람이 없으면 관점도 없다. 하나님은 모든 인간의 관점을 모조리 아신다. 그러나 이는 하나님이라는 그분 고유의 **주관성**이라는 맥락에서 아시는 것이다. 우리 각자는 자신의 유한한 주관성이라는 맥락에서 어설프게 안다. 역사 연구에서 근거 자료가 충분하면 우리는 진리에 가까이 다가갈 수 있다. 그러나 우리는 진리를 주관적으로 경험하는 피실험자로서 진리에 다가간다. 그런 점에서 보면 관계자와 '외부' 분석가 사이에는 주요한 차이가 없다. 둘 다 그 사건에 **자신을** 노출시킨다.

외부 분석가는 해당 사건이 일어날 때는 **직접** 관계자가 아니지만, 사건에 자신을 노출시키면서 보도 내용과 결과의 관계자가 되는데, 해당 보고와 결과를 이용해 그 사건에 대해 알아 가기 시작하기 때문이다. 이런 지식이 있으면 그 사건과 관련한 의미에 관여함으로써 **일종의** 관계자로 간주된다. 참되지만 한계가 있는 객관성은 인간의 주관적 관점을 무시함으로써 생기는 것이 아니라 그런 관점들을 다양화함으로써 생긴다. 그리고 우리가 하나님 앞에서 성실하고 책임을 다한다면 하나님의 관점을 무시하지 않을 것이다.

이렇게 다양한 관점에 대한 노출 원리는 앞선 사건의 직접 관계자 모두에게도 적용된다. 이 사람이 글자 그대로 외부 분석가가 되고자 기억을 싹 지워 버릴 필요는 없다. 인터뷰하거나 상상하거나 다른 사람이 기록한 자료를 읽는 방식으로 다양한 관점을 활용해 그 사건을 다시 살펴볼 수 있기 때문이다.

목격자의 가치

해당 사건에 직접 관여한 사람은 목격자이므로 추후 역사 성찰에서 독특하고 중요한 역할을 할 수 있다. 그는 목격자이므로 여러 세부 사항을 입수할 수 있으며, 그중 무엇이든 해당 사건의 의미를 이해하거나 하나님이 그 사건에서 영광을 나타내시는 방식을 파악하는 데 도움이 되는 것을 활용할 수 있다. 게다가 목격자이므로 실제로 일어난 일과 관련한 진실을 알기가 훨씬 수월하다. 이는 현장에 없던 사람이 근거 없이 주장할 수도 있는 사건 내용과는 차이가 있다.

그럼에도 목격자는 각기 자기 나름의 특정 관점**에서** 사건에 참여한다. 법정 증언 기록물을 보면, 목격자 두세 명이 각자 자신이 본 대로 진실을 말하려고 하지만 서로 확연히 다른 목격담을 내놓는 소송 사건이 많다. 복음서에 기록된 영감받은 이야기들 또한 차이점이 있는데, 그 대부분은 목격담에서 생길 수 있는 차이점과 비슷하다.

한편 목격자가 때로 거짓말을 할 수도 있다. 혹은 자기도 모르게 진실을 은폐하거나 일부만 골라서 말할 수도 있다. 외부 분석가는 별개인 사람이므로 거리를 둔다. 그는 인간 기억의 불완전성, 개인적인 편견의 영향력, 거짓말을 하고픈 유혹을 안다. 그래서 목격자 증언을 신중하게 분석하고자 한다. 곧이곧대로 다 믿지도 않지만, 그렇다고 의심하며 모조리 불신하지도 않는다.

요약하자면, 학문적 역사 분석은 '객관성'을 간절히 바란다. 최상의 경우 이 말은 다양한 관점을 신중하게 가늠하되 출처가 없는 관점이 있는 척도 하지 않는다는 뜻이다. 우리는 다양한 관점은 물론이고 목격자의 단일하고도 강렬한 관계자 관점에서도 가치를 알아볼 수 있다. 이 두 관점은 협력할 수 있다.

참여하기나 거리 두기가 하나님의 목적을 인지하는 데 어떤 영향을 미치는가?

이제는 사건에 담긴 하나님의 목적을 어떻게 가늠하느냐는 질문으로 돌아가 보자. 목격자인 관계자는 이 점에서 유리한가? 아니면 거리를 두고 보는 분석가가 유리한가? 아니면 아무도 유리하지 않은가?

거리를 두고 보는 분석가와 관계자 둘 다에게는 기본적으로 똑같은 난제가 있다. 각 사건에 대한 하나님의 목적이 대번에 읽을 수 있는 하늘에 쓰인 손글씨 형태로는 존재하지 않는다는 것이다. 교회 기도 체인의 경우에 기도 응답을 받은 사람은 그것이 실제 응답인지를 어떻게 아는가? 무신론자라면 그것은 응답이 아니라 우연일 뿐이라고 말할 것이다.

기도 체인에서 응답 보고를 받는 사람들은 응답받은 사람의 전언을 믿을지 말지를 어떻게 아는가? 기도 응답은 아마 목격자가 기록할 것이다. 그런데 목격자라고 해도 거짓말을 하거나 실상을 잘못 이해할 수 있다. 그리고 목격자가 기본적 사실을 제대로 이해했어도, 우리는 제2원인의 차원에 있으므로 그것이 제1원인인 하나님의 차원에서 일어나는 중인지를 판단해야 한다는 어려움은 여전히 남아 있다.

목격자와 기도 체인을 읽는 사람은 20년 후에 그 기도 체인 기록을 읽을 분석가보다 감정적 유대가 훨씬 더 끈끈하다. 이들은 더 열심히 **주관적으로** 관여한다. 그런데 이러한 관여가 하나님이 성취하시는 일을 분별하는 데 유리할까, 불리할까? 그렇게 보기는 힘들다. 사람은 누구나 사건에 가까이 있든 멀리 있든 기본적으로 같은 입장에 있다. 누구나 하나님의 목적에 관한 지식에 한계가 있다.

확신?

결론은 무엇인가? 무신론자의 평가 사례를 보면 배경에 있는 틀 구조, 즉 세계관의 영향력이 확연히 드러난다. 무신론자는 나름의 전제가 있기 때문에 하나님이 기도에 응답하신다는 데 동의하지 못한다. 무신론자가 특히 동의할 수 없는 것은 그리스도인 관계자가 생각하는 것처럼 하나님이 특정한 기도에 응답하셨다는 것이다. 그렇지만 무신론자의 동의를 받지 못한다고 해서 그리스도인의 결론이 무효가 되는가?

그리스도인 대부분은 성경을 인용해 하나님이 기도에 응답하신다고 말하곤 한다. 그래서 우리는 무신론자에게 겁먹을 필요가 없다. 우리는 무신론자가 반대하는 이유를 안다. 게다가 하나님이 어떤 통치자이시며 우리가 어떤 세상에 살고 있는지는 우리가 무신론자보다 더 잘 안다. 우리가 더 잘 아는 이유는 본래 더 우수하거나 똑똑한 사람이라서가 아니라, 하나님이 은혜와 자비로 우리에게 구원을 베푸셨기 때문이다. 하나님은 우리 마음을 소생시키셔서 우리가 미처 이해하지 못했던 영적 현실을 이해하게 하셨다. 또 하나님은 우리에게 성경을 주셔서 우리를 지도하신다. 사실상 우리는 구원받기 전에는 이해하지 못하던 방식으로 온 세상을 이해한다. 물론 이런 이해에 성경 자체가 오류가 없는 것처럼 오류가 없는 것은 아니다. 하지만 이런 이해가 건전하기는 한데, 하나님이 우리를 근본적으로 건전한 자리에 있게 하셨기 때문이다(고전 2:16).

그러나 하나님이 특정한 경우에 기도에 응답해 주신다고 말하는 것은 한 단계를 추가하는 것이다. 우리는 이를테면 의사도 포기했는데 암이 완치되었다든지 하는 더 극적인 사례를 고려할 수 있다. 아니면 더 흔한 사례를 생각할 수도 있다. 예를 들어, 캐럴이 만성 요통이 없어지기를 기도해 달라고 요청했다. 그러고 나서 나왔다. 그리스도인 몇 명이 캐럴을 만나서, 캐럴을 위해서 기도하고 안수하자 캐럴의 병이 씻은 듯이 나았다. 어쩌면 요통이 한 주가 지나는 동안 서서히 사라졌을지도 모른다. 아니면 의사가 심각한 부작용 없는 진통제를 처방해 주었다. 이 중 어느 경우가 기도에 대한 응답인가?

우리는 무슨 일이 일어나는지 오류 없이, 하나님의 관점으로 보지 못한다. 그렇지만 시편 78편과 107편, 그리고 그 외 구절을 보면 감사에 대한 일반적인 원리를 생각하게 된다. 사건이란 사건은 다 하나님이 다스리시니, 캐럴의 요통이 사라진 것도 마찬가지다. 이런 결론은 갑작스레 병이 나았든지 처방받은 약 덕분이든지 유효하다. 약물 치료에 대한 이해로 이어지는 전 과정을 누가 가장 먼저 감독했는가? 하나님이 제1원인이다.

캐럴이 어떻게 고통에서 벗어났든지, 평범한 그리스도인이 도출할 수 있는 결론은 "하나님이 우리가 캐럴을 위해서 드린 기도에 응답하셨다"다. 이들은 여러 영향을 받아서 이런 결론을 내린다. 첫째, 이들에게는 하나님에 관해 이야기하는 기독교 세계관의 가르침이 있다. 둘째, 성경에서 이들은 하나님이 그분 백성의 기도에 응답하신다고 듣는다. 셋째, 이들은 사람들이 캐럴을 위해 기도했고 캐럴이 나았다는 최신 소식을 들어서 알고 있다. 넷째, 이들은 하나님의 기도 응답과 관련한 일반 원리를 캐럴의 경우에 적용할 수 있다. 다섯째, 이렇게 자신 있게 적용할 수 있는 까닭은 성경에서 보이는 전반적인 원리에 따라 성경의 교훈이 우리 삶의 세세한 부분에도 적용된다고 하기 때문이다(하나님이 부정적으로 응답하실 가능성도 있다).

하나님이 하시는 일에 관한 주관적 느낌

때로 사람들은 사건의 의미에 관해 주관적 느낌을 갖는다. 예를 들어, 어떤 사람이 사건이 전개되기도 전부터 자신의 간구에 하나님이 이미 긍정적으로 응답하셨다는 확신을 가질 수 있다. 반대로, 하나님이 긍정적으로 응답하실지 아니실지 마음을 졸일 사람도 있다. 오류가 없는 느낌은 하나도 없다. 응답을 받은 후에 그런 느낌을 받을 수도 있다. "그래, 하나님이 내 기도에 응답하셨어"라고 속으로 강하게 느낄 수 있다는 말이다. 아니면 그런 느낌이 없을 수도 있다. 자기가 성경에서 이해한 패턴으로 추론해 하나님이 응답하셨다는 결론을 내릴 수도 있다.

두 경우 모두 성경이 맡은 역할이 있다. 사람들이 추론할 때 성령님은 성경을 (친히 영감을 주셨으니) 의도적으로 자유롭게 이용하실 수 있다. 성경을 덜 의식하도록 이용하실 수도 있다. 예를 들어, 누군가가 성경의 진리를 마음 깊이 받아들이면, 명확한 추론 과정을 의식적으로, 수고스럽게 거치지 않아도 그 진리의 영향을 받아 어떤 느낌을 받을 수 있다.¹

우리가 추정할 수 있듯이 나중에 거리를 두고 분석하는 사람보다는 사건 관계자인 사람들이 그런 느낌을 받을 가능성이 더 클 것이다. 그렇지만 나중에 분석하는 사람도 어떤 느낌을 받을 가능성을 배제할 수는 없다. 그와 같은 느낌 때문에, 이미 증거와 성경의 원리에서 나오는 결론이 사실이라는 것이 주관적으로 확인될 수 있다. 혹은 때로 그런 느낌 때문에 사람들이 엇나갈 수도 있다. 사람들이 사건의 의미이기를 **바라지만** 사건 자체와는 긴장 관계에 있는 데서 그런 느낌이 얼마간 생길 수도 있기 때문이다.

---

1   Vern S. Poythress, "Modern Spiritual Gifts as Analogous to Apostolic Gifts: Affirming Extraordinary Works of the Spirit within Cessationist Theology," *The Journal of the Evangelical Theological Society* 39, no. 1 (1996): 71–101, https://frame-poythress.org/에서 '비추론' 과정에 관한 논의에 주목하라.

따라서 여기에서 보면, 직접 관여한 사람(목격자)과 나중에 거리를 두고서 분석하는 사람 사이에는 **원칙상** 추론할 수 있는 기회에서 거의 차이가 없다. 둘 다 추론의 영향을 받을 수도 있고 더 직관적인 느낌의 영향을 받을 수도 있다. 둘 다 하나님의 의향과 목적에 대해 판단을 내리고 싶을 것이다.

시야 차이

아마 교회 기도 체인과 학문적 연구 과제 간의 시야의 차이가 더 중요할 것이다. 학문적 역사 저술은 어느 사람의 감기가 낫는 일이나 암이 낫는 일에 전혀 관심이 없다. 물론 학문적 전기라는 것이 있지만, 전기 작가가 글감으로 삼는 사람은 대체로 어느 정도 역사적으로 유명하거나 중요한 인물이어야 한다. 역사 저술은 대부분 단 한 사람의 생애에 초점을 맞추기보다는 로마제국의 흥망, 백년 전쟁, 제2차 세계 대전처럼 역사의 더 큰 동향에 초점을 맞춘다. 사건들이 너무나 복잡하고 다면적으로 연결되어 있으므로 그 연결 고리를 어느 한 개인의 기도에 대한 응답으로 간추릴 수 없다. 사건에 연루된 사람들은 많은 것을 위해서 기도한다. 예를 들어, 로마제국의 그리스도인은 박해에서 벗어나기를 기도했을 뿐 아니라 인내를 구하는 기도도 했다. 백년 전쟁 당시에 사람들은 승리를 위해서 기도했고, 평화를 위해서 기도했고, 둘 다를 위해서도 기도했다. 이런 기도는 어느 정도 응답을 받았다. 때로는 부정적인 응답을 받기도 했다. 그래도 세부 내용을 그저 하나님이 기도에 응답해 주셨다는 말로만 설명할 수는 없다.

분명 우리는 제2원인에 초점을 맞추는 것이 정당한 영역이 있음을 말하고 싶다. 앞서 언급했듯이 성경의 역사서에는 때로 그런 초점이 나타난다. 그리고 그것은 우리를 복잡한 사건의 망으로 이끈다.

교회 기도 체인은 정당하다. 기도 체인에서 기도 응답에 담긴 하나님의 의향을 추론하는 것은 절대 완벽하지 않더라도 정당하다. 그러나 감사하려면 반드시 완벽해야 하는 것은 아니다! 마찬가지로, 역사 분석과 저술도 넓게 보면 정당하다. 하나님이 역사 전체에서 그분의 영광을 보이시기 때문에 역사학자들이 역사를 탐구함으로써 하나님을 영화롭게 할 수 있으며 이 역사에는 제2원인에서 역사하는 하나님의 지혜도 포함된다.

17

종교적 '중립'에 대한 압박

몇 세기 동안 사람들은 과거에 관해 글을 써 왔다. 이들은 여러 목적으로 글을 써서, 과거의 사건에서 현재에 의미 있는 무언가를 발견하려고 했다. 그러나 계몽주의의 도래와 더불어 서구 세계에 변화가 찾아왔다.

계몽주의

계몽주의는 (대략 18세기 내내) 이성을 인류가 견고한 지식에 이르게 해 유럽을 할퀴던 종교 분쟁을 극복하고 일어서게 하는 핵심 수단으로 간주하고 옹호했다. 이성은 모든 사람이 모든 곳에서 공유하는 것이니 이성 덕분에 우리가 공통 지식도 갖게 될 것이다. 그래서 계몽주의는 역사에 관해 연구하고 글을 쓰는 방법에 대한 개념이 변할 무대를 마련해 주었다. 계몽주의에서는 연구과 저술 모두 세계와 세계 역사를 종교적으로 이해한 결과물**이기보다는** 이성의 산물이어야 했다. 연구나 저술 활동을 제대로 했다면 그 결과물은 종교적으로 중립일 것이다. 어떤 역사학자든지 종교적 편견을 버리거나, 방법론적으로 개인의 종교적 신념을 연구와 분리한다면 언제라도 공동 과제를 함께 수행할 수 있을 것이다.

잠재적인 문제가 벌써 하나 이상 보였을지도 모르겠다. 첫째 문제는 역사를 진정 중립적으로 서술하기가 불가능하다는 것인데, 역사에 관한 사고는 역사에 관한 전반적인 개념에 따라 달라지기 때문이다. 종교적으로 중립인 사람은 아무도 없다. 각 사람은 하나님 편에 있거나 하나님 반대편에 있거나 둘 중 하나다. 제1계명에 맞게 하나님을 가장 우선시하지 않는다면 하나님에게 불순종하는 것이다. 하나님을 거스르는 신념은 역사 연구에 영향을 미친다. 누구든 역사를 연구하는 사람은 사건과 사람들과 의미라는 세 측면에 관한 전제를 틀로 이용한다. 이 개념이 하나님과 그분의 방식을 모두 아우르는 개념으로 형성되어서는 안 된다면, 그것은 어느 정도 **다른** 식으로 결정될 것이고, 그 **다른** 대안은 결국 하나님에 대한 다른 개념이나 하나님을 대체하는 것에 의존할 것이다.

둘째 문제는 계몽주의가 그리는 미래상은 **반작용**의 영향도 받았다는 것이다. 종교적 언쟁과 종교 전쟁 때문에 생겨난 것이 그런 다툼을 어떻게든 넘어서 인간 사회의 평화와 통합에 접어들려는 갈망이다. 그것은 결국 구원 계획을 향한 갈망이었다. 계몽주의 지지자들이 생각하기에 가톨릭주의, 개혁 신학, 루터교, 재세례파, 성공회는 종교적 입장과 관습이 상충하기 때문에 사회 통합과 사회 '구원'에 이를 수 없었다. 그래서 계몽주의는 다른 길을 추구했다. 어떤 면에서 보면 이성이 대체 신이 되어서 대체 '구원'을 제공한 것이다. 그와 같은 반작용에는 그 반작용이 반응한 체제의 기저에 있는 종교 충동이 수반된다. 이 반작용은 구원이라는 개념을 하나님보다는 사람의 이성을 의지하는 것으로 완전히 틀어 버리기는 했지만, 여전히 '구원을 베풀'었다.

셋째 문제는 중립적 역사 집필이라는 목표가 그것이 공언하는 중립성과 서로 긴장 관계에 있다는 것이다. 그런 목표가 있으려면 그 목표를 추구하는 모든 사람 측의 개인적 · 주관적 신념이 수반되어야 한다. 개인의 신념은 사라질 수 없으며, 한쪽으로 치우친 종교적 글쓰기의 역사가 보여 주듯이 개인의 신념이 이것만 있을 수 있는 것도 아니다. **이런** 신념이 왜 문제인가? 신념의 주관적 성격은 그 자체로 완전한 중립이라는 관념과 긴장 관계에 있으며, 있는 그대로 말하자면 완전한 중립에는 개인의 신념이 전혀 없어야 한다.

실패한 프로젝트

우리가 그 후의 역사를 따라가 보면 알 수 있듯이 많은 사람이 중립적 역사라는 계몽주의 프로젝트에 장래성이 있다고 보았지만, 그 프로젝트에서는 결국 통합된 계획을 만들어 내는 데 실패했다. 배제된 부분에 관해 불평하는 사람들이 반발했다.

이를테면 낭만주의자들을 생각해 보자. 낭만주의자들은 서구인들에게 '이성'이 인간에게만 있지는 않고 어쩌면 가장 중요한 것조차도 아닐 것이라고 상기시켰다. 역사를 이해하려는 사람에게 필요한 것은 인간 본성에 관한 내면의 주관적 직관이지 단순히 사심 없는 '과학적' 태도가 아니다. 후에 포스트모더니스트들은 '이성'이 실은 보편 개념이 아니라는 것과, 그것이 사회와 하위문화 집단과 개개인에 따라 다양하다는 것을 보여 주기를 무척이나 좋아했다.

서구의 대학교와 학술지를 보면 여전히 '사실' 또는 증거에 보편 이성을 적용해 지적인 독자라면 모두 같은 식으로 수용할 수 있는 중립적 결과물을 산출하려는 이들이 있다. 이런 이상은 열성 지지자들 때문에 흐트러진다. 마르크스주의자들은 그들이 증거 이해에 이용할 종합적 틀을 동원한다는 것을 숨기지 않는다. 사회정의 제창자들과 비판적 사회학자들은 이해를 향해 가는 건전한 길을 제시하는 도덕적 태도는 중립이 아닌 지지뿐이라고 말한다.

그러면 왜 '중립적' 역사를 집필하는가? 아마 학술지가 중립성을 추구하기에 논문이 실리려면 중립적 집필이 기대되거나 요구되기 때문일 것이다. 대학교에서 가르치거나 연구하는 자리를 유지하는 학문적 평판과 기량이 이런 식의 글쓰기에 좌우된다면, 그렇게 글을 써야 할 동기가 충분하다. 그래도 이런 접근법은 장기적으로 적절하지 않다.

포스트모더니스트들이 말하듯 학술지와 대학교 교무처의 기대는 '사회적으로 구성된 개념'(social constructs)이다. 이런 기대는 사람이 단기적으로 지니고 살아가야 할 사회적 사실이다. 그렇지만 그 기대에는 절대적이고 초월적인 권위가 전혀 없다. 학술지가 제출된 논문을 왜 중립적 기준으로 평가해야 하는가? 대학교 교무처가 교수들을 왜 그런 식으로 평가해야 하는가? 하나님에게 호소하지 않는다면, 인간의 도덕적 평가에는 안정적인 토대가 전혀 없다. '사회적으로 구성된 개념'으로 퇴보할 뿐이다.

기독교적 접근법은?

그리스도인에게는 이웃 사랑이라는 원칙이 있다. 사이 좋게 지내는 것은 좋은 일이다. 그러니 우리에게는 자신의 환경에서 사회적 소통 패턴에 '적응할' 적극적인 동기가 있다. 특히 학계에 몸담은 그리스도인의 질문은 중립 지향적인 학술지와 대학교 교직의 패턴에 어떻게 적응할 수 있겠느냐는 것이다. 그러나 단순히 적응하는 것은 적절치 않음을 우리는 알 수 있다. 기존 체제 내에서 최선을 다하고 도덕적으로 깨끗하며 정직한 직업을 옹호하는 것만으로는 충분치 않다. 인류는 타락했고 사회 체제에는 타락의 영향이 보이며, 거기에는 계몽주의의 거짓된 종교적 소망의 영향력이 드러나는 미묘한 영향도 포함된다. 결국 우리는 개혁에 관해서도 생각해야 한다. 그저 중립주의 학회가 역사에서 하나님의 손길을 해석하는 것이 잘못이라고 말한다고 해서 우리도 그렇게 말할 수는 없다.

사실, 서구 학계는 한 가지 사항에 관해서는 학파 사이에 상당히 일치단결하는 경향이 있다. 즉 정통 기독교와 정통 기독교의 개인적, 학문적 영향을 거부하는 면에서는 일치하는 것이다. 계몽주의 역사 서술을 지지하는 중립주의자들은 종교적 편견이 관여한다는 이유로 기독교 역사 저술에 반대한다. 마르크스주의자들은 하나님이 존재한다는 생각을 오류로 간주하기 때문에 기독교 역사 저술에 반대한다. 더욱이 마르크스주의에 따르면, 하나님이 있다는 주장은 사람들이 불의에 맞서 일어설 동기를 약화하는 아편과 같다. 사회정의 제창자들은 기독교 역사 저술이 압제당하는 이들을 기탄없이 무조건 편들지 않는다는 이유로 기독교 역사 저술에 반대한다. 포스트모더니스트들이 기독교 역사 저술에 반대하는 이유는, 포스트모더니즘의 관점에 따르면 인간에게는 사회적으로, 인식적으로, 언어적으로 한계가 있어서 사실상 아무도 하나님에 관해 알 수 없는데 기독교 역사 저술은 안다고 교조적으로 주장하기 때문이다.

요약하자면 다들 한목소리로 기독교의 접근법에 반대한다. 다들 여호와의 기름 부음받은 이의 결박을 벗어버린다(시 2:3).

이런 부정적 기류는 건전하지 않다. 그러므로 우리는 시류를 따르면서 현대 엘리트의 기준을 비판 없이 받아들이기보다는 무엇이 좋은 역사 연구이고 저술인지 질문해야 한다.

기독교 역사 지지자들이 우리가 소위 '중립적' 역사 저술의 규칙을 더 잘 적용하기를 바랄 때조차도 우리는 비판적 도구를 가지고 와야 한다.

제2원인에 집중할 때의 이점

그렇다고 그리스도인이 현재의 분위기를 간단히 거부하는 것으로 반응하며 반대쪽 극단으로 가야 한다는 것은 아니다. 예를 들어 하나님이 제2원인이라는 역사 분석 수단을 섭리적으로 친히 제공하셨는데도, 어느 그리스도인은 그 수단을 사용하지 않는 채 하나님의 목적을 찾는 데만 골몰할 수 있다. 극단적으로 반대하다 보면 결국 현재의 풍조에 저항하지 않는 사람들만큼이나 현재의 풍조에 영향을 받을 수 있다.

그러면 제2원인에 집중하는 경우의 이점을 생각해 보자.

첫째, 앞에서 보았다시피(12장), 성경 자체도 역사적 서사에서는 제2원인에 초점을 맞추는 경우가 많다.

둘째, 우리는 하나님이 모든 사건의 **제1원인**이심을 안다. 사울왕의 몰락이나 중국 명 왕조의 멸망이나 나폴레옹의 몰락을 하나님이 일으키셨다는 말에서 대단한 깨달음을 얻지 못하는 이유는 어떤 사건에 대해서든 그것이 진실이기 때문이다.

셋째, 하나님이 어떤 일을 하신 **이유**를 우리가 말하려고 한다면 인간 지식의 한계를 넘어서기 쉽다. 또 우리는 성공에는 도덕적으로 긍정적인 가치를 부여하고 실패와 재앙에는 도덕적으로 부정적인 가치를 부여하는 잘못을 너무나 쉽게 저지를 수 있다. 욥의 친구들처럼, 누가복음 13장 2절에서 갈릴리 사람들을 더 악한 죄인이라고 생각한 사람들처럼, 앞을 못 보는 사람이 그렇게 태어나게 된 특정한 죄를 찾으려고 한 제자들처럼(요 9:2-3) 우리도 잘못 생각할 수 있다.

넷째, 우리는 그리스도인의 자유라는 원칙을 진지하게 받아들여야 한다. 그리스도인인 우리는 성경에서 밝히는 하나님의 도덕법에 묶여 있지, 성경 외부의 원칙에 묶여 있지 않다. 성경은 우리에게 무슨 일에서든지 다 하나님에게 영광을 돌리라고 한다(고전 10:31). 그러나 우리가 과거에 대해 이야기할 때 하나님에게 영광을 돌릴 수 있는 좁은 길 딱 하나만 규정하지는 않는다. 우리는 하나님의 손길을 명쾌하게 언급할 자유가 있지만, 명쾌하게 말하지 않을 자유도 있다. 앞서 우리는 인간 본성의 다양성을 논했다. 또 역사가 다채롭고도 복잡하게 발전했기 때문에 우리가 같은 사건을 놓고도 많은 사람의 관점으로 풍성해질 수 있다는 사실도 논했다. 우리는 진리가 각 관찰자에 따라 상대적일 뿐이라는 주장의 가치는 긍정하지 않지만, 다양한 관점의 가치는 긍정한다.

그런데 이 넷째 원칙에는 사실 정반대되는 면이 있다. 학문적 역사학자들은 저작물이 부적격하거나 사실상 무책임하다는 이유뿐 아니라 전반적으로 '중립주의'의 틀을 따르지 않는다는 이유로 성경 외부의 기준을 강요하며 저작물을 억압하려는 유혹을 받는다. 이것 역시 자유와 진리를 부당하게 축소하는 것이다. 어디든 일정한 형태의 정치적, 사회적 주장이 역사를 서술하는 방식의 한 가지 기준이 된다면 이와 비슷한 면을 관찰할 수 있다.

다섯째, 서구 엘리트 문화의 분위기를 감안할 때, 누군가가 비겁해서 제2원인에 대해서만 글을 쓰기로 작정하는 것은 아니다. 폭넓은 독자층을 대상으로 글을 쓰고 싶다고 양심적으로 결정할 수도 있다. 그 넓은 독자층 중 일부는 하나님이 제1원인으로 개입하신다는 논의가 나오면 화가 나거나 의혹이 생길 수도 있다. 어떤 읽을거리에서 종교적, 도덕적 평가가 드러나지 않는다면 거기에는 세속주의자가 편안하게 여길 만한 면이 있다. 그런 읽을거리라면 종교적, 도덕적 신념이 각기 다른 사람들이라도 삼천포로 빠지지 않고 읽을 수 있다. 반면에 신념을 은폐하면 중립성에 대한 거짓된 감각이 생길 수 있다. 선택하지 않기는 불가능하다. 또한 역사의 의미는 물론, 역사에 담긴 인간의 의미를 어느 정도 폭넓게 인식하지 않는다면 의미 있는 기고문을 쓸 수가 없다.

18

요한계시록에 나오는 원칙 적용하기

역사적 사건의 의미를 논할 때는 요한계시록의 가치를 고려해야 한다. 이 책은 예언서이므로(계 1:1-3; 22:7, 18) 성경이 예언을 통해 후속 사건을 이해하고 평가하는 양식에 맞다. 우선 예언의 활용을 살펴보자.

예언 이용의 원칙

성경 역사를 서술한 저자들이 언급한 내용은 하나님의 특별한 지시로 선별하고 평가한 것이다. 현대 역사학자들이 할 수 있는 주장은, 우리는 영감받지 않으니 성경 저자들처럼 못 한다는 것이다. 그러나 그렇게 간단하지 않다. 이미 (12장에서) 살펴보았듯이 하나님은 인간 저자에게 성경을 기록하면서 이전에 영감받은 예언 발언을 이용해 최근의 사건을 평가하라고 하셨다. 역사서 저자는 사건을 평가하고 그 사건에 담긴 하나님의 뜻을 파악하려 할 때 이전 발언의 영감에 주로 호소하며, 공공연히 자신의 영감에 호소하지 않는다. 더 후대에 기록된 구약의 책들이 신명기를 통해 이스라엘 왕정에서 일어난 사건과 바빌론 유배를 이해하려 한 데서 그 사례를 볼 수 있다. 신명기는 이스라엘 백성의 행동을 평가하는 원칙만 제공하지 않는다. 특히 29-30장을 보면 장차 일어날 유배와 회복을 예견하는 예언 자료도 제시한다.

요약하자면, 성경의 책들은 사건을 이해할 때 그 사건과 관련한 예언을 이용한다. 그런데 앞으로 일어날 중요한 예언적 사건은 그리스도의 재림이라고 볼 수 있다. 우리에게는 그 사건 외에 정경 완성 이후 역사와 관련한 예언이 있는가? 요한계시록에 그런 예언이 있다.

요한계시록의 관련성

요한계시록의 의미에 대해서는 논란이 있다.[1] 교회 역사를 보면 네

---

1 G. K. Beale, *The Book of Revelation: A Commentary on the Greek Text* (Grand Rapids, MI: Eerdmans; Carlisle, UK: Paternoster, 1999). Beale의 책은 Vern S. Poythress, *The Returning King: A Guide to Revelation* (Phillipsburg, NJ: P&R, 2000)에 나오는 내 접근 방식과 비슷한 접근 방식을 제기한다. 도입부에서 Beale은 구약 해석 역사에 대한 통찰을 제시하고 주류 해석 학파 네 개를 소개한다(Beale, Revelation, 44-49). 그보다 먼저 이 네 학파를 더 광범위하게 설명한 내용은 Isbon T. Beckwith, *The Apocalypse of John: Studies in Introduction with a Critical and Exegetical Commentary* (repr., several editions; Grand Rapids, MI: Baker, 1979), 318-336에 나온다.

가지 주요한 접근 방식이 있다. **과거주의**(preterist) 관점에서는 요한계시록을 로마제국 시대에 관한 예언으로 본다. **역사주의**(historicist) 관점에서는 요한계시록이 1세기에서 재림까지의 교회 역사를 개략적으로 담고 있다고 본다. **미래주의**(futurist) 관점에서는 요한계시록이 재림 직전에, 재림을 앞두고 있는 마지막 환난 때 일어날 사건을 기술한다고 본다. **이상주의**(idealist) 관점에서는 요한계시록이 초림과 재림 사이의 전체 시대뿐 아니라 심지어 아담의 타락 이후의 구속사 전체에서 일어나는 일반적인 갈등 양상을 밝힌다고 본다.

역사주의 관점과 이상주의 관점 모두 1세기 이후 역사를 해석하는 방법과 요한계시록이 직접적으로 관련이 있다고 주장한다. 그렇지만 그런 주장을 사뭇 다른 방식으로 전개한다. 역사주의 관점의 전통적인 형태에서는 요한계시록에 나오는 특정 환상들과 교회사의 특정 사건들을 하나하나 거의 연대순으로 관련시킨다. 이런 방식이 한때는 인기가 있었지만 21세기에 들어서는 인기가 시들해졌고 그렇게 되는 것이 옳다. 이상주의 관점은 환상을 하나님과 사탄 사이의 전반적인 갈등 원리를 상징적으로 표현한 것으로 해석한다. 그래서 각각의 환상은 역사상 다양한 상황에 적용된다. 이에 따르면 우리는 환상에서 요한계시록이 기록된 이후 역사에서 전개된 많은 사건의 의미에 대한 통찰을 얻을 수 있다.

과거주의와 미래주의 접근법에서는 요한계시록을 광범위한 역사에 직접적으로 적용하는 것으로 귀결되지 않는다. 오히려 이 두 접근법은 요한계시록이 훨씬 더 짧은 시대와 관련 있다고 여긴다. 요한계시록이 로마 제국(과거주의의 경우)이나 마지막 환난(미래주의의 경우)과 관계가 있다는 것이다. 원론적으로 말하자면, 이 두 접근법이 요한계시록의 예언이 해당된다고 생각하는 어느 한 시기의 역사를 고려할 경우에는 그 예언을 사용할 수 있지만, 다른 시기에는 사용할 수 없다.

그러나 더 최근의 과거주의와 미래주의 해석자들은 요한계시록의 상징 표현이 로마제국이나 마지막 환난의 단 한 가지 징후가 아니라 더 광범위한 원칙을 의미할 수 있음을 인정한다. 더 광범위한 원칙을 이렇게 인식하면 이상주의 접근법과 연결되는데 이상주의 접근법은 가장 이론적인 형태에서는 전적으로 원칙 면에서 생각한다. 무슨 원칙을 말하는가? 역사에서 하나님이 어떻게 통치하시고 심판하시는지에 대한 원칙이다. 혹은 요한계시록에 나오는 영적 전쟁이라는 주제에 집중한다면 이 책이 사탄의 타락에서 최후의 패배에 이르기까지 이어지는, 역사를 통틀어[2] 분명하게 보이는 영적 전쟁의 원칙을 드러낸다고 말할 수 있다(계 20:10). 하나님이 역사를 다스리시며 그리스도 안에서 역사가 정점에 이르게 하실 것이다. 더욱이 사탄은 언제나 권세(짐승)와 미혹(음녀)을 이용해 하나님과 하나님 백성을 패배시키려고 한다. 이런 갈등 또는 영적 전쟁이 아담의 타락에서 역사의 정점에 이르는 역사의 전 과정에서 줄곧 전개된다.

그러므로 요한계시록의 주된 초점이 어느 한 시기(예를 들어 로마제국)에

---

[2] Poythress, *The Returning King*, 27–37. 이 접근법은 이상주의 접근법과 입장이 가까운 Beale, *Revelation*, 44–49과 같은 다른 해석자들과 밀접한 관련이 있다. Vern S. Poythress, "Counterfeiting in the Book of Revelation as a Perspective on Non-Christian Culture," *Journal of the Evangelical Theological Society* 40, no. 3 (1997): 411–418, https://frame-poythress.org/도 보라.

있을 수 있지만, 그래도 요한계시록은 영적 충돌 기간 처음부터 끝까지의 역사를 해석할 자료를 제공한다. 우리는 그 자료를 이용해야 한다. 역사에 대한 우리의 해석에 오류가 있을 수 있어도 요한계시록에는 절대 오류가 없다. 요한계시록은 역사 해석의 지침이다.

그러나 요한계시록을 단독으로 취급하든지 성경의 나머지 책들과 함께 취급하든지 우리의 이해가 불완전하다는 것을 인정해야 한다. "감추어진 일은 우리 하나님 여호와께 속하였거니와 나타난 일은 영원히 우리와 우리 자손에게 속하였나니 이는 우리에게 이 율법의 모든 말씀을 행하게 하심이니라"(신 29:29). 요한계시록은 감추기보다는 드러낸다. 하지만 모든 것을 드러내지는 않는다. 모든 것을 포괄적으로 해석하거나 하나님에 대한 지식을 무한정으로 제공하지 않는다. 놀랍게도, 인간 저자인 요한조차도 어느 순간에는 자기가 들은 내용을 "인봉하라"고 명령받는다.

> 내가 기록하려고 하다가 곧 들으니 하늘에서 소리가 나서 말하기를 일곱 우레가 말한 것을 인봉하고 기록하지 말라 하더라(계 10:4)

우리는 일곱 우레가 말한 내용이 무엇인지 전혀 듣지 못한다.

요한계시록이 역사에 관해 어떤 관점에 이르게 하는지를 인식하는 것도 적절하다. 요한계시록은 요한일서와 어느 정도 비슷하게 빛과 어두움, 사랑과 미움, 생명과 죽음, 하나님과 사탄처럼 대조적인 것을 다룬다. 흑백으로 명확하게 묘사하는 기법 덕분에 영적 전쟁 양 당

사자 간의 종교적이고 원칙적인 뚜렷한 대조에 눈길이 쏠린다. 하나님을 섬기는 사람들이 있고 사탄과 짐승을 섬기는 사람들이 있다. 이쪽 아니면 저쪽인 것이다. 이 양극성이 아담의 타락 이후로 역사에서 시종일관 이어졌다. 그런데 이렇게 명확하게 대조되는 원칙들이 역사적 사건의 흐름에서 복잡하게 얽힌다. 그리스도인은 하나님께 속하므로 '성도'이며 그리스도의 의에 싸인 채로, 그리스도를 본받음으로써 의롭게 살아간다. 그러나 완벽하지는 않다. 비그리스도인은 하나님을 배반해 사탄의 나라 소속이지만(요일 5:19), 그래도 일반 은혜를 받기에 그 은혜 덕분에 지극히 악해지지 못한다.

이것은 무슨 의미인가? 우리는 요한계시록을 활용해서 이 세대에 영적 전쟁이 가득하다는 것을 알아차리는 데 도움을 받아야 한다. 동시에 역사를 성찰할 때 우리가 그 복잡성을 점차 더 잘 인식할 수 있음을 이해하면서 요한계시록을 활용해야 한다. 말하자면 영적 전쟁의 원칙은 선이나 악을 완벽하게 보여 주지 못하는 인간의 행동을 통과해 굴절되어서, 우리에게는 복잡하고 혼란스럽고 종종 이해할 수 없게 뒤죽박죽으로 보이는 것이다.

예레미야도 이렇게 말한다.

> 만물보다 거짓되고
> 　심히 부패한 것은 마음이라
> 　누가 능히 이를 알리요(렘 17:9)

하나님만 마음의 동기를 완벽하게 아신다. 누가 그리스도의 의로우심 덕분에 의로운지, 누가 그리스도 밖에 있는지도 하나님만 아신다.

PART 4

역사 저술은 어떤 모습인가?

특정 시기에 관한 글쓰기의 과제

19

로마제국의 기독교

역사의 특정 부분을 다룰 때 기독교에서 접근하는 방법은 어떤 모습을 띠는가?

예를 들어 로마제국에서 기독교의 발전을 기독교의 접근법을 이용해서 살펴본다면 어떻게 보일지 질문할 수 있겠다. 늘 그렇듯이 역사는 복잡다단하다. 세부 내용 면에서 보면 많은 사람과 사건이 고대 기록에서 주목을 받지 못했고 복원도 불가능하다. 그러나 우리가 복원할 수 있는 정보도 너무 방대해서 통달할 수가 없다. 역사 연구를 하면서 글을 쓰려면 불가피하게 한 가지 초점, 한 가지 관점, 한 가지 목적을 선택해야 한다.

편들기

우리가 어느 한쪽을 지지할 수 있는가? 어떤 사람이 무엇에 대해서든 도덕적 기준이 전혀 없다면 인간의 본성을 이해할 수 없으므로 그는 역사를 저술할 만한 사람이 아니다. 그러므로 누구든 방식은 다를지라도 어느 정도는 **정말로** 다들 한쪽을 편든다. 그렇다고 이 말이 누구나 고도로 도덕적인 설명, 즉 사건마다 도덕적으로 평가하는 설명을 줄곧 쓰고 있다거나 써야 한다는 뜻은 아니다.

기독교 역사학자라면 그리스도인이 로마제국에서 겪은 박해에 관해서는 그리스도인 편에 서야 한다. 성경의 기준에 의하면 박해는 도덕적으로나 종교적으로나 다 잘못된 것이었다. 그리스도인이 옳았다.

이런 평가를 요한계시록이 확정해 주는데, 요한계시록에서는 그리스도인의 박해를 예견한다. 요한계시록은 그리스도인이 옳고 그들이 받는 박해가 잘못되었다는 것을 보여 준다. 또 박해가 한창인 중에도 기독교의 증인이 이긴다는 것도 보여 준다. 그러므로 우리는 로마제국의 박해를 이렇게 해석할 때 성경의 가르침에 따르는 것이다.

반대로 로마나 그리스의 신들을 믿은 이교도 역사학자라면 그리스도인이 잘못했다고 말할 것이다. 그런 잘못을 다루는 데 박해가 도덕적으로나 실제적으로 적합한 수단이었는지에 대해서는 이교도들 사이에도 서로 의견이 다를 수 있다.

영웅을 다루는 방법

기독교 역사학자가 '성인 열전(hagiology) 작가'가 될 수 있으며, 그런 작가라면 기독교의 영웅들에 대해 평판을 떨어뜨리는 글을 쓸 엄두를 전혀 내지 않을 수도 있다. 그러나 성경은 그런 길로 가지 않는다. 우리에게 "사랑 안에서 참된 것"을 말하라고 가르친다(엡 4:15). 그 참된 것에는 기독교의 영웅들이 완전하지 않다는 사실도 포함된다. 성경에서 노아, 아브라함, 이삭, 야곱의 이야기는 이들 먼 옛날 '영웅들'의 도덕적 완벽함이 아니라 흠을 보여 준다. 그럼에도 성경은 후대의 신자들에게 선대의 신자들을 본받으라고 한다. 히브리서 11장의 목록에는 선대 신자들의 경건한 사례가 나온다. 영웅들에 대한 이런 인물 묘사는 나오는 자리가 정해져 있다. 그러나 히브리서 11장은 그 목록에 나오는 사람들에 대해 우리가 아는 그 밖의 사항을 짐짓 지워 버리거나 부정하는 척하지 않는다.

성경에서 일률적으로 명시하는 것은 그리스도를 제외한 모든 사람이 죄를 지었으며 우리가 이 세상을 살아가면서 최고로 선한 일을 하더라도 완벽에 이르지 못한다는 것이다(롬 3:23; 히 4:15; 약 3:2). 또 성경은 우리에게 하나님의 은혜를 언급하고 그 은혜를 찬양한다. 우리가 십자가에서 회개한 죄수에 초점을 맞추는 이유는 그가 모범적인 사람이기 때문이 아니라 은혜를 받은 사람이기 때문이다. 따라서 기독교 역사학자에게는 연구 대상인 사람들에 관한 현실을 직시할 결정적인 동기가 있다. 기독교의 신념은 성경에 나오는 하나님의 명령을 따르므로 그 신념 덕분에 우리가 적절히 정보를 제공하는 역사 저술을 내놓을 역량이 튼튼해진다.

무신론적 역사 연구

로마제국에 기독교에 대해 '편파적'이지 않은 역사학자가 있는 것을 상상할 수 있는가? 우리는 진정한 중립성은 불가능하다는 원칙을 다시 예를 들어 밝힐 수 있다. 무신론자는 자기가 중간쯤에 있다고 생각할 수도 있다. 기독교의 신도 안 믿고 그리스나 로마와 같은 이교도의 신들도 안 믿는다는 것이다. 어떤 면에서는 그렇기 때문에 무신론자는 초기 그리스도인과 이교도들 양측에 편파적으로 **맞서는** 사람이 된다. 무신론자는 그들 나름의 평가에 따르면 양측 다 종교 때문에 생긴 일종의 광신을 보여 주기 때문에 '너나없이 나쁘다'고 느낀다. 그에 반해 자기에게는 광신적인 면이 전혀 없다고 생각한다. 무신론자는 종교에 신경 쓰지 않는다. 혹은 무신론자는 종교와 **맞서는** 면에서, 즉 종교를 반대하고 혐오하는 면에서 광신적인가?

그렇다면 무신론자는 로마가 그리스도인을 박해한 일을 어떻게 생각할까? 일반적으로 현대 서구의 무신론자들은 사람의 생명과 양심의 자유를 귀하게 여기는 서구의 (더불어 기독교의) 원칙의 영향을 받는다. 그런 무신론자에게 박해는 하나같이 도덕적으로 가증스러운 짓이다. 그래서 박해를 '편파적으로' 반대한다. 그러나 더 극단적인 무신론자들이 있으니, 특히 진화론과 유물론 철학의 영향을 받은 사람들은 대체로 불의에 대한 분노를 잃어버렸다. 불의에 대한 그런 의분은 (진화론에 따르면) 무작위 진화의 산물 중 하나이거나 (유물론에 따르면) 원자의 무작위한 활동에 불과하다. 사실상 아무것도 중요하지 않은데, 우리는 결국 모두 죽을 것이기 때문이다. 그리고 죽음 자체는 원자의 무작위한 활동의 한 가지 사례에 불과하다. 굳이 왜 분노하는가? 굳이 왜 귀찮게 역사를 연구하거나 글을 쓰는가?

그러니 로마의 박해를 '중립적'으로 고찰하기는 쉽지 않다. 대관절 어떻게 하면 '중립적'이면서 동시에 도덕적 원칙에 신경을 쓰거나 인간에게 신경을 쓸 수 있는가?

자신의 도덕적 견해를 비밀로 하기

그리스도인 역사학자는 기독교 박해에 대해 본질적으로 편파적이다. 그렇지만 자신의 편파성을 전면에 내세우지 않기로 결정할 수도 있다. 이를테면 폭넓은 세속 독자층을 염두에 두고 있다고 하자. 그러면 도덕적 평가를 명시하지 않고, 주로 사실에 기반을 둔 서술을 이어 가기로 결정할 수 있다. 앞에서 살펴보았듯이 그리스도인에게는 자유의 원칙이 있어서 여러 방법으로 역사 서술에 착수할 수 있다.

그러나 그리스도인과 비그리스도인을 모두 아우르는 넓은 독자층을 대상으로 글을 쓸 때도 도덕적 평가를 말하지 않는 것이 유일하게 가능한 해결책은 아니다. 그런 추론의 일면에는 아마 "누구나 다 내 평가에 동의하지는 않을 테고, 독자들이 내 작품 전체를 편파적인 사람의 결과물로 치부할까 봐 두려우니 그같이 양분화하는 평가를 내리고 싶지 않다"는 생각이 있을 것이다. 이것은 중요하게 고려할 사항이다. 그러나 그리스도인 작가가 독자의 기분을 상하게 하는 것을 두려워해 독자가 알아야 하는 것을 말하지 않음으로써 결국은 거룩하지 않은 양보를 하게 되는 것은 아닌지도 중요하게 고려해 보아야 한다.

교리 해석

로마제국에서 자행된 박해가 아니라 교리의 발전에 초점을 맞추는 경우에는 비슷비슷한 논평이 나올 수 있다. 우리는 삼위일체와 그리스도의 위격에 관한 교리의 발전, 논박, 교리의 체계적 정리를 확인할 수 있다. 그런 작업을 어떻게 이루어지는가?

우리는 중립적인 척하는가? 아니면 우리가 기독교 신자라면, 실제 상황을 인정하는가? 그리스도인으로서 우리는 교리에 대해 어떤 사람은 옳았고 어떤 사람은 틀렸음을 알게 되었다. 예를 들어 아타나시우스가 옳았고 아리우스가 틀렸다.

이 경우에 성인 열전과 영웅에 대한 묘사와 관련해서도 동일한 문제가 우리 앞에 닥친다. 아나타시우스는 옳았다. 그렇다고 해서 아타나시우스의 삶이나 대화에 완벽과는 거리가 먼 부분이 있었을 가능성은 아예 염두에 두려고도 하지 말아야 한다는 의미인가? 아타나시우스의 견해는 발전했는가?

성경은 하나님의 말씀이므로 성경의 가르침에는 일관성이 있다. 이 말은 참된 교리와 거짓 교리라는 것이 있다는 뜻이다. 삼위일체 교리처럼 성경의 가르침에서 올바르게 추론된 것이 있다. 따라서 우리는 교리에 대해 '중립적'일 수 없다. 그 문제에 관해서라면 고대(아리우스)든 후대(소시니안주의자, 유니테리언주의자)든 반(反)삼위일체주의자 역시 중립적일 수 없다.

자유주의 기독교[1]는 중립적이라는 주장을 더 그럴듯하게 펼칠 수 있을지도 모르겠다. 자유주의자들의 생각에 따르면 기독교의 핵심은 교리에 있지 않고 삶과 종교 감정에 있기 때문이다. 그러니 교리가 미덥지 않다. 그러나 기독교에 대한 이런 개념은 그 자체로 하나의 특정 개념이다. 종교상 교리와 진리에 관한 확고하고 확신에 찬 주장을 일체 반대한다는 점에서 편파적이다. 자유주의 그리스도인이라면 교회에서 초기 몇 세기 동안 일어난 삼위일체 교리의 발전 이야기를 다르게 기록할 것이다. 그러나 그 이야기가 진정 '중립적'이지는 않을 것이다. 오히려 당시의 갈등은 기독교의 본질을 오해해서 일어난 것이니 무익한 갈등이었다고 믿는 사람의 관점에서 기록된 이야기일 것이다. 그러나 이런 태도는 심각하게 잘못되었다. 그리스도의 진리 안에 있지 않다면 그리스도를 반대하는 것이다.

---

1 J. Gresham Machen, *Christianity and Liberalism* (repr., Grand Rapids MI: Eerd mans, 2009)에 나오는 분석을 보라.

하나님의 손길 해석하기

역사학자가 로마제국에서 하나님이 기독교에 행하신 손길에 관해 말해도 되는가? 물론이다. 이 질문은 일반 원칙의 수준에서 이미 다뤘다. 우리는 하나님이 모든 일을 다스리신다는 것을 안다(엡 1:11). 죄 있는 인간이 죄를 저지르는 행동까지도 이렇게 다스리신다(행 2:23; 4:25-28). 하나님은 그리스도인이 박해 중에 견디게 해 주셨다. 순교한 이들에게는 하늘에서 상을 주신다(계 6:9; 20:4). 마침내 박해에서 구출해 주셨고 기독교가 콘스탄티누스 이후로 서구에서 승리하게 하셨다.

하나님이 성경, 특히 요한계시록에 그분의 도덕적 판단을 나타내시므로 우리는 이런 박해의 역사를 그분이 도덕적으로 어떻게 판단하실지 안다. 늘 그렇듯이 이 말은 결론을 단순하게 내려야 한다는 뜻이 아니다. 콘스탄티누스의 결단은 그리스도인을 부당한 박해에서 구출하는 데는 유용했다. 그러나 콘스탄티누스 시대의 기독교 공인은 단순히 박해에서 구출받은 것을 넘어선다. 거기에는 황제의 총애도 포함되었기 때문이다. 국가 권력과 종교의 결합을 평가할 때는 세속 정부의 한계에 관한 성경적 기준이라는 면에서 해야 한다.[2] 항상 그랬듯이 어떤 사건이 그리스도인에게 이로웠다는 것이 사실이라고 해서 그 사건을 하나님이 전적으로 찬성하셨다는 뜻은 아니다.

---

[2] Vern S. Poythress, *The Shadow of Christ in the Law of Moses* (repr., Phillipsburg, NJ: P&R, 1995), Part II도 보라.

20

종교개혁과 그 이후를 해석하기

역사의 또 다른 시기인 개신교 종교개혁을 고찰해 보자. 16세기 유럽에서는 많은 일이 진행되고 있었지만, 그런 이야기의 한 가닥은 개신교 교리의 발전, 로마 가톨릭 교회의 반응, 개신교와 로마의 분열과 결부해 일어난 종교적 사회적 변화와 관련이 있다. 종교개혁의 역사를 연구하고 글을 쓰려면 어떻게 해야 하는가?

원칙

역사에 대한 접근법을 전반적으로 지배하는 원칙은 이미 앞에서 제시했다. 종교개혁은 또 하나의 사례. 이 사례는 로마제국의 기독교를 살펴보면서 관찰한 내용과 유사하다. 종교개혁에서는 우리가 과연 어느 한쪽을 편들어야 하는지, 역사에 나타난 하나님의 손길을 우리가 과연 주저 없이 이야기하는지에 대한 의문이 일어난다.

로마제국의 기독교를 살펴볼 때는 그리스도인이 옳은 쪽에 있다고 생각하는지 아니면 잘못된 쪽에 있다고 생각하는지가 문제가 된다. 종교개혁도 비슷하다. 종교개혁은 좀 더 어려운데, 교리와 교회와 사회의 갈등이 대개는 같은 기독교 신자이지만 서로 의견이 다른 사람들 사이에서 일어났기 때문이다. 우리는 가톨릭 편인가, 개신교 편인가? 아니면 어느 쪽도 아닌가? 로마제국과 마찬가지로, 하나님은 존재하지 않으므로 양쪽 다 틀렸다고 말할 무신론자들이 있다. 무신론자들은 교리상 갈등이 잘못된 것이므로 한쪽에서 다른 쪽으로의 권력 이동이 잘못되었다고도 말할 것이다. 게다가 교리보다는 감정을 옹호하는 자유주의 그리스도인도 있는데, 이들 역시 갈등은 모조리 잘못된 것으로 간주할 것이다.

교리의 중요성

내 평가는 내가 성경과 종교를 어느 정도로 이해하는지에 달려 있다. 나는 개인적으로 개혁파 개신교인이다. 내가 생각하기로는 개신교 신자들(마틴 루터와 울리히 츠빙글리와 같은 주요 종교개혁자과 이들의 추종자들)이 대체로 교리적으로 옳았으며, 이들과 의견이 엇갈리는 부분에 대해서는 가톨릭 신자들이 틀렸다. 종교의 자유를 지지하는 사람으로서 나는 많은 경우에 개신교와 가톨릭 양측이 모두 종교의 자유라는 원칙과 해당 영역에서 국가 권력의 한도를 제대로 분별하지 않았다고 말하겠다.

모든 사람이 내 말에 동의하지는 않을 것이다. 이 쟁점은 로마제국의 상황보다 더 어렵다. 이는 로마제국에서처럼 단순히 성경의 하나님이 존재하는지 여부를 놓고 벌이는 논쟁이 아니다. 삼위일체에 관한 논쟁도 아니다(16세기에도 반삼위일체주의자들이 존재했지만, 주요 종교개혁자들은 삼위일체 교리에 관해서는 가톨릭과 기본적으로 의견이 일치했다). 이는 성경의 해석에 관한 논쟁인데, 이 논쟁의 주요 양 당사자는 성경을 하나님의 말씀으로 인정했다. 그리고 이 논쟁은 구원의 방편에 관한 것이었다. 그래서 더 어려운 논쟁이지만, 그래도 옳은 답이 있고 옳지 않은 답이 있다. 하나님은 진리의 하나님이시므로 진리에 관심이 있으시다. 올바른 답을 지지하시고 그 답을 성경에서 제시하신다.

다시 말하지만, 이는 역사학자가 순수하게 중립적일 수는 없다는 뜻이다. 역사학자가 교리에 관심이 있다면 어느 한편을 손들기 마련이다. 교리에 관심이 없다면 교리에 관한 명백한 답이 있다는 생각을 반대함으로써 어느 한편을 손드는 것이다. 교리에 관한 명백한 답변은 인간의 영혼을 마귀, 사망, 죄에서 구원하기 위한 영적 전투에서 중요하다.

이 경우는 로마제국의 그리스도인 박해보다 더 어렵다. 그러나 그렇기 때문에 원칙적으로는 다르지 않다. 기독교 역사학자에게는 중립적인 척하든지 자기가 편파적임을 인정하든지, 편파적 평가를 삼가든지 그런 평가를 배제하지 않든지, 하나님의 손길에 대해 말하든지 그 손길은 말하지 않으면서 오로지 제2원인에만 몰두하든지와 같은 선택지가 주어진다. 이는 똑같은 이점과 부담을 수반한다.

하나님이 그 상황에 대해 어떻게 생각하시는지 우리가 알 수 없다고 주장하는 것은 그리스도인에게는 적절하지 않다. 하나님이 성경에 교리적, 도덕적 기준을 제시하시므로 우리는 하나님의 생각을 상당히 많이 알 수 있다. 우리가 해야 하는 일은 그 기준을 사용해 역사적 인물과 운동을 평가하는 것이다. 짐짓 모르는 척하는 것은 가식이다. 성경이 제시하는 답을 외면한다면 우리는 죄를 짓는 것이다.

그 상황을 자유주의 신학자들은 달리 평가할 것이다. 그들은 진정한 불확실성이 존재한다고 생각하는데, 그 이유는 그들이 교리를 전반적으로 경시하기 때문이다. 삼위일체를 둘러싸고서 일어난 갈등과 마찬가지로 종교개혁을 둘러싸고서 일어난 갈등도 교리가 아니라 감정의 종교인 자유주의 기독교의 개념으로 재평가받아야 한다는 것이다. 자유주의 신학자에게는 평가를 전혀 하지 않는 일은 일어나지 **않는다**.

종교적으로나 도덕적으로 무신경하지 않다면 누구나 다 평가를 내린다. 그처럼 무신경하면 깊숙이 발을 들여놓지 못한다. 그러한 무신경은 완악한 마음에서 생긴다. 그러니 진정한 중립성은 존재하지 않는다.

도르트 총회

동일한 원칙을 도르트 총회(1618-1619년)와 같은 다른 사례에도 적용할 수 있다. 네덜란드에서 열린 이 중요한 교회 회의는 교리 논쟁을 더 미세하게 조정했다는 점에서 종교개혁보다 더 어려운 사례에 해당한다. 그래도 논리는 동일하다. 성경 자체에 도르트 신조에서 분명하게 표현한 교리가 담겨 있다면 정경과 정경 지지자들은 옳았고 반대자들이 틀렸으며, 거꾸로 성경 자체에 그 교리가 담겨 있지 않다면 정경과 정경 지지자들이 틀렸고 반대자들이 옳았다. 역사학자가 교리 안에서 진리를 찾고 있다면 결국 어느 한편을 들기 마련이다. 그리고 그 과정에서 그는 하나님의 손길을 본다.

물론, 사람들이 성경 자체는 분명한 입장을 취하지 않는다고 말할 수 있는 부분이 있다. 예를 들어 헤르만 바빙크는 타락 전 선택설(supralapsarianism)과 타락 후 선택설(infralapsarianism)을 논한다.[1] 바빙크는 자기 입장을 어느 한쪽으로 분명히 정하지는 않는다. 양측 모두 장단점이 있다고 본다. 바빙크처럼 교리를 중요하게 여기고 진리가 중요하다고 생각하는 사람에게조차도 이것은 언제나 있음 직한 일이다. 또 성경에 일정한 입장이 있다고 생각할 수도 있지만, 그 입장이 시간을 많이 들여 논쟁해야 할 정도로 구원에서 핵심적으로 중요하지는 않다고 생각할 수도 있다.

---

1 Herman Bavinck, Reformed Dogmatics: Volume 2: God and Creation (Grand Rapids, MI: Baker, 2004), 388-392. 『개혁교의학2』(부흥과개혁사, 2011).

21

다른 문명의 역사

복음이 아직 전파되지 않은 지역에서 일어난 역사적 사건은 어떻게 해석해야 하는가? 그런 부분은 해석하기가 더 어려워 보일 수 있다.

성경의 초점

성경은 하나님의 전체 계획 중에서도 특히 인간 구원에 초점을 맞춘다. 복음 전파에 관련해 성경에는 하나님의 목적에 대한 명령이 상당히 많이 기록되어 있다. 우리가 알다시피 복음 전파와 사람들이 그리스도를 믿게 된 사례는 하나님의 목적을 지상명령에 명시된 대로(마 28:18-20) 완수하는 것이다.

앞서 여러 장에서 언급한 사례는 하나님의 이런 목적과 관련이 있다. 로마제국에서 그리스도인이 겪은 힘든 싸움은 구원의 좋은 소식이 박해 때문에 완전히 스러지느냐, 아니면 하나님과 그분 백성이 박해에도 불구하고 승리하느냐 하는 문제와 밀접하게 연결되었다. 마찬가지로 후대에 참된 교리, 복음 전도, 세계 선교를 놓고 벌인 힘든 싸움도 지상명령의 틀 안에서 해석할 수 있다.

그러나 역사에서 큰 부분은 그렇게 쉽게 해석할 수 없다고 반대할 사람도 있을 수 있다. 그리스도가 오시기 전의 그리스 역사는 어떻게 해석해야 하는가? 유럽인들이 오기 전 잉카제국의 역사는 어떻게 해석해야 하는가? 복음이 어느 특정 문화에 스며들기 시작한 이후에도, 복음의 점진적 전파와 분명하고도 직접적으로 연관이 없는 사건이 많다. 권력 싸움, 전쟁, 기근, 기술 발전과 같은 사건이 있다. 복음을 고려하면, 또 그리스도 안에서 구원에 나타난 하나님의 영광을 고려하면 그런 사건을 어떻게 이해해야 하는가?

제한된 지식이라는 원리

인간의 지식에는 한계가 있다는 원리는 역사의 모든 해석과 관련이 있다. 우리는 하나님의 목적을 얼마나 알고 있는가? 성경의 원리가 하나님의 목적을 파악하는 데 도움이 된다면 우리는 그 도움을 활용해야 한다. 그렇다고 그 원리가 모든 경우에 명확한 답으로 이어지지는 않는다. 역사 작업의 상당 부분은 개별적으로 진행하는 방식이어야 한다. 우리는 종교개혁에 담긴 하나님의 목적을 어느 정도는 잠정적으로 파악할 수 있을지 모른다. 그러나 중국 명나라에 대한 하나님의 목적을 똑같이 파악할 수는 없을 것이다. 우리가 명나라에서 일어난 몇몇 사건을 이해할 수 없다면 이해하지 못한다는 것을 인정해야 하며, 보증할 수 없는 설명을 지어내지 말아야 한다.

하나님이 역사의 심판주라는 개념은 언제나 적용할 수 있다. 악한 통치자는 자신의 어리석음 때문에, 또는 우연으로 보이거나 아주 이례적인 사건 때문에 몰락할 수 있다. 우리는 하나님이 의로운 심판주이심을 알기에, 악한 통치자가 몰락할 때 우리 눈앞에 심판이 펼쳐지고 있다고 추론할 수 있다. 마찬가지로 의로운 사람들이 흥하는 이유는 하나님에게 복을 받기 때문이다. 이런 복을 일련의 제2원인을 통해서, 혹은 우연으로 보이는 사건이나 특이한 사건을 통해서 받을 수도 있다.

이것을 앞에서 전개한 범주의 관점에서 표현할 수 있다. (결말이 암울한) 비극적 플롯이 있고 (결말이 행복한) 희극적 플롯이 있다. 하나님이 의인들에게 복을 베푸시고 악인들에게 벌을 내리실 때 우리는 하나님의 공의를 볼 수 있다. 잠언에서 말하듯이 우리는 마땅히 벌을 받아야 하는 비극적 결말의 예를 찾을 수 있다. 마땅히 상을 받아야 하는 희극적 결말의 예도 마찬가지로 찾을 수 있다. 이런 사례가 하나님의 의로운 심판이 작용하는 지점이라고 이해한다. 그러나 공의의 실행이 지체되는 경우도 셀 수 없이 많다. 우리는 욥과 함께, 시편의 시인들과 함께 "악인이 왜 형통합니까?"라고 질문한다. 인간의 관점에서 보면 쉬운 답이 없다. 궁극적으로 우리는 마지막 심판을 기다리고 간절히 바라야 한다. 그 과정에서 우리는 성경을 기반으로 하나님이 주권적이고 공정하시다고 고백한다.

그 사이에는 혼란스럽고 갈피를 잡을 수 없는 온갖 사례가 존재한다. 우리는 통치자들과 평범한 사람들을 살펴볼 수 있다. 각 사람은 마지막 심판 때 하나님에게 최종 심판을 받을 것이다. 그런데 아는 것이 별로 없는 유한한 인간인 우리가 무슨 일이 일어나고 있는지 어떻게 가늠할 수 있을까? 우리는 누구의 마음도 모른다. 겉으로 보기에 사람의 행동은 어느 때는 선해 보이고 어느 때는 악해 보이고 어느 때는 선과 악이 뒤섞여 보인다. 고생할 때가 있고 형통할 때가 있다. 어느 누구에게 무슨 일이 일어날지 우리는 세세히 예측할 수 없다. 성경의 원리는 언제나 유의미하다. 그러나 무엇보다도 선악의 혼재는 신적 심판의 절대적 필요성을 상기시킨다. 오직 하나님만 의롭고 완벽하게 심판하실 수 있다. 하나님만 사람들을 죄에서, 또 그 죄의 결과에서 건지실 수 있다.

PART 5

역사를 생각하는 방법에 관한 대안적 견해

그리스도인 사이에
상충하는 역사 연구 방법

22

역사 기술의 다섯 가지 형태

　이제는 다른 사람들이 역사 집필에 관해 무슨 말을 했는지 살펴보자. 원한다면 그리스와 로마 이교도의 견해부터 시작해서 무슬림, 정령숭배자, 힌두교도, 실증주의자, 마르크스주의자, 페미니스트, 포스트모더니스트, 기타 유형의 현대 세속주의자의 견해까지 아우르는 아주 넓은 범위에서 탐구할 수도 있을 것이다. 그러나 논의의 범위를 그리스도인이자 기독교 신앙의 영향을 받은 세계관을 견지하는 지지자로 좁히는 것이 가장 가치 있어 보인다.
　기독교라는 용어를 얼마나 넓게 생각하느냐에 따라, 거기에는 자유주의 신학, 신정통주의 신학, 해방 신학, 그 외 여러 다른 형태가 포함될 수 있다. 그러나 이러한 변이 형태의 대다수는 각기 세부 내용 면에서 성경의 신적 권위에 대한 신념을 버렸으며, 그래서 이제는 세상의 본질에 대한 관점을 견고하게 받쳐 주는 토대가 없다. 결과적으로 역사관도 훼손되었다. 그러니 복음주의자에게 주된 초점을 맞추는 것이 제일 유익하다. 복음주의자는 개신교인으로서 성경의 신적 권위를 고수하므로, 기적을 비롯해 신적 활동이 담긴 세계관을 고수한다.

다섯 가지 형태(제이 D. 그린)

복음주의 그리스도인 사이에는 역사 연구에 대한 접근법이 최소한 다섯 가지가 있다. 우리는 이들 접근법을 평가해 보아야 한다. 편의상, 여기서는 제이 D. 그린(Jay D. Green)이 『기독교 역사 기술: 경쟁하는 다섯 형태』(Christian Historiography: Five Rival Versions)에서 제시한 분류법을 이용하겠다[1] ('역사 기술'은 '역사에 대한 글쓰기'를 의미한다[2]). 그린은 서론에 해당하는 장에 이어 다섯 장에 걸쳐 기독교 역사 기술에서 '경쟁하는 다섯 형태'를 서술한다.

1. 종교를 진지하게 여기는 역사 연구
2. 기독교 신앙 헌신의 렌즈를 통한 역사 연구

---

[1] Jay D. Green, *Christian Historiography: Five Rival Versions* (Waco, TX: Baylor University Press, 2015).

[2] Merriam-Webster 온라인 사전을 보면, 1a에 '역사에 대한 글쓰기'라는 정의가 있을 뿐 아니라 1b에 '역사 저술의 원칙과 이론과 역사'라는 정의도 실려 있다. *Merriam-Webster*, https://www.merriam-webster.com/. Green은 자신의 Historiography에서 역사 저술의 원칙과 이론을 집중 논의한다.

3. 응용 기독교 윤리로서의 역사 연구

4. 기독교 변증학으로서의 역사 연구

5. 하나님에 대한 탐구로서의 역사 연구[3]

여섯째와 일곱째 형태는 이 다섯 형태를 고찰한 후에 말하겠다(이 책의 24장을 보라).

1. 종교를 진지하게 여기는 역사 연구

역사에 대한 기독교의 첫째 접근법은 연구자의 종교적 성향을 진지하게 여기는 형태다.[4] 역사 연구를 수행하는 그리스도인은 자신의 종교적 동기와 신앙이 삶에 중대하게 영향을 미친다는 것을 안다. 따라서 연구 대상인 사람들 중 일부에게는 종교적 동기가 삶에서 큰 역할을 한다는 점을 더 제대로 인식할 수 있다.

현대의 역사 연구는 흔히 이런 경로를 따르는 것이 **아니라** 종교의 역할을 전면에 놓지 않거나 묵살한다. 그래서 학자가 종교의 영향을

---

[3] Green, *Christian Historiography*, ix. Ian Clary는 주된 차이가 '초자연주의자'와 '자연주의자'의 접근법 사이에 있다고 밝힌다. Ian Clary, "Evangelical Historiography: The Debate over Christian History," *Evangelical Quarterly* 87 (July, 2015): 225-251.

[4] Green은 다음과 같이 썼다.
그러나 의식하든 의식하지 못하든, 역사학자는 개인의 삶에서 신앙을 중심 요소로 체험함으로써 현실이 관찰 가능한 물질계로만 구성되지 않았음을 알기에, 과거의 종교적 신념과 체험 역시 실제 일로 여기기가 더 쉽다.
신앙이 있는 역사학자들이 종교 주제를 다루면서 제시한 방대한 역사 연구 자료는 **신앙이** 역사 연구에서 **중요하다**는 것을 의미 있게 보여 주는 증거다. 신자는 자신의 연구 주제에 자연스레 감정이입을 하는데 이런 감정이입은 인간 역사에서 종교의 중요성이라는 기치를 들어올리는 역할을 해왔고 근대의 종교 역사 기술의 부흥에 결정적인 역할을 했다(*Christian Historiography*, 11-12, 강조는 원문을 따름).

연구하면 "전문 학계의 지배적 정설 일부와 충돌하기"에 이르렀다.[5] 이 충돌 때문에 '지배적인 정설'의 존재뿐 아니라 그 정설의 불건전한 성격도 도드라진다. 역사학자가 종교에 관심을 기울이고 이런 '정설'에 이의를 제기하는 것은 바람직하다. 그러므로 이 견해는 긍정적인 기여를 한다.

2. 기독교의 신념이라는 렌즈를 통한 역사 연구

역사 역구에 대한 기독교의 둘째 접근법은 넓은 의미에서 기독교적 세계관이나 틀을 배경 지침으로 이용하는 것을 지지한다.[6] 기독교적 틀에는 하나님과 세계, 인간, 죄, 구속, 역사의 흐름, (종말적) 완성의 목표, 새 하늘과 새 땅에 대한 이해가 담겨 있다. 이런 틀은 우리가 역사의 어느 국면에서든 구체적인 내용을 이해하는 배경이 된다. 틀에 따라 차이가 생기는 이유는 전체를 어떻게 생각하는지에 따라 세부 내용의 의미가 달라지기 때문이다.

앞서 여러 장에서 이미 살펴보았듯이, 이 말은 분명 옳다. 더욱이 종교를 진지하게 여기는 첫째 형태를 이 접근법이 보완한다고 이해할 수도 있음을 쉽게 알 수 있다.

---

5 Green, *Christian Historiography*, 12.
6 "[이 접근법은] 기독교 신앙을 유일한 해석의 틀로 여기며 신앙이 있는 역사학자는 이 틀을 통해 현실을 보고 과거를 이해한다. 여기에서 기독교는 '세계관' 또는 현실에 독특한 질감과 색조를 입히는 '색안경' 역할을 한다. 종교, 정치, 문화, 사회구조, 전쟁 등 **무엇**을 연구하든지 기독교 역사학자는 연구 대상을 확실히 기독교의 방식으로 볼 것이다. 기독교 역사 연구가 기독교적인 이유는 학자가 헌신된 신자로서 역사를 **다르게 보기** 때문이다. 그리스도인 학자는 그리스도인답게 역사를 본다." Green, *Christian Historiography*, 37, 강조는 원문을 따름.

어떻게 하면 둘째 형태에서 첫째 형태로, 또 첫째 형태에서 둘째 형태로 옮겨갈 수 있는지 살펴보자. 둘째 형태는 기독교 세계관 사용을 지지한다. 기독교 세계관의 일면으로서, 우리는 종교가 삶의 중요한 부분이라는 것, 또 전통 종교를 신봉하거나 집단 종교 특유의 관습을 고수하지 않는 사람들조차도 영혼에 관한 기본 신념이 있다는 것을 이해한다. 이들은 하나님 편에 있거나 하나님을 반대하는 편에 있다. 이런 신념은 종교적 성향을 대신하는 역할을 한다. 그러므로 우리는 종교를 진지하게 여겨야 한다는 결론에 이르며 이것이 첫째 관점이다.

역으로, 첫째 형태가 종교를 진지하게 여긴다면 이 형태는 **역사학자**의 종교를 진지하게 여기는 것과 딱 한 발 떨어져 있을 뿐이다. 그리고 이것은 기독교 세계관에 대한 어느 한 사람의 신념이 (만일 그 신념이 진지하다면) 그가 역사를 바라보는 방식에 어떻게 영향을 주는지에 대한 생각, 즉 둘째 형태로 이어진다.

우리는 둘째 관점도 가치 있고 긍정적으로 기여한다고 결론 내린다.

3. 응용 기독교 윤리로서의 역사 연구

역사에 대한 기독교의 셋째 접근법은 역사를 주로 도덕적 교훈, 즉 선과 악의 원천으로 간주한다. 역사 속에는 본받아야 할 선한 인물이 있는가 하면 본받지 말아야 하는 악한 인물이 있다. 역사 속 집단적 운동에 대해서도 같은 말을 할 수 있다. 이 형태는 역사 집필에 대한

예전 접근법에 흔히 사용되었다.[7]

우리가 알다시피 성경에 역사상의 다양한 일화가 담긴 한 가지(유일하지는 않지만) 목적은 선한 사례와 악한 사례를 제시하기 위함이다. 열왕기에 나오는 선한 왕과 악한 왕, 그리고 히브리서 11장에 나오는 믿음의 영웅들이 떠오른다.[8]

역사의 흐름을 보면 사실의 목록뿐 아니라 인간 행위자들도 나타난다. 인간 행위자는 모두 하나님에게 도덕적 책임이 있다. 이미 살펴보았듯이 하나님은 한 사람이 살아가는 동안 항상 눈에 보이도록 선한 일에는 상을 주시고 악한 일에는 벌하시지 않는다. 그러나 하나님이 잠언에서 여러 차례 증언하듯이, 그렇게 상과 벌을 주실 때도 있다.

> 불의의 재물은 무익하여도
> 공의는 죽음에서 건지느니라
> 여호와께서 의인의 영혼은 주리지 않게 하시나
> 악인의 소욕은 물리치시느니라
> 손을 게으르게 놀리는 자는 가난하게 되고

---

[7] Green은 다음과 같이 썼다.
세계에서 무척이나 오래된 역사 집필 전통의 대다수는 과거를 일종의 개인 도덕 교사로 그렸다. 이 전통은 과거에는 통치하고 전쟁을 일으키고 사업을 하고 명예로운 삶을 영위하는 법에 대한 선한 모범과 악한 모범이 가득하다고 보았다. 고대 로마와 그리스와 중국의 역사학자들은 과거의 삶과 사건에 관한 글을 쓰면서 독자들에게 고결하게 살아가라고 권고하려는 목적을 염두에 두었다. 도덕 교육의 수단 면에서 보면, 인간의 행동을 실제로 인간이 경험하는 무대에서 실행할 때의 긍정적 결과와 부정적 결과를 지적하는 것이 추상적 규칙을 단순히 열거하는 것보다도 훨씬 나았다(Green, *Christian Historiography*, 67).

[8] "신구약 성경에 반영된 히브리의 역사 기술 전통과 기독교 역사 기술 전통을 보면 이런 동일한 특성이 어느 정도 들어 있다." Green, *Christian Historiography*, 67.

손이 부지런한 자는 부하게 되느니라(잠 10:2-4)

주님은 거만한 사람의 집을 헐어 버리시지만,
과부가 사는 곳의 경계선은 튼튼히 세워 주신다(잠 15:25, 새번역).

잠언은 암묵적으로 우리에게 세상을 도덕적 원칙에 비추어 보라고 명한다. 따라서 그리스도인 역사학자는 도덕적 평가를 배제하지 않을지 모른다.

서구에서는 이런 방식의 역사 서술이 난관에 봉착했다. 여러 고대 문명의 작가들에게는 이런 역사 서술이 오늘날에는 왜 냉대를 받는지 생각해 보아야 한다. '실증주의' 역사 기술의 이상이 여기에 지속적으로 영향을 미치고 있는 것으로 보이는가? 실증주의 역사 기술은 사실을 원하면서도 어떤 가치 평가든 다 부적절하게 여겨서 골라내려고 한다.[9]

특히 19세기 독일의 역사학자 레오폴트 폰 랑케(Leopold von Ranke)가 이에 영향을 미쳤다. 랑케는 "엄밀한 방식과 1차 자료"를 강조했다.[10] 그리스도인은 진리의 실재와 영원한 세계를 믿으므로, 이런 종류의 강조를 환영한다. 그런데 랑케는 이를 도덕적, 이념적 신념에 대한 반

---

9   Green은 우리가 그와 같은 영향을 정말로 본다고 말한다. "그러나 그리스도인이 과거에 관한 글을 쓰면서 이 옛 글쓰기 전통에 따르고자 하면 현대의 전문 역사학에서 규정하는 규범의 흐름에 역행하게 되었다." Green, *Christian Historiography*, 69.
10 Green, *Christian Historiography*, 69.

감과 결합했다.[11]

이 접근법과 이 접근법이 선악의 사례를 이용하는 것을 우리는 어떤 식으로 평가하는가? 기본적으로 우리는 긍정적으로 평가해야 한다. 우리가 알다시피 하나님이 도덕 기준의 원천이시며 이 기준은 절대적이다. 그러므로 도덕적 평가는 하나님이 온 우주의 왕이심을 단언하는 한 가지 방식이다. 또한 사람들이 선한 일을 본받고 의롭게 살아갈 용기를 북돋아 주는 한 가지 방식이기도 하다. 우리는 구원이 도덕적 권고를 통해서가 아니라 그리스도를 통해서 오는 것임을 기억해야 하지만, 성경은 분명히 우리가 더 의롭게 살아가도록 격려하고자 도덕적 사례를 사용한다.

사람들이 도덕적 평가에 관여할 때, 몇 가지 주의할 점이 있다. 실제로는 문제가 발생한다. 이를테면, 좌파(또는 우파)의 정책에 전념하는 그리스도인은 사건을 평가할 때 상반되는 방책을 제시해 왔으며, 정치 관련 사건에 대해서는 특히 그러했다.[12] 자신의 도덕적 견해를 지나치게 빠르게 주입하기는 쉽지만, 그 견해가 모두 옳은 것은 아닐 수 있다.

더욱이 도덕적 접근법은 **오로지** 도덕적 결과에 집중할 뿐, 그 결과에 이르는 동안 도덕적, 사회적, 개인적으로 발생한 관련 작용에는 전면적으로 집중하지 않기 때문에 역사적 서사를 단순화하는 결과로 이

11　Green, *Christian Historiography*, 70.
12　Green, *Christian Historiography*, 73-86.

어질 수 있다.[13] 역사학자가 역사상 인물을 선한 본보기로 든다면 인위적으로 그림을 그릴 수 있다. 그 인물의 죄와 결점과 흠은 배제해 버리는 것이다. 마찬가지로 작가가 역사상 인물을 악한 본보기로 든다면 인위적으로 악하게 그릴 수 있다. 겉으로나마 선한 면모를 배제하는 것이다.

이렇게 역사를 단순화하는 것은 분명 문제다. 그렇지만 자기 이야기를 더 풍성하게 하는 것이 해결 방법이 되어야 하지 않을까? '엄밀한 역사 연구'는 사건은 물론이고 동기까지도 복합적으로 그려 보이면서 세세한 내용을 파헤치며, 이를 통해 정말 이야기가 풍성해진다. 그러나 '엄밀한 역사 연구'는 도덕적 평가를 제거하기보다는 도덕적 평가와 함께한다. 도덕적 평가를 원칙에 따라 제거한다면 방법은 다르더라도 다시금 역사를 단순화하는 것이다.[14]

따라서 역사에 대한 기독교의 접근법에는 도덕적 평가가 포함된다.

---

13 Green은 다음과 같이 썼다.
   많은 이가 … 논평했듯이 도덕적 고찰을 하는 이런 경향은 역사를 더 넓게 이해하기보다는 더 얄팍하게 이해하는 역설적 효과를 낸다. 머리(Murray)가 최근에 역사학자들이 과거에 대해 '옳고 그름'을 자신 있게 판단하지 않는다고 비판했는데, 그 비판에 칼 트루먼(Carl Trueman)은 머리의 전략을 따르면 과거를 더 다채롭고 깊이 있게 인식하기는커녕 지나치게 단순하고 결국 무의미한 결과를 얻게 된다고 지적한다. … 역사학자는 그렇게 하지 않고 대신 그와 같은 사건이 일어난 이유를 이해하기를 바라면서 여러 질문에 아주 정밀하게 집중해야 하며, 그와 같은 작업은 버터필드(Butterfield)가 '엄밀한 역사 연구'라고 말한 어려운 일에 착수함으로써만 해낼 수 있다. … [트루먼에 따르면] "그 일은 인간의 복잡한 행동을 그에 걸맞은 복잡한 방식으로 설명해야 함을 인정하는 것일 뿐이다"(Green, *Christian Historiography*, 94-95. 마지막 문장은 Green이 Carl R. Trueman, "The Sin of Uzzah," *Postcards from Palookaville* blog, July 10, 2012, https://www.reformation21.org/에서 인용).

14 "도덕적 안목이 궁극적으로는 참으로 긴밀하게 역사학자의 인간성과, 또 역사학자가 연구하는 인생극 속에 엮여 있으므로 과거에 관해 글을 쓸 때 일종의 윤리적 판단이 불가피하게 개입할 수도 있다. 또한 그리스도인은 더욱 의식적으로, 양심적으로 그렇게 해야 할 책임이 있을 것이다. 그러나 역사학자 역시 도덕적 책임감을 지니고서 가능한 한 공평무사하고 명료한 이해를 바탕으로 과거를 재구성해야 한다." Green, *Christian Historiography*, 97.

4. 기독교 변증학으로서의 역사 연구

역사에 대한 기독교의 넷째 접근법에서는 역사적 성찰을 변증 도구로 이용해서 비그리스도인에게 기독교를 권한다. 이런 역사적 성찰에는 크게 두 가지 형태가 있다.

첫째 형태는 그리스도의 부활의 역사적 사실과 더불어 성경에서 주장하는 그 외 내용의 역사적 진실성을 변호하는 것이다.[15] 이처럼 집중하는 것은 타당하다. 사도행전에 나오는 여러 설교는 그리스도의 부활의 진실성에 호소한다. 사도 바울은 아그립바왕을 설득해 그리스도인이 되게 하고자 여러 사건과 아그립바왕의 지식과 구약에 호소한다(행 25:26).

변증학의 도구로서 역사적 성찰의 둘째 형태는 과거에 기독교가 도입된 곳에서 '문화적, 지적 유익'[16]을 기독교에서 얻을 수 있었다는 이유로 기독교를 권한 것이다. 물론 이런 접근법은 기독교 신앙의 진리를 유익이라는 기반 위에 **세워서** 주장하다가 선을 넘을 수 있다. 문화적 유익으로 진리가 더 분명해진다고 말하는 것이 한결 낫다. 더욱이 침소봉대하는 것을 경계해야 한다. 그리스도인에게 흠이 있을 때(그들이 항상 그렇듯이), 믿음에서 흘러나오는 유익은 흠 있는 결과와 뒤섞일

---

15 Green, *Christian Historiography*, 100-103. 증거 기반 변증학은 세계관의 영향력을 고려하지 못할 수 있지만, 이런 변호는 단순히 증거 기반 변증학이 아니라 전제 기반 변증학의 틀 안에서 수행할 수 있다.

16 "다른 이들에게 역사의 역할은 기독교 신앙과 가치관과 활동과 기관이 과거 인간 사회에 제공해 온 문화적 지적 유익을 믿을 만하게 실증하는 것이다. 따라서 기독교의 이상이 부재하거나 흐릿해지거나 탄압받았을 때 역사에는 결과적으로 혼돈과 절망이 반복적으로 나타날 수밖에 없다. 기독교의 진리는 기독교가 얼마나 **주효한지** 보여 줌으로써 그와 같은 역사학자들 사이에서 확증된다." Green, *Christian Historiography*, 99, 강조는 원문을 따름.

수 있다.[17]

더구나 이 변증을 듣는 이들은 우리 말을 오해해서 기독교가 참되어서 사회적으로 득이 되기 때문에 기독교를 받아들여야 한다는 말로 들을 위험이 있다. 그러면 기독교 신앙의 진정한 의미가 훼손될 수 있다. 말하자면 이 변증은 "그리스도인이 되면 그 결과로 당신에게 어떤 인간적 이득이 있는지 보라"는, 인간 중심적 접근법을 제시할 수 있는 것이다.[18] 그러나 기독교 신앙은 하나님 중심적이며, "하나님이 하신 일을 보라, 그리고 나서 구주이신 그리스도를 믿으라"고 말한다.

생각해 볼 요소가 하나 더 남아 있다. 오늘날 서구 엘리트 문화는 기독교의 과거를 경멸하고 흔히들 기독교를 서구의 많은 문제의 원인으로 비난한다. 이런 편파적인 이해에 반해, 과거의 다른 측면을 강조하는 역할도 분명 존재한다. 사실, 기독교의 사회적 유익을 주장하는 것만으로 비그리스도인이 기독교의 진리를 납득하리라고 기대해서는 안 된다. 이는 진리를 실리와 혼동하는 것이다. 그렇더라도 어떤 이들에게는 유익에 대한 설명이 편견에서 벗어나는 데 도움이 될 수 있다. 어떤 비그리스도인이 기독교의 실제 영향이 걸핏하면 기독교의 이론적 이상과 상충한다고 생각한다면, 그가 기독교를 진지하게 생각해

---

17 "역사를 기독교 변증으로 이용할 때 기본적으로 동반되는 문제는 역사가에게 역사적 증거를 그럴듯하게 말하고 왜곡해 자신의 전제조건과 예상 결과의 틀 안에서 깔끔하게 맞아떨어지게 하라고 권한다는 (또 때로는 요구한다는) 것이다." Green, *Christian Historiography*, 118.
18 "우리가 또 씨름해야 하는 사실이 있으니, 이 전통 안에서 역사에 대한 글을 쓸 때는 기독교를 문화 발전과 세상 성공과 무비판적으로 동일시한다는 것이다. 여기에서 열거하는 다수의 책이 기독교가 세웠다고들 하는 문명의 기둥이 바람직할 뿐 아니라 암묵적으로는 진정 기독교적임을 당연하게 받아들인다." Green, *Christian Historiography*, 119.

볼 가능성은 별로 없다.

우리는 앞서 보았듯이 잠언에 호소할 수도 있다. 정의는 현세를 살아가는 데도 유익이 있다. 악은 현세를 살아가는 데도 재앙을 초래한다. 원인과 결과의 이런 연관성이 개인의 차원뿐 아니라 사회와 집단의 차원에도 작용한다.

> 가난한 백성을 압제하는 악한 관원은
> 부르짖는 사자와 주린 곰 같으니라(잠 28:15)

> 왕은 정의로 나라를 견고하게 하나
> 뇌물을 억지로 내게 하는 자는 나라를 멸망시키느니라(잠 29:4)

> 관원이 거짓말을 들으면
> 그의 하인들은 다 악하게 되느니라(잠 29:12).

물론 예외는 있다. 사람들이 이 땅에서 살아가는 동안 마땅히 받아야 하는 것을 언제나 정확하게 받지는 못한다. 그렇다고 해도 일정한 패턴은 존재한다.

5. 하나님 탐구로서의 역사 연구

역사에 대한 기독교의 다섯째 접근법은 하나님이 섭리하시는 손길에 초점을 맞추는 것이다. 그리스도인은 성경에 의거해 하나님이 그분의 목적을 위해 역사 전반을 다스리신다는 것을 안다. 역사에서 최고의 순간들뿐 아니라 모든 세세한 순간도 이런 다스리심에 포함된다(마 10:30; 엡 1:11). 그러므로 우리는 연구 중인 어느 사건을 보더라도 다 하나님이 다스리신다고 자신 있게 단언한다. 이런 단언을 역사에 대한 '섭리적 관점'이라고 부를 수 있다.

단순한 단언을 넘어서 역사적 사건에 담긴 하나님의 **목적**을 묻고자 한다면 문제가 한층 복잡해진다. 하나님이 사건을 다스리심을 우리가 아는 까닭은 하나님이 그렇게 말씀하시기 때문이다. 그러나 사건이 일어나게 하시는 **목적**은 무엇인가? 이것은 더 난해한 질문이다. 좁은 의미에서, 역사에 대한 '섭리적 관점'은 사건에 담긴 하나님의 **목적**을 서술한다. 그저 하나님이 어떤 일을 하셨다고 말하는 것이 아니라 그 일을 왜 하셨는지 말하는 것이다. 이런 식의 접근법을 '섭리주의'(providentialism)라고 하겠다.

과거에는 섭리주의가 흔했지만, 이제는 논란의 여지가 생겼다.[19] 따라서 다음 장을 할애해 이 주제를 논하겠다.

---

19 Green은 다음과 같이 썼다.

인간의 과거에서 하나님이 하신 역할을 서술하면 아마 '기독교 역사'에 대한 현대의 가장 상식적인 이해가 될 것이다. … 하나님은 창조 세계를 구석구석까지 s다스리시며 그분의 완전하고 거룩한 뜻에 따라 통치하신다. 그러므로 정직한 신자라면 과거를 살펴볼 때 하나님의 목적과 계획에 대한 증거가 가득하다는 것을 발견하리라 기대해야 한다(Green, *Christian Historiography*, 125).

적어도 근대기까지는 그리스도인이 과거에 대한 글을 쓸 때면 그 작업을 이런 식으로 시작하는 것이 타당하고 심지어 불가피하기까지 하다는 것을 당연하게 여겼을 것이다(Green, *Christian Historiography*, 129).

23

섭리주의 평가

역사 속 하나님의 목적에 대한 연구를 일컬어 **섭리주의**라고 할 수 있다. 섭리주의의 가치를 두고 기독교 신자들이 논쟁을 벌인다. 그러나 우리는 하나님이 목적을 **갖고 계시다**는 것을 성경을 통해 알고 있다. 그런데 그 목적이 무엇인지는 어떻게 알 수 있는가?[1]

우리가 하나님의 목적을 알 수 있는 경우는 성경에 기록된 많은 사건에서처럼 하나님이 우리에게 그분의 목적을 알려 주실 때다. 그러나 성경에 기록되지 **않은** 사건에 담긴 하나님의 목적을 묻는다면 이 쟁점은 훨씬 더 논란이 커진다. 양측의 주요 주장을 생각해 보자.

---

1 "하나님이 아르메니아 학살의 참상 한복판에 계시며 활동하셨다고 믿는 것은 그 비극에 수반된 그분의 목적과 뜻을 설명하는 것과는 완전히 다르다." Jay D. Green, *Christian Historiography: Five Rival Versions* (Waco, TX: Baylor University Press, 2015), 143.

섭리주의 접근법 찬성론

주요 주장

섭리주의를 지지하는 가장 근본적인 논거는 성경에 직접적으로 나온다. 성경은 우리에게 하나님이 행하신 일을 찬양할 의무를 부여한다(시 107편). 성경은 하나님의 목적에 관해서도 가르쳐 준다(마 28:18-20; 행 1:8). 이 가르침을 가장 쉽게 적용할 수 있는 때는 성경에 기록한 구체적 사건에 담긴 하나님의 목적을 성경에서 명시적으로 알려 주는 경우다. 그러나 성경은 역사에 담긴 하나님의 더 광범위한 목적에 대해서도 말해 준다. 복음 전파, 사람들이 그리스도에게 돌아오는 것, 그리스도의 통치 확장, 하나님의 이름을 높이는 것, 하나님의 영광을 전하는 것 등이 이런 목적에 포함된다. 우리는 하나님의 목적을 이렇게 이해하고, 그것을 역사 전체를 탐구하는 데 적용해야 한다.

물론 앞의 여러 장에서 보았듯이, 우리의 이해력을 과대평가할 수도 있다. 욥의 세 친구가 딱 그렇게 했다. 조심해야 할 구석이 있다. 그렇지만 조심해야 한다고 해서 역사를 이해하는 일반 원칙이 뒤집히지는 않는다.

추가 주장

섭리주의를 지지하는 몇 가지 주장도 때로는 추가적으로 언급된다. 그 자체로는 결정적인 주장이 아니지만 고려해 볼 만하다.

성경적 세계관 성경적 세계관의 주장에 따르면 하나님은 역사상 사건에 깊숙이 관여하고 있으시다. 이를테면 이집트에서 일어난 재앙과 이스라엘이 홍해를 건넌 사건처럼 기적적인 사건에는 특히나 분명히 관여하신다. 그러나 하나님은 '일상적인 일'에도 관여하신다. 성경은 어떤 의미에서, 우리가 세상을 전체적으로 보고 개인의 인생을 하나님의 활동 영역으로 보도록 교육한다. 그렇다면 사건에 담긴 하나님의 목적을 우리가 얼마나 능숙하게, 얼마나 많이 알아차릴 수 있는지에 관한 것이 쟁점이 된다.

역사상 선례 오늘날 신자에게는 교회사 안에 역사적 선례가 있다. 지금껏 그리스도인들은 섭리주의 역사물을 저술해 왔다.[2] 이런 선례는 이해하기 쉽지만 그 자체만으로는 충분하지 않다. 문제는 과거를 기반으로 하는 기독교 역사 저작에 나오는 사례가 좋은 선례냐 나쁜 선례냐 하는 것이다. 이 질문은 평가가 개입된 질문이므로 성경적 기준을 이용해 해결해야 하며, 단순히 사람들이 섭리주의적으로 글을 썼다는 사실에만 호소해서는 안 된다.

개인적 성찰에서 나타나는 본능 기독교 신자들이 각자 삶의 의미를 성찰할 때, 내 모교회의 기도 체인 사례에서 살펴보았듯이 천성적으로 섭리주의의 관점에서 해석하는 경우가 많다.

다른 이들에게 유익 마지막으로 기독교 신자들이 자기 삶에서 하나님이 역사하신 이야기를 들려주면, 다른 사람에게도 유익이 될 수 있다. 격려, 책망, 믿음 다지기 등의 유익이 있다.

---

2 Green, *Christian Historiography*, 128-129, 132-137.

섭리주의 접근법 반대론

섭리주의 접근법에 반대해서는 주로 어떤 논거가 제시되는가?[3] 그 논거에 대응할 수 있는가?

인간 지식의 한계

섭리주의에 대한 비판은 인간 지식의 한계를 강조하며 시작하는 경우가 많다.[4] 인간의 역사 지식이 제한받는 원인에는 인간의 유한성만 있는 것이 아니라 인간의 죄와 편견도 있고 우리가 과거에서 복원할 수 있는 증거의 한계도 있다.[5]

모두 맞는 말이지만, 쟁점이 되는 문제는 아직 건드리지 않았다. 우리의 한계와 죄를 감안한다면 핵심 쟁점은 역사에 대한 하나님의 보편적 통치를 인정하는 것뿐 아니라 그분의 목적을 묻는 것이 타당한가 하는 것이다. 단순히 목적을 파악하려 하는 것은 잘못이 아니다. 사건의 의미를 파악하는 우리 인간의 능력을 과신할 때 잘못되기 시작한다. 그와 같은 과신은 결국 의심을 불러온다.

욥의 친구들은 욥의 인생에서 일어난 사건을 자기들 나름으로 해석

---

3   Green, *Christian Historiography*, 140-147을 보라.
4   "섭리주의의 주장에서 가장 중요한 문제는, 인간 독자가 특정 사건을 연구하면 하나님의 목적을 보고 이해할 수 있다고 주장한다는 것이다. 인간 지식의 극심한 한계와 신적 행위의 불가해한 성격을 고려하면, 섭리주의의 강령은 실현 가능해 보이지도 않고 신학적으로 무방해 보이지도 않는다. … 과거에 관해 참되고 비교적 확실한 내용을 상당히 많이 말할 수는 있지만, 역사 지식에 대해서는 한계가 있고 잠정적이며 계속 수정해야 하는 것으로 여기는 것이 제일 낫다." Green, *Christian Historiography*, 141.
5   Green, *Christian Historiography*, 142.

하고서 그 해석을 과신했다.[6] 마찬가지로 예수님의 제자들은 나면서부터 눈 먼 사람은 어떤 특정한 죄 때문에 그렇게 되었는지 지나치게 확신하며 추정했다(요 9:1-3). 이런 종류의 신비, 즉 하나님의 목적 속에 있는 신비에 대해서는 이미 논했다.

그런데 역사 속 **인간** 행위의 동기에도 신비가 담겨 있다. 우리는 흔히 대중에게 공개된 사건의 배후에 어떤 인간적 동기가 있는지 파악하는 데는 별로 자신이 없더라도 그 사건의 기본적인 사실에 대해서는 어느 정도 자신이 있을 수 있다. 동기에 대한 통찰은 사람들이 자신의 동기에 관해 **말하는** 내용에서도 얻을 수 있다. 그런데 하나님도 그분의 동기에 대해 말씀하신다. 인간의 경우와 하나님의 경우에 신비가 서로 완벽하게 차이 나는가? 하나님만 창조주이시고 우리는 피조물이기 때문에 어떤 의미에서 보면 완벽하게 차이가 난다. 하나님만 모든 것을 아신다. 그런데 하나님은 그분 자신을 알리신다. 또 우리가 말할 수 있는 것은, 성경을 주의 깊고 경건하게 읽는 사람은 자신과 관계가 피상적이거나 먼 사람에 대해서 아는 것보다 하나님에 대해서 아는 것이 훨씬 더 많다는 것이다.

하나님의 불가해성

섭리주의에 대한 비판에는 하나님의 불가해성을 강조하는 주장도

---

6 Green은 욥기에 호소하며 과신에 대한 비평으로서 주목할 만한 논의를 확장한다. Green, *Christian Historiography*, 144.

있다.⁷ 우리는 하나님의 마음을 꿰뚫어 볼 수 없다는 것이다.

하나님이 그분 자신을 아시는 식으로 우리가 하나님을 알지는 못한다는 것이 사실이다. 그러나 하나님이 자신을 일반 계시와 특별 계시로 나타내시므로 우리는 하나님을 정말로 안다. 성경은 여러 곳에서 하나님의 목적을 보여 준다. 성경이 우리에게 모든 것을 알려 주지는 않지만 무엇이 참인지는 알려 준다.

성경을 공부하면 성경에 기록되지 않은 사건에 관한 하나님의 목적을 최소한도 이상으로 알 수 있는가? 그렇지 않다고, 우리는 최소한으로만 알 수 있다고 가정해 보자. 그러면 우리가 삶의 세세한 일에 하나님에게 감사하고 그분을 찬양하는 능력에 문제가 생길 것이다.

이를테면, 우리는 하나님이 내 모교회의 기도에 응답하신다고 추론할 수 있는가? 우리가 하나님의 목적을 알 수 없다는 것이 사실이라면 기도 응답에 대해서 감사할 수 없어 보인다. 하나님이 응답하셨는지 하지 않으셨는지 우리는 전혀 알 수가 없다. 우리가 기도한 일이 일어났다는 것만 알 수 있을 뿐이다. 우리는 하나님이 제1원인이셨다는 것을 추론할 수 있다. 그러나 하나님이 우리 기도에 어느 정도 응답하려

---

7   Green은 이렇게 말한다.

사실, 섭리 교리를 더 완벽하게 이해한다면 실제로는 섭리주의를 받아들이지 못하게 된다고 나는 주장하고 싶다. 하나님이 그분의 사랑하시고 거룩하신 뜻으로 창조 세계를 견고하게 묶으신다고 유 우리가 확신할 수는 있지만, 성경에서는 하나님이 은밀하게, 알 수 없게 그렇게 하신다고 일관되게 묘사한다. 실제로 하나님의 성품 중에서 아주 분명하게 나타나는 속성 중 하나가 불가해성이다. "내 생각이 너희의 생각과 다르며 내 길은 너희의 길과 다름이니라 여호와의 말씀이니라." 하나님의 길은 그분이 드러내기로 하신 소량의 계시를 통해서 선별적으로 계시될 뿐이다. … 우리가 세상의 구원에 관한 하나님의 장기적 계획을 보지만, 가장 광범위한 윤곽에서 볼 뿐이다. 하나님에 관해서, 또 세상을 향한 하나님의 계획에 관해서 알 수 있는 것 대부분은 여전히 우리에게는 가려져 있다(Green, *Christian Historiography*, 143).

고 그렇게 하셨는지 아닌지 우리는 모른다.

비슷하게, 어떤 기독교 신자가 자기가 어떻게 그리스도를 알게 되고, 믿게 되었는지 간증할 때 우리가 하나님의 목적에 대해 알고 있는 것이 무엇인가? 믿음에 이른 이 사례가 성경에 기록되지 않았으므로 하나님의 목적은 완전히 불가해하고 불분명한가?

우리가 하나님의 목적을 알 수 없다고 가정하더라도 하나님이 존재하신다는 것은 알 것이다. 그러나 우리는 어느 구체적인 일에 대해서는 하나님에게 감사할 수 없을 것이다. 이런 가정 아래서는 기도 응답으로 보이는 것이 전부 불가해하고 불분명할 것이다. 그러나 이 가정은 거짓이다. 우리는 비록 작은 부분이라도 최소한도 이상으로 하나님의 목적을 **알 수 있으며**, 이는 우리가 근래에 일어난 사건을 성경 말씀을 근거로 평가할 수 있기 때문이다.

실제로 우리가 기도에 대한 응답을 추정할 때 그것을 완전히 확신하고서 추정하는가? 그렇지 않다. 인간 지식의 보편적 한계에 관한 견해도 여전히 적용된다. 그러나 그런 한계 때문에 지식이 완전히 무용지물이 되지는 않는다. 우리가 기도 응답을 추정한다면, 하나님의 "장기적 계획을 … 광범위한 윤곽 안에서" 단언하는 것에 불과한가?[8] 그렇지 않다. 우리는 인간 지식의 '잠정적' 한계 범위 안에서, 하나님이 특정 기도에 응답하셨다고 생각한다고 말하는 것이다.

우리가 하나님의 목적을 알 수 없다는 발상은 지나치게 포괄적이며

---

8   Green, *Christian Historiography*, 143.

성경의 가르침과 양립할 수 없다고 결론 내릴 수 있다. 그런 발상은 성경의 가르침을 기반하는 그리스도인의 삶과도 양립할 수 없다. 불가해성에 호소해 하나님의 목적을 묵상하지 못하게 하려는 시도는 실패로 돌아간다.

그럼에도 욥의 세 친구와 같은 과신은 비판받아 마땅하다.[9] 이런 과신은 섭리주의를 오용한 것이다. 그러나 성경에서 언급된 이들의 삶에 대한 하나님의 목적에 우리 삶에 대한 하나님의 목적을 덧붙여 고찰하는 적절한 방법이 있다는 원칙은 훼손되지 않는다. 이것은 우리가 하나님의 대한 지식과 성경을 이용해 삶을 살펴보는 것일 뿐이다.

수사적 목적

섭리주의에 대한 또 다른 비판에서는 섭리주의의 목표에 의문을 제기한다. 섭리주의의 목표는 사실상 역사를 이해하는 것인가, 아니면 "기독교 공동체 안에 존재하는 다양한 사회적 정치적 종교적 목표"[10]를 도모하는 것인가?

---

9 "유한성과 타락 때문에 우리의 역사 지식에는 상당한 한계가 있지만, 섭리주의의 패러다임에는 그런 한계를 인정하거나 진술한 준비가 되어 있어 보이는 것이 거의 없다. 하나님의 목적의 심오한 신비와 양립하는 것으로 보이는 것은 훨씬 더 적다. 섭리주의자가 하나님의 장엄한 역사 앞에서 흔히 경외와 경이를 말하지만, 이를테면 미국 독립혁명에 담긴 하나님의 목적을 기이하게 단언하는 것을 막을 수 정도로 경외를 드러내는 경우는 거의 없다." Green, *Christian Historiography*, 144.

10 Green, *Christian Historiography*, 144. 전체 맥락을 인용하면 이렇다.
결국, 섭리주의는 아마도 결코 역사를 연구하는 방법이 아니라 일종의 수사적 전략으로, 신앙이 있는 이들에게 과거의 의미를 재구성해 주어 하나님이 그들의 곤경에 마음을 쓰신다는 것을 확신시켜 줌으로써 그들을 북돋아 주려는 의도가 담겨 있을 것이다. 이런 '유용한 과거'는 기독교 공동체 안에 존재하는 다양한 사회적 정치적 종교적 목표를 도모하는 데 지대한 도움을 준다. 수사적 전략으로서, 섭리주의는 과거를 복원하기 위한 비판적 방법과는 거의 관계가 없다.

사실 그 사회적 정치적 종교적 목표가 너무 두드러지면 역사에서 일어난 일의 모든 복잡성이 보이지 않을 수 있다. 요점은 인간의 동기가 섭리주의를 변질시킬 수 있다는 것이다. 그러나 그런 위험은 섭리주의뿐 아니라 역사에 관한 어떤 연구에든 다 해당된다. 역사학자에게는 다들 이러저러한 동기가 있다. 더 큰 사회적 목표와 동떨어진 연구는 하나도 없다.

인간의 동기는 엄밀한 역사 연구에도 작용한다. 엄밀한 역사 연구를 중시하는 학계 일부는 그 나름의 사회적 정치적 종교적 목표를 갖고 있다. 단순화해도 된다면, 사회적 목표는 역사학회를 육성하는 것이고, 정치적 목표는 그 학회에 힘을 실어 주어서 다른 기관에 종속되지 않게 하는 것이고, 종교적 목표는 그 역사 연구가 종교에서 독립하게 해 세속주의를 고취하는 것이라고 말할 수 있겠다.[11]

원칙적으로 악한 동기가 있을 가능성을 경고하는 것은 어느 정도 가치가 있다. 그런 경고는 사람들이 비판적으로 성찰하고 악한 동기를 거부하게 하는 데 도움이 될 수 있다. 그러나 우리가 역사 연구에 필요한 어느 특정 전략을 악한 동기가 아니라 선한 동기로 실행하게 하

---

11 주 10에 나오는 것과 같은 표현을 이용해 반(反)섭리주의를 반대하고자 하는 사람을 떠올려 보면 다음과 같이 그 어려움을 그려 낼 수 있을 것이다.

> 결국, 반섭리주의는 결코 역사를 연구하는 방법이 아니라 일종의 수사적 전략으로, 신실한 세속주의자들에게 과거의 의미를 재구성해 주어 하나님의 부재 또는 최소한 하나님의 완전한 불가해성을 확인시켜 줌으로써 그들을 북돋아 주려는 의도가 담겨 있을 것이다. 이런 '유용한 과거'는 세속주의 공동체 안에 존재하는 다양한 사회적 정치적 종교적 목표를 도모하는 데 지대한 도움을 준다. 객관주의 역사학자들 사이에서, 과거를 이렇게 설명하는 방법은 역사학자의 개인적이고 사적인 종교관과 관련해서는 역사를 중립적이고 가치를 판단하지 않는 방법으로 연구하는 과제에 지대한 도움을 준다. 수사적 전략으로서, 반섭리주의는 문화적으로 결정된 자체 강령의 성격과는 거의 관계가 없으며 역사 협회에 대한 근거 없는 윤리적 강요의 성격에 관한 비판적 자의식과도 거의 관계가 없다.

는지를 판단하는 데는 도움이 되지 않는다.

섭리주의에 관한 결론

요약하자면, 섭리주의에 대한 비판은 오용의 위험성을 지적한다는 면에서 유용하다. 그러나 결국 그런 비판은 오용을 겨냥하는 경우에만 설득력이 있다.

결국 따지고 보면, 섭리주의의 긍정적인 사례는 여전히 유효하다. 성경은 우리에게 하나님의 목적을 판단할 수 있는 가르침을 제공한다. 인간의 판단에 결코 오류가 없을 수는 없다. 그러나 오류가 없다고 누가 주장하는가? 지나친 자신감이나 사회를 개혁한다는 여러 계획 때문에 우리의 판단에 오류가 생길 수 있다. 그러나 역사에 관한 어느 연구가 그와 같은 영향력에 굴복하지 않을 수 있겠는가?

성경은 하나님과 하나님의 구원 목적을 계시해 우리를 인도해 준다. (요한계시록에 나오는 예언 내용은 물론이고) 이 가르침은 적용할 수 있다. 그렇게 적용하려고 할 때 추론이 전개되며 이는 아무도 막을 수 없다. 섭리주의에 대한 비판으로는 보통 그리스도인이 하는 적용, 예를 들어 교회에서 하는 기도 체인에 적용하는 것과 같은 적용을 전혀 떨쳐내지 못한다.

비판하는 이들은 기도 체인을 고찰해 보는 것이 훨씬 도움이 될 것이다. 혹은 그리스도인이 자신이 어떻게 해서 그리스도를 알게 되었는지 말하는 개인 간증 사례를 숙고해 볼 수도 있다. 그와 같은 사례에서 우리는 하나님이 그들을 믿음에 이르게 하셨음을 확신할 수 있다. 그리고 하나님은 목적을 가지고 그렇게 하셨다. 다시 말해 그리스도 안에서 그들을 사랑하셨기에 불쌍히 여겨 구원하고자 하신 것이다. 이렇게 말해도 되는가? 그렇다면 우리는 성경에 나오지 않는 특정 사건을 말하는 것이며, 그 사건에 담긴 하나님의 목적을 잠정적으로 진술하는 것이다. 그리스도인의 간증에 이렇게 반응하는 것이 섭리주의의 한 가지 사례다. 섭리주의를 비판하는 사람들은 무슨 말을 할 수 있는가?

기독교 반섭리주의자들이 호소하는 대상은 욥, 날 때부터 눈먼 사람, 그 밖에 성경에서 하나님의 목적에 담긴 복잡성과 신비와 심오함을 보여 주는 사례다. 그렇게 호소할 수도 있다. 우리는 이런 성경 구절을 참작해 보아야 한다. 우리는 하나님 안의 깊은 것에 대해, 그리고 자신의 한계와 억측하려는 유혹에 관해 곰곰이 생각해 보아야 한다(욥 42:3-6). 모든 것을 말해도(그렇게 다 말할 **필요가 있다**), 반섭리주의자들은 성경에 나오지 않는 역사에 대한 논의에서 하나님의 목적에 대한 논의를 **배제**하는 보편 원칙을 향해 한 발짝도 떼놓지 못했다. 그들은 현대 섭리주의 역사학자들이 이를테면 미국을 선택된 나라라고 선언할 수 있다고 자신하며 도를 넘는 것과 마찬가지로 도를 넘고 있다. 어떤 그리스도인의 회심 사건에 담긴 하나님의 목적에 대해 우리가 아무 말도 할 수 없다고 결론 내린다면 반섭리주의자들의 이런 과도함은 그 자체의 터무니없는 극단으로 치닫는 것이다.

다른 식으로 말해 보겠다. 반섭리주의의 주장에 따르면 성경에 나오지 않는 사건에 대한 역사적 성찰을 하나님의 목적에 대한 논의에서 배제하는 보편 원칙이 존재한다. 그것은 윤리적 원칙이다. 이 원칙은 어떤 식으로 역사적 성찰을 실행**해야 하는지**를 공표한다. 역사적 성찰이 타당하려면 반드시 성경의 윤리 원칙을 근거로 해야 한다는 것이다. 그러나 이것은 불가능하다. 사실상 성경의 함의는 그와 반대다. 성경은 그 원칙이 우리 삶에 적용되게 하고자 한다. 성경의 원리를 이용해서 성경에 나오지 않는 사건에 관해 추론을 내리는 것이 이런 적용에 포함되는 경우도 있다. 반섭리주의자들이 욥의 친구들에게 일어난 것과 같은 오용을 비판하는 것은 정당하다. 그러한 이 제한된 목표를 넘어서면 설득력이 없어진다.

24

기독교 역사 기술의 그 외 형태

기독교 역사 기술의 다양한 형태를 아직 완전히 개관하지는 않았다. 지금까지 우리는 기독교 역사 기술의 다섯 형태를 논했다.[1] 이들 형태를 통해 그리스도인이 역사에 관한 글쓰기 분야에서 주님을 따르려고 하면서 주로 선택하는 방향을 충분히 살펴보았다. 그런데 그리스도인이 고려해 보아야 할 방향이 두 가지 더 있다.[2] 이 둘이 여섯째, 일곱째 접근법이 된다.

---

[1] 이 다섯 관점이 Jay D. Green, *Christian Historiography: Five Rival Versions* (Waco, TX: Baylor University Press, 2015)에서 분석하는 주요 관점들이다.
[2] Green은 이 두 접근법에 대한 논의를 제6장에 "결론: 그리스도인의 소명으로서의 역사 연구"라는 제목으로 수록한다(*Christian Historiography*, ix, 349).

전문가의 연구에 맞추려는 열망

역사에 대한 기독교의 여섯째 접근법에서는 딱 학문적 우수성까지만 강조한다. 이 견해에서는 기독교 역사학자에게 주변 세계에서 이미 확립된 본을 따라 우수한 저작을 내놓음으로써 하나님을 섬기라고 한다.

이 접근법을 '전략 배척'(antistrategy)이라고 부를 수 있는데,[3] 특히 기독교적 전략을 세우려는 시도는 무엇이든 다 일축하기 때문이다. 이 접근법은 앞에서 고찰한 기독교의 다섯 가지 접근법을 전부 부정한다. 이 주장에 따르면 제대로 된 기독교적 접근법은 세상에서 탁월해지려고 노력하는 것뿐이다.

이 '전략 배척'이 무슨 뜻인지 알겠는가? 다니엘과 세 친구가 "갈대아 사람의 학문과 언어"(단 1:4)를 교육받을 때 이런 본을 따랐다고 주장할지도 모르겠다.[4] 그러면 다니엘서는 주변 사회의 기풍에 순응하는 것을 지지하는가? 다니엘서는 우리에게 제한된 정보만 제공하면서 엇갈리는 상황을 보여 준다. 다니엘과 세 친구는 학생으로서 우수했다(단 1:17, 20). 그러나 음식(1:8)과 경배(3:18)와 기도(6:10)와 관련해서는 순응하려고 하지 않았다. 게다가 다니엘이 느부갓네살왕과 벨사살왕에

---

[3] Green, *Christian Historiography*, 157.
[4] Green, *Christian Historiography*, 157. 바빌론 상황에 관해 D. G. Hart를 인용한다("Christian Scholars, Secular Universities, and the Problem with the Antithesis," *Christian Scholar's Review* 30 [2001]: 383 402). 그러나 Hart의 입장은 미묘한 차이가 있다. Hart는 바빌론 상황과 현대 학계의 상황이 기독교 신앙에 적대적이라고 인정한다. 이런 상황에서는 타락할 수 있다.

게 회개를 촉구할 때는 정중한 궁중 예법에 따라서 말하지 않았다(단 4:27; 5:22-23). '세속적'인 것과 '종교적'인 것 사이가 깔끔하게 구분되는가? 고대 왕국 곳곳에 종교가 스며들어 있었다는 것을 감안하면, 그렇지 않아 보인다.

추가 질문을 할 수 있다. 다니엘 1장에서 느부갓네살왕은 어떻게 네 명의 유대인이 "온 나라 박수와 술객보다 십 배나 나은 줄을 아"는가?(단 1:20) 같은 기술을 놓고 볼 때 이 넷이 훨씬 숙련되어 있었는가, 아니면 하나님이 이들에게 은택을 베푸셨는가, 아니면 "박수와 술객"은 거짓 종교의 습속에 물들어 있던 반면 이 넷은 그들의 방식을 따르지 않았기 때문에 지혜를 입증한 것인가? 우리에게는 세세한 정보가 없다. 그래서 우리에게 있는 정보를 근거로 그리스도인의 순응을 뭉뚱그려 결론 내릴 수 없다.

더 범위를 넓혀서도 질문하자면, 문화에 대한 순응인 '전략 배척'이 어느 문화에나 다 똑같이 적용되는가? 예를 들어, 궁중 사관은 황제를 옹호하는 식으로 글을 써야 했을 텐데, 이런 '전략 배척'이 중국 황제의 궁중 사관들에게도 적용되었겠는가? 고대 파라오들의 궁중 사관은 어떠했겠는가? 불교문화는 속세에서 벗어나는 것을 가치 있게 여기는데, 우리가 그 속에서 살아간다면 불교문화의 가치관을 받아들여 역사 연구는 아예 하지 말아야 하는가? 또 우리가 고대나 중세 교회의 문화 속에서 살아간다면, 기독교 역사 저술에서 섭리주의를 비롯한 그 문화의 주요 패턴을 따라야 하는가?

현대 서구는 어떤가?[5] 역사학자 협회는 단일 조직이 아니다. 우리는 마르크스주의자를 따라야 하는가, 아니면 페미니스트나 포스트모더니스트를 따라야 하는가? 앞서 살펴본 다섯 가지 접근법 중 하나가 담긴 기독교 하위문화 중에 하나를 따라야 하는가? 대학의 역사학자들은 중립을 지향하며 그들 중 주류가 최근 우위를 점하고 높은 명망을 얻고 있다고 판단을 내릴 수는 있다. 그런데 그리스도인이 우위와 명망에 왜 신경을 써야 하는가?

가장 간단한 형태로 보면, 순응 방침인 '전략 배척' 방침이 단일 전략이 아니라 우리가 속한 문화나 하위문화에 따라 달라지는 다수의 전략임을 의식하면 받아들이기 어려워진다. 우리는 하나님을 따라야 하지 그냥 순응해야 하는 것이 아니다. 순응을 선택하려면 어느 것에 순응하기로 해야 하는지를 보여 주는 논거가 필요하다. 그렇지 않다면 순응은 그저 항복해 쉽게 편안해지는 길이 되어 버리기가 쉽다.

순응 전략은 변화를 위한 장기적 미래상에 관해서도 답변을 해 주지 못한다. 현대의 아카데미는 중세의 대학교와 다르다. 현대의 아카데미가 본질적으로 중세의 대학교보다 우수한가? 그렇다면 왜 그런가? 결국 하나를 다른 하나보다 더 좋아해야 하는가? 아니면 제3의 어떤 것을 선택해야 하는가? 현대의 아카데미가 '정치적으로 올바르지만'[6]

---

5 Brian Mattson의 인상적인 논평에 따르면, 그리스도인은 서구 일부 지역에서는 비교적 잘 지낼 수 있다고 직감할 수 있는데, 이는 기독교가 과거 서구에 매우 큰 영향을 미쳤기 때문이다. Mattson, *Cultural Amnesia: Three Essays on Two Kingdoms Theology* (Billings, MT: Swinging Bridge, 2018, 특히 chap. 1, pp. 1-22). 그렇지만 계몽주의 프로젝트의 붕괴가 이어지자, 학문적 삶의 세분화가 일어나 순응은 서구에서도 문제가 많은 방식이 되었다.

6 Hart, "Christian Scholars," 401.

짐작건대 훗날에도 그래야 하는 것은 아닐 것이다. 시간이 흐르면 훨씬 더 많은 변화가 일어날 수 있다. 그리스도인이라면 큰 기관에서 즉각적인 변화를 일으킬 수 있는 자신의 능력이나 힘을 과대평가해서는 안 된다. 그러나 성경은 방향 감각과 목표를 제시해 준다.

그러므로 순응 전략은 부적절하다. 그렇지만 그리스도인이 바빌론과 같은 상황 한복판에 있을 때조차도 우수해지고자 하는 노력을 역설한다면 그런 역설은 적절하다.

역사학자의 책임을 설명해 주는 소명

이제 한 가지 접근법을 더 고찰해 보려 한다. 이 접근법의 바탕에는 소명이라는 개념이 깔려 있다. 소명은 두 종류가 있다. '일반' 소명 또는 부르심은 하나님이 각 그리스도인을 부르셔서 그리스도에게 나아와 구원받게 하시는 하나님의 사역이다(롬 8:28, 30). '특별' 소명은 하나님이 각 그리스도인에게 농부, 상인, 어머니, 아버지, 교사와 같은 특정 직무를 하도록 맡기시는 사역이다. 어느 직무를 하든지 우리는 주님을 섬기고 있어야 한다(골 3:17, 22-24). 여기에는 그리스도인 역사학자의 직무도 암묵적으로 포함된다.

소명에 대한 이런 강조는 두 가지 면으로 이해할 수 있다. 첫째, 우리가 살펴본 다른 여섯 가지 형태의 기독교 역사 기술에 대한 대안으로 이해할 수 있다. 그러면 이런 강조는 일곱째 형태가 될 것이다. 둘째, 제이 그린의 말에 따르면 "어떤 의미에서 보면 이 글에서 논의한 모든 작가의 열망과 방법을 어떻게든 반영하는 '포괄적' 범주로서 쉽게 대신할 수 있다."[7] 즉, 기독교 역사 기술의 모든 형태는 어떤 그리스도인이 역사 연구와 저술이라는 특정한 과제를 하도록 하나님이 자신을 부르셨다는 감각을 실제로 이해하고 살아 내려는 방법에 해당한다는 것이다.[8] 그러므로 그리스도인의 소명을 강조하는 일곱째 접근법을 **추가** 관점으로 이해하는 것이 아니라 나머지 여섯 관점을 강화하는 관점으로 이해하는 것이 가장 좋다.

섭리적 성찰로 되돌아가기

역사에 대한 기독교의 접근법 조사를 겉보기에 만족스럽게 마무리하는 방법이 여기 있다. 소명에 관한 가르침이 성경에 있다. 그 가르침 덕분에 우리는 역사를 연구하는 그리스도인을 이해할 수 있다. 하지만 여전히 한 가지 문제가 남아 있다. 그것은 소명에 대해 생각하는 것이 실은 특정한 형태의 섭리주의라는 사실과 관련 있다.

어째서 그런가? '소명'과 '부르심'이라는 표현은 역사학자의 삶에 하나님이 임재하신다는 뜻이다. 하나님은 역사의 통치자로서 그 역사학자를 특별한 과업으로 부르시기 위해 행동을 취하신다. 더욱이 하나

---

7 Green, *Christian Historiography*, 158-163.
8 Green, *Christian Historiography*, 150.

님의 임재는 우리가 그분의 목적에 대해 말할 수 없거나 추론할 수 없는 '텅 빈' 임재가 아니다. 오히려 우리는 그분의 목적에 대해 어느 정도 구체적으로 안다. 하나님이 그리스도인을 역사학자가 되라고 부르실 때는 하나님을 섬기면서 그분의 영광을 위해 역사를 연구하게 하고자 부르시는 것이다. 이 모든 추론은 소명에 관한 성경의 가르침에서 나온다.

그리스도인 역사학자 개개인이 성경 전체의 원리를 기반해 아는 것은, 하나님이 자신을 그 자리에 있게 하시고 동기를 부여하셔서 자기 앞에 놓인 과업을 통해 하나님에게 영광 돌리게 하고자 하신다는 것이다(고전 10:31). 이런 역사학자는 자기 삶에 있는 하나님의 목적을 이해한다. 늘 그렇듯이 조건은 있다. 역사학자가 자신의 특정 소명을 잘못 알고 있을 수 있다는 것이다. 하지만 소명은 실제다. 그리스도인 역사학자는 자기 삶에 대한 하나님의 구체적인 목적을 인정해야 한다. 이것이 섭리주의의 한 가지 사례다. 그리스도인 역사학자는 (반섭리주의자들조차도) 이런 섭리주의를 받아들일 수 있는가?

공과 사

관련 쟁점을 생각해 보자. 일부 신중한 독자들이 역사의 더 폭넓은 움직임을 연구하는 접근법으로서는 섭리주의를 거부하더라도, 어느 한 역사학자의 사적이고 개별적인 소명에서는 섭리주의에 동의할 수 있는 **이유**는 무엇인가? 어떻게 그들은 자기들이 연구하는 역사에 관해서는 반섭리주의를, 사적인 경험에 관해서는 섭리주의를 유지할 수 있는가?

가능성 있는 실마리 하나는 공과 사의 구분에서 나온다. 역사학자의 소명감은 우리가 '사적'이라고 일컬을 수 있다. 그는 자신의 소명감에 대해 동료 역사학자들에게 반드시 말하지 않아도 되며, 역사를 전문적으로 다루는 논문을 쓸 때 언급하지 않을 것이다. 그는 '공적'인 글을 쓰지만, 그의 동기는 '사적'이다. 그가 자신의 사적인 동기와 하나님과 사적으로 교제한 경험을 공적 영역에서 논하는 것은 적합하지 않다고 (특히 학계에서는) 주장할 수 있다.

이런 종류의 설명에는 세 가지 난제가 있다. 첫째 난제는 공과 사의 엄격한 구분은 종교를 사적인 영역에 한정 짓는 것과 더불어 현대 세속주의의 특징이지 여러 문화의 보편적 원칙이 아니라는 것이다. 이런 구분은 그냥 받아들여야 할 것이 아니라 비판적으로 분석해야 한다. 이를 쉽게 받아들이는 것은 순응이나 항복으로 가는 지름길이다.

그리스도인이라면 자신의 행동이 전부 성령님에게 능력을 받도록 노력해야 한다. 그리스도인은 대체로 하나님 앞에서 살아가며 자기 삶에 있는 하나님의 빛이 세상에 비취게 하려고 노력한다(마 5:14-16). 그에게 공적이거나 사적이라고 불릴 수 있는 것은 그저 하나님 앞에서 살아간다는 더 크고 단일한 소명의 한 측면에 불과하다. 공적 영역과 사적 영역 사이에는 뚜렷한 경계가 없다.

둘째 난제는 공과 사를 구분하기가 결국 심리적으로, 영적으로 실행

불가능하다는 것이다. 하나님에게서 오는 소명에 대한 사적인 느낌은 역사학자 개인의 모든 공적 활동에 끊임없이 영향을 미치면서 힘을 실어 주어야 한다. 만일 그렇다면 자신의 공적 저술에 대한 그 역사학자의 **해석**은 섭리주의적 해석이 된다.

셋째 난제는 그런 구분에 허점이 많다는 것이다. 역사학자가 자신의 동기를 전공 논문에 명백히 논제로 내놓지 않는다면 역사학자의 동기는 어느 정도 사적 영역이다. 그런데 훗날 누군가가 이 역사가의 전기를 쓴다고 가정해 보자. 그러면 동기에 대한 질문은 공적 영역이 된다. 따라서 공과 사의 구분은 상황에 따라 달라진다. 공과 사의 구분은 역사의 특정 항목에 대해 어떤 종류의 공공의 **관심**이 있는지에 따라 달라진다. 그리고 그 관심은 지극히 가변적이다.

더욱이 독자의 이익에 관해서 말하자면, '공공'이 실은 한 집단이 아니라 여러 집단이다. 어떤 사람들은 전기에 관심이 있는 반면, 어떤 사람들은 그렇지 않다. 어떤 사람들은 특정 개인의 인생 이야기에 흥미가 있지만, 어떤 사람들은 그렇지 않다. 누군가의 동기가 다른 이들의 관심사가 되는 순간, 공과 사 구분은 무너진다. 그리고 과거의 인간의 동기에 대한 이런 관심은 역사 연구에 만연해 있다.

예를 들어, 어느 전기 작가가 초기 그리스도인 역사학자의 삶을 다루는 전기 집필에 착수했다고 가정해 보자. 그 역사학자가 '공적' 저작에서는 자신의 기독교 신앙을 고백한 적이 전혀 없다고 가정해 보자. 그러나 사적인 일기나 기록에서는 자신의 소명감을 피력했다. 그는 하나님이 자기를 역사학자로서 일하라고 부르셨다고 느낀다. 중립성이나 객관성이나 인간의 유한성의 원리를 근거로, 후대의 전기 작가는 초기 역사학자를 **실제로** 하나님이 부르셨는지 여부를 어떤 면에서도 전혀 아는 바가 없다고 말해야 할까?

그 전기 작가도 기독교 신자라고 가정해 보자. 역사학자의 반대되는 증언에도 불구하고 이 작가는 해당 역사학자에 대한 하나님의 부르심을 전적으로 대답할 수 없는 질문으로 취급한다고 가정해 보자. 이러면 전기 작가가 사실상 하나님의 방식에 대해 알고 있는 바를 부인하는 것으로 보일 것이다. 그가 자기는 모른다고 주장한다면, 공감하는 입장이 아니라 미심쩍어하는 입장을 취하는 것이다. 이것은 기독교적 태도가 아니며, 건전한 역사 분석으로 이어지지 않는다. 그러니 전기 작가는 해당 역사학자의 사적인 소명감에 동의해야 한다. 이런 동의를 그 역사학자의 동기를 논하면서 표현할 수도 있다. 이 경우 전기 작가의 표현은 공적이다.

그래서 주관적인 소명에 대한 개인의 증언과 그 주관적 소명에 대한 공적 평가 사이의 구분은 무너진다. 이 지점에서 섭리주의에서 벗어나려면 침묵 속으로 도피하는 것 말고는 다른 방법이 없다. 그리고 이런 침묵을 현대 서구 문화의 분위기에서 너무나 자주 강요된다. 이것은 단순히 하나님의 섭리에 겸손으로 응하는 결과물이 아니다.

요약하면, 우리는 성경에서 하나님에 대한 지식을 받으며, 이 지식에서 겸손한 섭리주의를 긍정하는 건전한 기반을 얻는다.

25

역사 기술에 관한 관점

우리에게는 다섯 가지에서 일곱 가지 '경쟁하는' 역사 기술이 있는가, 아니면 잠정적으로나마 기독교 역사 기술을 서로 보완해 주는 다섯 가지 관점이 있는가?

일부 관점의 주요 지지자들은 자기들이 선호하는 형태가 '경쟁하는' 접근법과 **경쟁 관계**에 있다고 이해했다. 그런데 반드시 경쟁 관계에 있어야 할까? 그렇게 이해하는 대신, 다섯 가지 주요 접근법을 뚜렷이 상호보완적 강조점으로 간주해도 될까? 심지어 동일한 사건에 대한 연구를 서로 보완해 주는 관점으로 간주해도 될까? 이것이 이 장의 주제다.

여섯째와 일곱째 접근법은 어떻게 되는가? 여섯째 접근법은 순응을 지지하므로 부적절하다. 그렇지만 여섯째 접근법의 우수성 강조를 다른 접근법과 연계할 수 있다. 서구 세계의 많은 사람이 우수성의 면에서 생각할 때 전문적 역사에 나오는 우수성도 생각한다. 즉 무슨 일이 일어났는지를 판단하기 위해 상세히 선별한 정보에 나오는 우수성도 떠올린다는 것이다. 우리는 여섯째 접근법을 전문적 역사를 강조하는 방법으로 취급할 수 있다.

일곱째 접근법은 그리스도인의 소명에 초점을 맞추므로 나머지 모든 형태와 유용하게 연계될 수 있다. 그래서 이 접근법은 따로 고찰할 필요가 없다.

그러니 처음 여섯 형태를 상호보완적으로 다룰 수 있는 방법을 생각해 보겠다.

강조점으로서의 여섯 형태

우선, 이 여섯 형태를 별개이면서도 상호보완적인 **강조점**으로 다룰 수 있는지 보자.

첫째 형태는 '종교를 진지하게 여긴다.' 모든 기독교 역사학자가 자신이 서술하는 사건에서 종교의 역할을 강조해야 하는 것은 아니다. 그러나 그 서술로 이어지는 분석에서 종교를 정말로 진지하게 여긴다면 도움이 될 것이다. 그와 같이 초점을 맞추면 마음속 동기의 역할을 드러내는 것을 도울 수 있다. 이런 역사학자가 글을 쓴다면 종교를 세심하게 논할 것이다. 이들은 종교에 초점을 맞추는 것을 한 가지 적당한 강조점으로 이용할 수 있다.

둘째 형태는 기독교 세계관에 호소한다. 다시 말하자면, 이 형태는 기독교 역사학자가 사건의 의미를 자신의 세계관에 비추어 질문할 때면 언제든 강조점으로 사용될 수 있다.

셋째 형태는 윤리적 교훈을 강조한다. 물론 앞에서 논평했듯이 이 접근법을 융통성 없이, 지나치게 단순화하여, 선동적으로 다룰 수도 있다. 그러나 인간의 행동에는 윤리적 차원이 있으며, 이를 인식하면 우리는 더 빈곤해지는 것이 아니라 더 풍요로워진다. 다시 말하자면, 역사학자는 특정 사례에서 **단도직입적으로, 분명하게** 윤리적 평가를 내릴 수도 있고 내리지 않을 수도 있다. 그래도 윤리는 적절한 강조점이다.

넷째 형태는 역사를 변증의 근거로 삼는다. 그런 성찰이 역사학자의 사고와 집필에서 어떤 역할을 하는지, 하지 않는지는 정도의 문제다. 앞에서 논의했다시피 기독교가 실제로 유익이 되기는 하지만, 인간 행위자와 그 유익이 실제로 완전히 순수하지는 않다. 다시 말하자면, 유익에 대한 성찰을 강조점으로 삼아 사건을 분석할 수 있다. 그런 성찰은 하나님에게 감사를 돌리게 한다.

다섯째 형태는 섭리주의다. 그리스도인은 역사가 하나님의 계획에 따라 일어나며 하나님의 목적의 실행임을 인식해야 한다. 그러므로 이 형태는 받아들이기에 유용한 강조점이다. 그렇지만 오용을 고려하면서 보았다시피 특정 사례에서 우리가 하나님의 목적을 어느 정도까지 인식할 수 있는지는 각기 크게 차이가 난다. 그리고 하나님의 목적이 인간에게는 언제나 신비를 수반한다고 단언하는 것이 안전하다. 하나님의 목적은 언제나 우리가 인식할 수 있는 것보다 더 의미심장하며, 이는 그리스도를 믿게 된 학생이나 기도하고 응답을 받는 교인의 경우에도 마찬가지다.

여섯째 형태는 '아카데미'의 현재 기준에 따라 전문적이고 숙련된 연구를 하려는 접근법으로 묘사될 수 있다. 그렇지만 앞에서 살펴보았듯이 이런 기준은 단일체가 아니다. 서로 충돌하고 경쟁하는 견해가 존재하며, 뚜렷이 다른 하위문화가 존재한다. 의미가 모호하지 않도록 여섯째 형태를 '전문적 역사'에 중점을 두는 제안으로 이해하자. 이는 가능성이 있는 일뿐 아니라 실제로 일어난 일을 규명하려는 시도다. 하나님이 역사의 주인이시므로 각 사건은 하나님에게 의미가 있다. 게다가 하나님은 그 역사의 의미를 탐구할 인간적 동기를 우리에게 부여하신다. 우리는 하나님의 형상으로 지음받았으니 유한성 안에서도 탐구할 동기와 역량이 있다. 이미 일어난 일에 중점을 두는 것은 기독교의 접근법의 전반적 범위에서 타당하다. R. G. 콜링우드(Collingwood)는 '연대기'와 '역사'를 구분해 전문적 역사인 '연대기'가 어떻게 보면 출발점에 불과함을 일깨워 준다.[1] 그렇지만 우리는 연대기를 존중하고 이용할 수 있다.

---

1 R. G. Collingwood, *The Idea of History*, rev. ed. (Oxford: Oxford University Press, 1993), 203-204. 앞서 5장에서 논의한 내용도 보라.

각기 다른 은사

성경의 가르침에 따르면 그리스도인은 각기 은사가 다르다(고전 12장). 그런데 고린도전서 12장에서는 그리스도의 몸의 영적 건강을 고려할 때의 분명한 차이에 관해 말하는데, 다양성의 원칙은 그런 차이를 넘어선다. 그리스도인 역사학자들 역시 은사가 서로 다르다. 그 점에 관해서라면 비그리스도인 역사학자들도 마찬가지인데, 이들에게도 하나님이 일반 은혜의 결과로서 베푸시는 은사가 있기 때문이다. 어느 역사학자는 종교를 진지하게 다루는 기량이 다른 역사학자보다 더 낫다. 어느 역사학자는 기독교 세계관이 미치는 영향을 더 능숙하게 이해한다. 어떤 이는 윤리적 평가를 내리기를 더 잘한다. 어떤 이는 문화적 혜택을 판단하는 데 더 능숙하다. 어떤 이는 하나님의 목적에 대해 슬기롭게 판단을 내리기를 더 잘하고, 또 하나님의 대의를 성급하게, 편파적으로 읽어 내거나 하나님의 임재를 무의미하다고 깎아내리지 않기를 더 잘하기도 한다.

그리스도인은 모두 자기 은사를 이용해서 하나님을 충성스럽게 섬기고, 하나님에게 감사하고 영광을 돌릴 책임이 있다(살전 5:18; 고전 10:31).

은사가 다르므로 우리 삶의 세세한 모습이 달라진다. 은사가 다르므로 특정 역사 연구에 대한 인간적 초점이 달라질 수 있고, 다른 사람에게 읽히려고 쓴 글의 짜임새와 목적이 달라질 수 있다. 어떤 이들은 '전문적 역사'를 선호하는데 이런 역사에는 먼지가 풀풀 날리는 기록

보관소나 비포장도로에서 몇 시간이나 조사해야 하는 철저한 조사와 복수의 출처에 대한 검토가 담겨 있다. 어떤 이들은 무엇이든 다른 이들이 해 놓은 전문적 역사를 기반으로 종교적, 도덕적, 변증적, 섭리적 성찰을 시작하려는 것을 선호한다.

역사는 하나님의 손에서 나오므로 역사의 복잡성을 확고하게 인정하면 역사에 관해서 글을 쓸 때 상호보완적인 다양한 방식이 가능함을 자연스레 긍정하게 된다. 은사의 다양성을 인정하면 동일한 긍정을 더 다지게 된다. 같은 사건에 관한 여러 상호보완적 관점의 가치를 올바르게 인식하는 것도 마찬가지다.[2]

관점으로서 다양한 강조점

이 여섯 가지 강조점을 각기 역사 **전체**를 다루는 관점으로 확장할 수 있다는 것도 눈여겨볼 수 있다. 어떻게 그렇게 되는지 살펴보자.

첫째 강조점은 종교를 진지하게 받아들이는 것이다. 그런데 우리는 종교에 대한 개념을 넓혀서 나름의 제의가 있고 영적 세계에 대한 관념이 있는 전통적인 세계 종교뿐 아니라 그 외 일차적으로 헌신하는 것도 종교에 넣을 수 있다. 어느 사람의 일차적 관심이 돈을 버는 데 있다면, 돈이 그 사람에게는 일종의 신이다. 누군가가 유물론 철학을

---

2   Vern S. Poythress, *Symphonic Theology: The Validity of Multiple Perspectives in Theology* (repr., Phillipsburg, NJ: P&R, 1995).

받아들인다면, 그 사람은 물질이 세상의 궁극적 기반이라고 생각하는 것이고, 그렇게 물질을 기반으로 여긴다면 물질이 일종의 신 역할을 한다. 물질이 삶에 대한 궁극적 설명이 되고, 나머지 모든 것을 세울 수 있는 기반 역할을 하는 것이다.

이와 같은 종교 개념 확장을 허용하면 누구나 다 신앙심이 깊다. 무슨 동기든지 포함된 인간의 행동은 무언가에 의해 동기가 부여되며, 그 무언가는 더 깊은 뿌리로 거슬러 올라간다. 다른 말로 표현하자면, 인간의 행동은 본질상 종교적이다. 사실, 인생은 모두 종교적이다. 사람은 누구나 하나님을 섬기든지 하나님을 대신하는 것을 섬기든지 한다. 종교는 모든 것의 일면이다. 인간의 행위를 이해하는 데 종교는 반드시 필요하다.

둘째 강조점은 기독교 세계관에 있다. 이 강조는 역사 전체를 다루는 관점으로 확장할 수 있다. 사람은 다들 각자 하나님에 대하는 태도나 하나님을 대신하는 것을 대하는 태도를 아우르는 세계관이 있다. 세계관은 인간 행동에 영향을 미치며, 여기에는 사람들이 역사를 조사해 글을 쓰는 방식도 포함된다. 그러므로 세계관은 불가피한 부분이다. 세계관은 역사의 행위자들 사이에 존재하며, 역사를 집필하는 사람들에게 영향을 미치는 것으로서 존재한다.

셋째 강조점은 윤리적 가르침에 초점을 맞춘다. 그러나 인간의 모든 행위에는 윤리적 차원이 있다. 모든 사람이 하나님에게 아뢸 의무가 있다. 인간의 모든 행위는 결과를 초래한다. 비도덕적 행위는 이생에서도 비참한 결과로 이어진다. 물론 예외가 많기는 하다. 그러나 윤리적 차원은 인간의 삶 전체에 들어 있다. 이런 의미에서 보면, 윤리는 역사 전체에 대한 관점으로 작용할 수 있다.

넷째 강조점은 역사를 변증의 목적으로 이용한다. 앞에서 이 강조를 분석하면서 논평했듯이 이 접근법을 지나치게 단순한 방식으로 이용하기 쉽다. 그러나 로마서 1장 18-23절에 나와 있듯이 모든 피조물이 하나님을 증언한다. 미미하게 한 걸음만 나아가도 일어난 모든 사건도 마찬가지로 하나님을 증언한다고 결론 내릴 수 있다. 그러므로 넓은 의미에서 보면, 변증의 추진력은 역사의 모든 사건에 내재해 있다. 다시 말해서, 변증학은 역사 전체를 보는 한 가지 관점이다. 역사가 하나님의 영광을 선언한다.

다섯째 강조점은 우리가 섭리주의라고 일컬은 것이다. 어떤 사건이든지 다 하나님이 섭리적으로 다스리신다. 그래서 각 사건을 하나님이 무슨 일을 행하시는지에 관한 면에서 연구할 수 있음을 쉽게 알 수 있다. 섭리주의는 역사 전체를 보는 한 가지 관점을 제시한다. 앞에서 보았다시피 하나님의 목적에는 우리가 모르는 것이 많다는 것을 인정하여 이 관점을 다듬어야 한다. 하지만 그렇다고 해서 우리가 하나님은 목적이 있으시고, 알고 계신다는 것을 인정하지 못하지는 않는다. 하나님이 계시해 주신 것이 성경에 많이 있다.

여섯째 강조점은 사실을 규명하는 '전문적 역사'에 있다. 이 강조점도 역사 전체에 보는 관점 역할을 한다는 것을 쉽게 알 수 있다. 역사에 관한 어느 관점에든지 반드시 찾아내야 하는 사실이 있다.

사건, 사람들, 의미와의 관계

이 여섯 관점을 이 책의 거의 시작 부분에서 논한 세 가지 측면, 즉 사건과 사람들과 의미(3장)에 대한 관심을 해결하는 방법으로 볼 수도 있다. 전문적 역사를 다루는 여섯째 관점은 사건에 초점을 맞춘다. 종교의 중요성에 관해 말하는 첫째 관점은 사람들과 그들의 종교적 헌신에 집중한다. 다른 네 가지 접근법은 더 직접적으로 의미에 중점을 둔다.

나머지 네 가지 접근법은 어떤 의미 **유형**에 중점을 두는지를 질문하면 더 세분할 수 있다. 여섯 관점 중에 둘째 관점, 즉 세계관을 이용하는 접근법은 세계관이라는 틀에 초점을 맞추며 이 틀은 역사 전체를 이해하는 넓은 기준을 제공해 준다. 이 관점은 일종의 **규범적** 초점과 비슷해, 존 프레임의 윤리에 관한 규범적 관점을 응용한다. 셋째 관점은 인간 행위의 윤리적 평가에 관한 것이며 이 평가는 동기와 밀접한 관련이 있다. 그러므로 이 관점은 프레임의 실존적 관점의 응용에 해당한다. 넷째 관점은 변증의 가치에 중점을 두며 문명 사회의 변화에 대한 기여를 더 많이 다루므로, 프레임의 상황적 관점과 유사하다. 마지막으로 다섯째 관점인 섭리주의적 관점은 하나님의 평가에 집중하므로 프레임의 실존적 관점을 적용한 것으로 생각할 수도 있지만, 인간 행위자의 동기보다는 사람의 동기에 초점을 맞춘다(따라서 이 관점은, 역사에서 유래한 윤리적 교훈에 초점을 맞추는 셋째 관점과 뚜렷한 대조를 이룬다). 혹은 하나님이 규범의 궁극적 원천이시므로, 섭리주의적 관점을 일종의 규범적 관점으로 여길 수도 있다.

그러면 결국 여섯 관점은 우리가 앞에서 한 논의를 확인해 주는데, 그 논의에서는 사건과 사람들과 의미가 관점 면에서 서로 겹치는 세 가지 초점임을 보여 주었다. 각 초점에는 나머지 관점이 암묵적으로 포함된다. 역사 연구의 여섯 형태도 관점으로 변환시키면 관점 면에서 서로 겹친다.

양립할 수 있는 관점들

우리가 일단 이 여섯 형태를 강조점으로뿐 아니라 관점으로도 여기고 올바로 이해한다면, 각 관점이 상호보완적이고 양립할 수 있다는 것을 더 쉽게 이해할 수 있다. 실제로 각각의 관점은 나머지 관점을 인정한다. 예를 들어, 종교를 강조하는 관점에서 시작한다고 해 보자. 이 관점이 나머지 다섯 관점을 긍정하는가?

종교를 한 가지 관점으로 사용하면 세계관의 중요성을 인정하게 되며, 세계관은 종교적 헌신에 뿌리박고 있다. 윤리의 중요성도 인정받는다. 종교가 (넓은 의미에서) 우리가 궁극적이라고 생각하는 것을 의미한다면 윤리는 종교에 뿌리를 두고 있다. 그래서 윤리는 종교적 신념의 일면이다. 우리가 종교를 한 가지 관점으로 삼는다면 변증학의 중요성도 긍정할 수 있으며, 가장 좋은 상태일 때 변증학은 증거가 참된 종교를 어떻게 뒷받침하는지 보여 준다. 같은 관점에서 출발하면 섭리주의의 중요성이 확인된다. 섭리주의는 참된 종교적 신념의 함의이기 때문이다. 마지막으로 종교를 강조하는 관점에서는 사실을 바로잡는 일의 중요성도 긍정한다. 이는 하나님이 모든 진리의 원천이시기 때문이다. 하나님은 진리에 관심이 있으시며 실제로 일어난 일을 중히 여기신다. 나머지 다섯 가지 관점도 마찬가지로 다른 모든 관점을 긍정한다.

관점에 대한 이런 상호보완적 이해를 고려하면, 이 대여섯 가지 접근법을 흔히 왜 역사 기술의 '경쟁 형태'로 여기느냐고 질문할 수도 있다.[3] 경쟁이라고 인지하는 이유는 어느 정도 은사와 관심의 차이 때문이라고 말해도 될 것이다. 어떤 사람들은 종교 관점이나 섭리주의 관점이나 전문적 역사 관점 이용을 **선호한다.** 그러나 더 다채로운 설명에서는 이 모든 관점을 긍정할 뿐 아니라 모든 관점이 협력하는 것의 가치를 인정할 것이다. 모든 관점이 협력하지 않는다면 어느 한 형태로든 다 빈약할 뿐이다.

---

[3] Jay D. Green, *Christian Historiography: Five Rival Versions* (Waco, TX: Baylor University Press, 2015)은 부제에 경쟁 개념이 들어 있다.

26

섭리주의에 대한 추가 고찰

마지막으로 섭리주의로 돌아가자. 대여섯 가지 관점 중에 섭리주의에 이의가 가장 많이 제기된다.

현대의 전문 역사학자 다수가 섭리주의를 거부한다. 섭리주의 지지자 몇몇은 다른 대안에 적개심을 표출하는 것으로 이런 부정적인 사고에 응수하기도 한다. "카이저가 보기에, 섭리주의 역사와 세속 역사는 양립 불가능하다."[1]

---

1   Jay D. Green, *Christian Historiography: Five Rival Versions* (Waco, TX: Baylor University Press, 2015), 134. 그린이 언급하는 내용은 Phillip G. Kayser, *Seeing History with New Eyes: A Guide to Presenting Providential History* (Omaha, NB: Providence History Festival, 2008).

섭리주의라는 숨겨진 존재

그러나 결국 더 폭넓은 종류의 섭리주의는 세속주의와 기독교를 가리지 않고 모든 역사 연구와 저술에 존재한다. 설령 흔히 불청객에다 환영받지 못한 존재로 있기도 하지만 그래도 연구와 저술에 존재하는 것이다. 앞에서 살펴보았다시피 역사의 추론은 전부 인간의 본성에 관한 추정을 의지한다. 우리에게는 인간 개개인의 통일성과 다양성과 관련한 일부 개념과 인간 서로 간의 관계에 관한 개념이 있어야 한다. 더욱이 역사의 모든 추론은 인간 본성에 있는 선악에 관한 추정을 의지한다. 그와 같은 추론은 모두 때로는 인간의 본성을 그 본성의 더 어둡고 죄 많은 차원에서 다뤄야 한다. 그 추론에서 죄의 실재를 인정하는가? 아니면 그 추론에는 죄에 대한 신학을 대체할 비기독교적 대안이 있는가? 더욱이 역사의 모든 추론은 하나님이 제어하시는 제2원인의 규칙성을 비롯해 더 넓은 범위의 배경에 관한 추정을 의지한다. 인간과 본성에 관한 원칙 이면에는 성경의 인격적 하나님이 있거나 하나님을 대체하는 것이 있다. 하나님이 세상과 인류를 만드셨다. 사람들이 대체 신을 이용한다면, 그 대체 신이 일종의 위조 섭리주의로 행세할 것이다. 이런 식으로 사람들은 하나님을 섬기거나 하나님을 대신하는 것을 섬긴다.

더 나아가, 역사학자 자신에게도 개인적 동기가 있어야 한다. 자기가 하는 일에 대해 관심과 동기 같은 것이 있어야 하며, 그렇지 않다면 그 일을 하지 않을 것이다. 이런 동기 부분이 존 프레임이 실존적 관점이라고 부르는 초점이다. 동기를 빼놓으면 역사 연구는 수행할 수 없을 뿐 아니라 전혀 이해할 수도 없다. 각 사람은 하나님을 섬기거나 하나님을 대체하는 것을 섬긴다.

여기가 소명에 관한 기독교 신학이 일하기 시작하는 지점이다. 그리스도인 역사학자는 소명감으로 일해야 하며, 그와 같은 소명감은 자신을 향한 하나님의 뜻을 섭리주의적으로 해석한 것이다. 어느 역사학자가 자신의 소명에 관해 생각한다면, 자기 인생을 향한 하나님의 의미나 목적이 무엇이라고 생각하는지 깨닫는 것이다. 하나님의 목적 중 하나는 그 역사학자가 역사를 연구함으로써 하나님을 섬기는 것이다. 그러면 그 역사학자는 섭리주의자다. 그러나 이것을 그 역사학자가 인정하지 않을 수도 있다.

섭리주의는 불가피하다. 그래서 섭리주의에 반감을 느끼는 이들에게 조언한다면, 한편에는 섭리주의의 바른 형태가 있고 다른 편에는 섭리주의의 오용과 변질이 있으니 이 둘을 더 정확히 구별하라고 하겠다. 변질에 대한 비판은 계속 필요하다. 그러나 그 비판은 섭리주의의 필수불가결성에 부합해야 한다. 그렇지 않으면 역사학자들은 하나님뿐 아니라 현실과도 싸우는 것이다. 우리는 하나님을 섬겨야 한다.

하나님을 힘껏 섬기기

그러면 우리는 역사 연구를 어떻게 살펴보겠는가? 다른 모든 노력과 마찬가지로, 여기에서도 우리는 하나님을 힘껏, 온 마음을 다해 섬기자(신 6:5; 마 22:37).

섬김의 일면으로서 인간으로서 우리의 한계에 대한 감각을 성경에서 배우고, 그러고 나서 역사에서도 배우자. 겸손을 배우자. 겸손하게, 하나님의 목적을 세세히 파악하는 우리의 능력을 과대평가하지 않는 법을 배우자. 지나치게 자신만만한 섭리주의에 대한 비판에서 배우자.

이런 교훈과 함께, 역사 연구에서 하나님을 힘껏 섬기는 법을 배우자. 우리는 그저 역사에 관해 어렴풋이 알면서 이리저리 휘청거리고 싶지 않다. 성경에서 하나님은 우리에게 역사와 역사의 의미를 가르쳐 주신다. 또 우리에게 하나님의 목적에 관해서도 알려 주신다. 하나님의 목적에는 지상명령이 담겨 있고 또 하나님 백성에 대한 지속적 돌보심이 포함되어 있다. 역사를 연구할 때 하나님의 가르침을 이용하자. 이 원칙은 고려 중인 우리 개인의 삶에든 교회 기도 체인에든 큰 역사 운동의 더 넓은 전망에든 다 유효하다. 역사 속 하나님의 목적을 묵상하자.

마지막으로, 역사 연구에 대한 기독교의 일곱 가지 접근법 전체에서 배우자. 이 일곱 가지 관점은 조화를 이룰 가능성이 있는 관점으로서 한데 어우러진다면 우리가 역사를 더 잘 이해하도록 도울 수 있다.

Redeeming Our Thinking about History

부록 마크 놀이 말하는 섭리

마크 놀(Mark Noll)이 "기독론: 역사 이해의 열쇠"라고 이름 붙인 장에 나오는 섭리의 중요성 논의를 간략히 고찰해 보자.[1] 놀은 하나님의 목적을 지나치게 자신만만하게 해석하는 것에 관해 몇 가지를 경고한다. 그러나 섭리 교리의 영향을 받은 역사 저술의 몇몇 형태도 긍정한다.

섭리 교리의 영향

놀은 '섭리주의'라는 용어보다는 명사 '섭리'와 형용사 '섭리적'을 사용한다. 놀은 우리가 전에 22-23장에서 논의한 좁은 형태의 섭리주의

---

1   Mark A. Noll, *Jesus Christ and the Life of the Mind* (Grand Rapids, MI; Cambridge, England: Eerdmans, 2011), chap. 5.

가 아니라 그리스도인의 역사 집필에 넓게 집중하는 것으로 보인다. 놀이 고려하는 그리스도인은 하나님의 섭리적 역사 통치에 관한 신념의 영향을 받아 사고한다. 이 영향이 어느 정도는 의식적일 수 있다. 그리고 글쓰기 방식에서 어느 정도는 쉽게 눈에 띈다.

이런 유형의 역사가 섭리적인 까닭은, 그런 역사의 전문가들이 명시적으로든 암묵적으로든 보여 주는 내용을 보면 이들의 역사 작업이 하나님이 가능하게 하신 절차에 따라, 또 거기에 하나님이 늘 현존하시는 실재인 세계를 묘사하는 결론에 따라 수행되기 때문이다.[2]

---

2   Noll, *Jesus Christ and the Life of the Mind*, 96.

따라서 놀의 의견은 앞서 이 책에서 제시한 접근법 다섯 가지 중에 한 개 이상과 겹칠 수 있다.³

섭리적 역사의 네 가지 유형

놀은 섭리적 역사를 연구 중인 주제에 따라, 또 그 주제에 적용하는 해석 방식에 따라 구분되는 유형으로 분류한다.⁴

역사학자가 연구하는 주제는 기독교의 역사이거나 '일반 역사'일 수 있다. 이 구분에 덧붙여, 놀은 그 주제에 대학 해석에 초점을 맞추어서 2차 분류를 한다. 역사학자가 해당 주제에 제기하는 관심사와 질문은 특별 계시(성경)이나 일반 계시(세속 역사학자들도 관심이 있을 일반적인 패턴)의 인도를 받는다. 이 두 종류의 선택이 교차하면 그림 A.1.(313쪽)의 네 가지 접근법이 나올 수 있다.⁵

놀의 분류는 다양한 가능성을 보여 주는 데 도움이 된다. 놀은 네 접근법이 대체로 상호보완적이라고 생각한다. 서로 겹치는 부분까지도 있을 수 있다. 기독교의 역사는 일반 역사의 일부분이므로, 어느 한쪽도 다른 쪽과 완전히 동떨어진 것으로 간주할 수 없다. 특별 계시와 일반 계시에서 나온 통찰 역시 서로 쌍방으로 정보를 제공하는 것으

---

3   Jay D. Green은 Noll을 "2: 기독교 신앙 고백의 렌즈로 보는 역사 연구"의 범주에 분류해 넣는다. *Christian Historiography: Five Rival Versions* (Waco, TX: Baylor University Press, 2015), 50.
4   Noll, *Jesus Christ and the Life of the Mind*, 88.
5   Noll, *Jesus Christ and the Life of the Mind*, 88.

로 다루는 것이 최선이다. 높은 하나님의 특정 목적이 특정 사건에 작용하는 일이 혹시 있다면 그것을 언제 포착할 수 있는지를 더 자세히 논의할 여지는 남겨 둔다.

그림 A.1. 섭리적 역사의 다양성

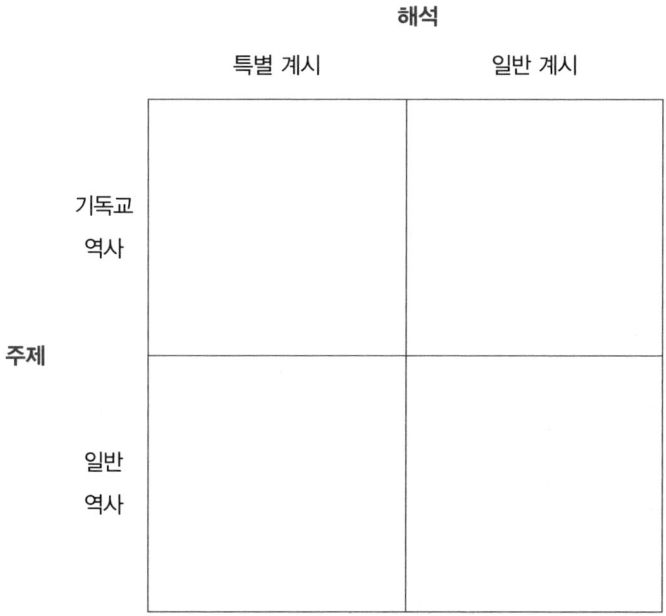

	해석	
	특별 계시	일반 계시
주제 기독교 역사		
일반 역사		

참고 문헌

Atherstone, Andrew, and David Ceri Jones, eds. *Making Evangelical History: Faith, Scholarship and the Evangelical Past*. Milton Park, England: Routledge, 2019.
Backus, Irena. *Historical Method and Confessional Identity in the Era of the Reformation* (1378 – 1615). Leiden/Boston: Brill, 2003.
Balthasar, Hans Urs von. *A Theology of History*. New York: Sheed and Ward, 1963.
Bavinck, Herman. *Reformed Dogmatics*. 4 vols. Grand Rapids, MI: Baker, 2003 – 2008.
Beale, G. K. *The Book of Revelation: A Commentary on the Greek Text*. Grand Rapids, MI: Eerdmans; Carlisle, UK: Paternoster, 1999.
Beale, G. K., and D. A. Carson, eds. *Commentary on the New Testament Use of the Old Testament*. Grand Rapids, MI: Baker; Nottingham, England: Apollos, 2007.
Bebbington, David W. *Patterns in History: A Christian Perspective on Historical Thought*. 4th ed. Waco, TX: Baylor University Press, 2018.
Beckwith, Isbon T. *The Apocalypse of John: Studies in Introduction with a Critical and Exegetical Commentary*. Reprint. Grand Rapids, MI: Baker, 1979.
Bowden, Henry Warder. "Ends and Means in Church History." *Church History* 54, no. 1 (March 1985): 74 – 88.
Boyd, Jonathan Tucker. "The Holy Hieroglyph: Providence and Historical Consciousness in George Bancroft's Historiography." PhD diss, Johns Hopkins, 1999.
Bradley, James E., and Richard A. Muller. *Church History: An Introduction to Research, Reference*

Works, and Methods. Grand Rapids, MI: Eerdmans, 1995.
Breisach, Ernst. *Historiography: Ancient, Medieval, and Modern*. 3rd ed. Chicago: University of Chicago Press, 2007.
Burch, Maxie B. *The Evangelical Historians: The Historiography of George Marsden, Nathan Hatch, and Mark Noll*. Lanham/New York/London: University Press of America, 1996.
Butterfield, Herbert. *Christianity and History*. London: Bell, 1950.
Butterfield, Herbert. "God in History." In *God, History, and Historians: An Anthology of Modern Christian Views of History*, edited by C. T. McIntire, 193–204. New York: Oxford University Press, 1977. Reprinted from *Steps to Christian Understanding*, edited by R. J. W. Bevan, 105–21. London: Oxford University Press, 1958.
Butterfield, Herbert. *The Whig Interpretation of History*. Reprint. London: Bell, 1950.
Clary, Ian. "Evangelical Historiography: The Debate over Christian History." Evangelical Quarterly 87 (July 2015): 225–51.
Clowney, Edmund P. "Report to the Visitation Committee of the Board of Trustees (Revised for submission, November 11, 1981)." Set forth by Wes White. "Edmund Clowney on Norman Shepherd's Controversial, Distinctive Theology." *The Aquila Report*, March 9, 2011. https://www.theaquilareport.com/.
Collingwood, R. G. *The Idea of History*. Rev. ed. Edited with an introduction by Jan van der Dussen. New York: Oxford University Press, 1993.

Collins, C. John. *Genesis 1-4: A Linguistic, Literary, and Theological Commentary*. Phillipsburg, NJ: P&R, 2006.

Evans, Richard J. *In Defense of History*. New York/London: W. W. Norton, 1997.

Fischer, David Hackett. *Historians' Fallacies: Toward a Logic of Historical Thought*. New York: Harper & Row, 1970.

Frame, John M. *The Doctrine of the Christian Life*. Phillipsburg, NJ: P&R, 2008.

Frame, John M. *The Doctrine of God*. Phillipsburg, NJ: P&R, 2002.

Frame, John M. *The Doctrine of the Knowledge of God*. Phillipsburg, NJ: Presbyterian and Reformed, 1987.

Frame, John M. *The Doctrine of the Word of God*. Phillipsburg, NJ: P&R, 2010.

Frame, John M. *Perspectives on the Word of God: An Introduction to Christian Ethics*. Eugene, OR: Wipf & Stock, 1999.

Frame, John M. "A Primer on Perspectivalism." June 6, 2012. http://framepoythress.org/.

Green, Jay D. *Christian Historiography: Five Rival Versions*. Waco, TX: Baylor University Press, 2015.

Hart, D. G. "Christian Scholars, Secular Universities, and the Problem with the Antithesis." Christian Scholar's Review 30 (2001): 383–402.

Hewitson, Ian. *Trust and Obey: Norman Shepherd and the Justification Controversy at Westminster Theological Seminary*. Minneapolis: NextStep Resources, 2011. Also, *The Justification Controversy at Westminster Theological Seminary: The Years 1974-1982*. 2009. https://www.researchgate.net/.

Hughes, John J., ed. *Speaking the Truth in Love: The Theology of John M. Frame*. Phillipsburg, NJ: P&R, 2009.

Hult, Adolf. *The Theology of History*. Rock Island, IL: Augustana Book Concern, 1940.

"The Justification Controversy: An Index of Documents." Historic Documents in American Presbyterian History, PCA Historical Center. https://www.pcahistory.org/.

Kayser, Phillip G. *Seeing History with New Eyes: A Guide to Presenting Providential History*. Omaha, NB: Providence History Festival, 2008.

Keillor, Steven J. *God's Judgments: Interpreting History and the Christian Faith*. Downers Grove, IL: InterVarsity Press, 2007.

Keillor, Steven J. *This Rebellious House: American History and the Truth of Christianity*. Downers Grove, IL: InterVarsity Press, 1996.

Latourette, Kenneth Scott. "The Christian Understanding of History." *The American Historical Review* 54, no. 2 (January 1949): 259–76.

Lewis, C. S. *Christian Reflections*. Edited by Walter Hooper. Grand Rapids, MI: Eerdmans, 1967.

Lincoln, Abraham. "Second Inaugural Address." March 4, 1865. http://www.abrahamlincolnonline.org/.

Long, V. Philips. *The Reign and Rejection of King Saul: A Case for Literary and Theological Coherence*. Atlanta, GA: Scholars Press, 1989.

Machen, J. Gresham. *Christianity and Liberalism*. Reprint. Grand Rapids, MI: Eerdmans, 2009.

Marsden, George, and Frank Roberts, eds. *A Christian View of History?* Grand Rapids, MI: Eerdmans, 1975.

Marshall, Peter, and David Manuel. *The Light and the Glory: Did God Have a Plan for America?* Old Tappan, NJ: Fleming H. Revell, 1977.

Mattson, Brian G. *Cultural Amnesia: Three Essays on Two Kingdoms Theology*. Billings, MT: Swinging Bridge, 2018.

McIntire, C. T., ed. *God, History, and Historians: An Anthology of Modern Christian Views of History*. New York: Oxford University Press, 1977.

McIntire, C. T., and Ronald Wells, eds. *History and Historical Understanding*. Grand Rapids, MI: Eerdmans, 1984.

McKenzie, Robert Tracy. *A Little Book for New Historians: Why and How to Study History*. Downers Grove, IL: InterVarsity Press, 2019.

Merriam-Webster. https://www.merriam-webster.com/.

Noll, Mark A. *Jesus Christ and the Life of the Mind*. Grand Rapids, MI/Cambridge, England: Eerdmans, 2011.

Phillips, Richard D., and Gabriel N. E. Fluhrer, eds. *These Last Days: A Christian View of History*. Phillipsburg, NJ: P&R, 2011.

Piper, John. *A Peculiar Glory*. Wheaton, IL: Crossway, 2016.

Poythress, Diane M. "Historiography: Redeeming History." In *Redeeming the Life of the Mind: Essays in Honor of Vern Poythress*, edited by John M. Frame, Wayne Grudem, and John J. Hughes, 312–28. Wheaton, IL: Crossway, 2017.

Poythress, Vern S. *Chance and the Sovereignty of God: A God-Centered Approach to Probability and Random Events*. Wheaton, IL: Crossway, 2014.

Poythress, Vern S. "Counterfeiting in the Book of Revelation as a Perspective on Non-Christian Culture." *Journal of the Evangelical Theological Society* 40, no. 3 (1997): 411–18. https://frame-poythress.org/.

Poythress, Vern S. *In the Beginning Was the Word: Language—A God-Centered Approach*. Wheaton, IL: Crossway, 2009.

Poythress, Vern S. *Inerrancy and the Gospels: A God-Centered Approach to the Challenges of Harmonization*. Wheaton, IL: Crossway, 2012.

Poythress, Vern S. *Inerrancy and Worldview: Answering Modern Challenges to the Bible*. Wheaton, IL: Crossway, 2012.

Poythress, Vern S. *Interpreting Eden: A Guide to Faithfully Reading and Understanding Genesis 1–3*. Wheaton, IL: Crossway, 2019.

Poythress, Vern S. *Knowing and the Trinity: How Perspectives in Human Knowledge Imitate the Trinity*. Phillipsburg, NJ: P&R, 2018.

Poythress, Vern S. *The Lordship of Christ: Serving Our Savior All of the Time, in All of Life, with All of Our Heart*. Wheaton, IL: Crossway, 2016.

Poythress, Vern S. *The Miracles of Jesus: How the Savior's Mighty Acts Serve as Signs of Redemption*. Wheaton, IL: Crossway, 2016.

Poythress, Vern S. "Modern Spiritual Gifts as Analogous to Apostolic Gifts: Affirming Extraordinary Works of the Spirit within Cessationist Theology." *The Journal of the Evangelical Theological Society* 39, no. 1 (1996): 71–101. https://frame-poythress.org/.

Poythress, Vern S. "Multiperspectivalism and the Reformed Faith." In *Speaking the Truth in Love: The Theology of John M. Frame*, edited by John J. Hughes, 173–200. Phillipsburg, NJ: P&R, 2009. http://www.frame-poythress.org/.

Poythress, Vern S. "Reforming Ontology and Logic in the Light of the Trinity: An Application of Van Til's Idea of Analogy." *Westminster Theological Journal* 57, no. 1 (1995): 187–219. http://www.frame-poythress.org/.

Poythress, Vern S. *The Returning King: A Guide to Revelation*. Phillipsburg, NJ: P&R, 2000.

Poythress, Vern S. *The Shadow of Christ in the Law of Moses*. Reprint. Phillipsburg, NJ: P&R, 1995.

Poythress, Vern S. *Symphonic Theology: The Validity of Multiple Perspectives in Theology*. Reprint. Phillipsburg, NJ: P&R, 2001.

Robertson, O. Palmer. *The Current Justification Controversy*. Edited by John W. Robbins. Unicoi, TN: Trinity Foundation, 2003.

Sheldrake, Philip. *Spirituality and History: Questions of Interpretation and Method*. New York: Crossroad, 1992.

Shepherd, Norman. "Thirty-four Theses on Justification in Relation to Faith, Repentance, and Good Works." *Theologia* blog, Nov. 18, 1978. http://hornes.org/theologia/.

Skinner, Quentin. *Visions of Politics: Regarding Method*. Vol. 1. Cambridge: Cambridge University Press, 2002.

Swanstrom, Roy. *History in the Making: An Introduction to the Study of the Past*. Downers Grove, IL: InterVarsity Press, 1978.

Taylor, Justin. "5 Ways to Write History as a Christian." *Christianity Today, Books & Culture*, July–August 2016. https://www.booksandculture.com/. Reprinted as "From David

Bebbington to David Barton: 5 Ways to Write History as a Christian."

Taylor, Justin. "From David Bebbington to David Barton: 5 Ways to Write History as a Christian." The Gospel Coalition, Aug. 9, 2018. https://www.thegospelcoalition.org/.

Taylor, Justin. "How Can Christian Historians Do History for Both the Academy and the Church?" The Gospel Coalition, Dec. 5, 2014. https://www.thegospelcoalition.org/.

Taylor, Justin. "Should Christian Historians Appeal to Providence in Their Interpretations?" The Gospel Coalition, Dec. 4, 2014. https://www.thegospelcoalition.org/.

Trueman, Carl R. *Histories and Fallacies: Problems Faced in the Writing of History*. Wheaton, IL: Crossway, 2010.

Trueman, Carl. "The Sin of Uzzah." *Postcards from Palookaville* blog, July 10, 2012. https://www.reformation21.org/.

Van Til, Cornelius. *The Defense of the Faith*. 4th ed. Phillipsburg, NJ: P&R, 2008.

Warfield, Benjamin B. *The Inspiration and Authority of the Bible*. Philadelphia: Presbyterian and Reformed, 1948.

Waters, Guy Prentiss. "The Theology of Norman Shepherd: A Study in Development, 1963 – 2006." In *The Hope Fulfilled: Essays in Honor of O. Palmer Robertson*, edited by Robert L. Penny, 207 – 31. Phillipsburg, NJ: P&R, 2008.

Wells, Ronald A., ed. *History and the Christian Historian*. Grand Rapids, MI: Eerdmans, 1998.

Westminster Shorter Catechism. 1647. https://www.pcaac.org/.

White, Wes. "Edmund Clowney on Norman Shepherd's Controversial, Distinctive Theology." *The Aquila Report*, March 9, 2011. https://www.theaquilareport.com/.

사명선언문

너희가 흠이 없고 순전하여……세상에서 그들 가운데 빛들로
나타내며 생명의 말씀을 밝혀 _ 빌 2:15-16

1. 생명을 담겠습니다
만드는 책에 주님 주신 생명을 담겠습니다.
그 책으로 복음을 선포하겠습니다.

2. 말씀을 밝히겠습니다
생명의 근본은 말씀입니다.
말씀을 밝혀 성도와 교회의 성장을 돕겠습니다.

3. 빛이 되겠습니다
시대와 영혼의 어두움을 밝혀 주님 앞으로 이끄는
빛이 되는 책을 만들겠습니다.

4. 순전히 행하겠습니다
책을 만들고 전하는 일과 경영하는 일에 부끄러움이 없는
정직함으로 행하겠습니다.

5. 끝까지 전파하겠습니다
모든 사람에게, 땅 끝까지, 주님 오시는 그날까지
복음을 전하는 사명을 다하겠습니다.

서점 안내

광화문점	서울시 종로구 새문안로 69 구세군회관 1층 02)737-2288 / 02)737-4623(F)
강남점	서울시 서초구 신반포로 177 반포쇼핑타운 3동 2층 02)595-1211 / 02)595-3549(F)
구로점	서울시 동작구 시흥대로 602, 3층 302호 02)858-8744 / 02)838-0653(F)
노원점	서울시 노원구 동일로 1366 삼봉빌딩 지하 1층 02)938-7979 / 02)3391-6169(F)
일산점	경기도 고양시 일산서구 중앙로 1391 레이크타운 지하 1층 031)916-8787 / 031)916-8788(F)
의정부점	경기도 의정부시 청사로47번길 12 성산타워 3층 031)845-0600 / 031)852-6930(F)
인터넷서점	www.lifebook.co.kr